幼児教育
知の探究 3

幼年教育者の問い

青木久子＋浅井幸子

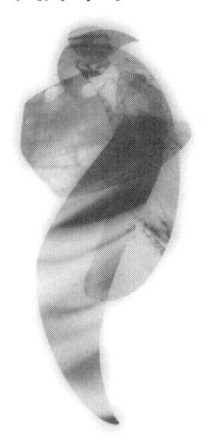

萌文書林

はしがき

　明治の近代国家建設を目指して学制を敷いた第一の教育改革，第二次世界大戦後の民主国家建設を目指した第二の教育改革は，教育によって国の未来を再建するという国家目的が明確にあったが，1980年以降，紆余曲折しながら模索している第三の教育改革は，今なお混沌とした状況にある。すでに四半世紀が経過しているが，過去の国家に依存してきた教育改革から，民意が改革を推進するだけの活力を有するようになるには，物質的・上昇的な価値から"人間の生"に基本をおいた問いへと価値の転換を図り，人々が志向する文化そのものの本質に光を当てていくことが必要であろう。

　しかし学校が社会から遊離し，子どもたちに合わなくなっていても民意が建設的に動いてこない。また行政が民意と対話し，民意を支えて施策化し，それを推進する機能が働かない。小学校の生活科や総合学習の導入，教育のプロセス・アプローチに対する第三者評価の導入等は，敗戦直後の民主化への教育が目指したものであったはずである。また，幼稚園・保育所・総合施設等の制度的見直しも，戦前からの就学前教育の課題がそのまま積み残されてきた結果といえよう。それは家族の時間やコミュニティの人々のつながり，豊かな地域文化の醸成，そこに生きる人間の本質の発展という方向より，少子化対策，経済の維持といった国の施策が先行するものとなっている。これは，半世紀の間に国家依存，体制依存の体質が招いた混沌であり，今まさに教育理念そのものの問い直しが求められている時が来ているといえよう。

　国による民主化から，民による民主化成熟への道のりには，人間が生き

ることの意味への問い，生きる価値のおきどころ，世代循環するトポスの文化の見直しが必要である。それは，幼稚園・保育所・小学校といった分断された施設区分から，コミュニティの中での就学前から学童期を経て生涯にわたって展開される学習を構成していく視点でもある。地域の子どもたちの生きる場としての総体を受け止め，地域社会の環境・文化と共生する教育への転換は，学校化された知の限界を越えて知の在所や知を構築する関係のありようを転換し，知そのものへの問いを新たにするだろう。

生の根元にまでさかのぼろうとする本企画は，人間・学び・学校・社会という共同体のトポスに焦点を当てて，従来の就学前教育が子どもたちに当てた光を再考しつつ，あわせて抱えてきた課題も浮き彫りにして，これからの知を構築する視座を掘り起こしたいと思う。

なお20巻にわたる本企画は，次の三つの特長をもっている。一つは，幼稚園や保育所，総合施設等の多様化に伴い，本来の就学前教育の理念も児童福祉の理念も曖昧になり，幼児教育界を混沌とさせている現状を踏まえ，3歳児から低学年までを見据えた就学前教育に光を当てて"人間の教育"の根元に迫る。二つに，従来の幼児教育に関連した書籍の感覚としては，難しいという批判を浴びることを覚悟の上で，専門性を高めることを願う幼児教育者養成大学やキャリアアップを図る現職者だけでなく，広く一般の人々にも読んでいただけるような知の在所を考える。三つに，現在の幼稚園教員養成カリキュラムの内容を基本においてはいるが，今後の教員養成で必要とされる内容を加えて全巻を構成している。

本シリーズ刊行に当たっては，萌文書林の服部雅生社長の大英断をいただいた。社会体制転換をしたポーランドが5年制の大学で修士論文を書いて初めて教員の入り口に立ち，一人前の幼稚園教員として認められるには14

年の学習研鑽と実践を積んで国家試験を通るという厳しいものであることを思うと，まだ日本の就学前教育の先は長いという思いもする。しかし，このシリーズによって教科書内容の重複を避け，教師・保育士の専門性を高めるために一石を投じたいという，長年，幼児教育界の出版に携わってきた服部氏だからこそその決断をいただいたことに深く感謝する。

　いつになってもこれで完成ということはない。多くの方々から忌憚のない意見を寄せていただき，次の時代への知の橋渡しができることを願っている。

2007年1月

　　　　　　　　　　シリーズ編者　青木久子・磯部裕子

本書まえがき

　幼年期の教育にかかわろうとする人々には，一人ひとりそれなりの動機がある。自分の人生において幼年期がかけがえのないものだったから，逆に苦しく淋しいものだったからと自らの幼児期と重ねる者，生活苦にあえぐ人々や放置された子どもを見るに忍びなく手を差しのべたとする社会的な問題意識に立つ者，あるいは子どもが好きで小学校の先生では無理でも幼稚園や保育所の先生にならなれるかも知れないといった職業適性への問いから選択する者など，様々である。

　動機は何であれ，幼児教育・保育の道を目指して，何十年，そこに自分自身を置いて，内からわき出る問いと向き合ってきた人々は，社会の矛盾と，自己の矛盾を調整しつつ，実践に勤しんでいる。しかし，就学前教育は，"生活による教育"という具体的で明証性のある理念や方法を掲げるだけに専門職としての認識が形成されにくく，幼児期の教育を担う者は小学校以上の教育者と同列には認知されない側面をもつ。生活ほどすべての知の源泉であるところのものはないが，近代学校制度は総合的・統一的な生活知より科学的な学問知に重きを置いて，制度への依存状態を生みだしているため，生活の価値を見失いやすいのである。また，乳母や童が担った子守や，育児・介護といった非生産的な活動が脇に追いやられてきた歴史とも重なり，専門職として認知されにくいのである。

　2000年度から始まった教員養成機関のカリキュラムに設けられた「教職概論」は，服務，研修等の法的根拠や幼児教育の概論として取り扱われることが多く，諸々の「保育者論」にみる"教師はかくあるべし"といった

教師論・保育者論が中心になっている。それはまた，履修選択のオリエンテーションや教育実習の心得などと重なる内容が多く，規範的意識を強化された人間の育成に貢献してきた。戦後の保育界が経済の安定成長に支えられ，"かくあるべし"という保育者を求めてきたことも関係するだろう。また，幼稚園教員免許・保育士資格保有者の8割程度が短期大学・専門学校等の2年間でその資格を取得しているシステムの中では，問題意識をもった研究的実践者を育成するより，従順な規範的実践者の育成の方が急務であり需要にかなっていたという現実もある。

　知の伝承が希薄化し，規範意識や判断力，自己選択，自己決定が弱いと言われる昨今では，"かくあるべし"を学ぶことも必要であろう。しかし，社会構造が大きく変革していく時代の教育者としては"かくありたい"という自分を形成することも必要である。幼保一元化へと保育制度が動き出している今日，未来の日本の保育を構想できる力量，あるいは実践研究によって問題解決を図り，未来を切り開く力が求められている。

　本シリーズ第3巻『幼年教育者の問い』は，こうした考えに基づき，多くの先達が問いを実践によって解決しようとしてきた足跡をたどりながら，今日に続く問いの在所を考える。

　第1部では，日本の幼稚園設立当時からあった"保母か教師かの問いの解決"，"汎愛精神と福祉の思想"の実現に人生をかけた人々を追う。また，ナショナル・スタンダードのもつ意味を教育のローカル性と関連させて考える。さらに，学校教育と家庭教育，社会教育の分化がもたらした子どもの居場所の問題，"教育と養育"の問題に迫るとともに，"女性教師"に担わされた期待とは何であったのかを探る。

　第2部では，この道五十年以上のベテランから若き教師まで，現場で活

躍している人々の実践を読み解きながら，その意味に言及する。できれば読者諸氏が，第2部の実践記録を自分流に読み解いていただき，日本の幼稚園教師シリーズに自分の実践も加えていただきたい。ここには，従来の"かくあるべし"とした視点の背景や，教育論，発達論，教育課程論など，他教科との関連も含まれているので，法規や文献を合わせて読み進んでいただくと，問いに対してどう向き合っていくか，これからの自分を発見することができると思われる。

　第3部では，幼保一元化の流れの中で，これからの保育・教育の世界をどのように構築したらよいかを考察している。女性と保育・看護等の非生産的活動の問題は，男性社会が生産的活動を軸に構築した社会の影の部分である。学校化した社会が次に向き合う課題は何か，少子高齢化は人間性豊かな社会の幕開けとなるか，ケアとジェンダーを問い続ける世界の動向をも踏まえて考える。

　幼稚園，保育所，認定子ども園など，どこに所属しても，必要なケアと就学前教育を受けられる社会に転換していくために，これから就学前教育者を目指す学生も，すでに現場で日々実践している人々も，議論の材料として活用していただきたい。本書を事前に読破し，問いに対して様々な視点から調査研究し，持論をもって討論する授業や研修会にするために，教科書でありながら従来の教科書ではない，問いを自ら解決する主体者として向き合っていただく文献となることを願っている。

　本書の第1部1章2章，第2部は青木が第1部3章，第3部は浅井が担当した。古き者と新しき者のコラボレーションによって，相反する論調や全く異なる視点からの情報も取りあげている。異なる視点から生まれるであろう読者の問いこそ，本巻の目的とするところである。また，本書の編集に

あたっては服部直人氏に多大な協力をいただいた。若き青年の真摯な研究態度，実践現場に足を運んで保育を見，幼年教育者との共感性をもって編集する姿勢に感銘を受け，対話を重ねる喜びを味わわせていただいた。深く感謝している。

2007年6月

青木久子・浅井幸子

目　次

第1部　幼年教育者の世界

第1章　幼年教育の課題継承 …………………………………… 2
§1　幼稚園教師への道 ………………………………………… 2
1. 幼稚園保母の誕生 ………………………………………… 2
（1）保母の資質と心得 ……………………………………… 2
（2）教師か保母か ………………………………………… 4
（3）キリスト教宣教師たちが当てた光 …………………… 7
2. 教員養成と研究的実践者 ………………………………… 10
（1）教師のゆらぎと成長 …………………………………… 10
（2）教員免許更新制度のゆくえ …………………………… 14
（3）就学前教育制度の矛盾解決への試み ………………… 16
§2　国の教育課程基準と教育のローカル性 ………………… 20
1. ナショナル・スタンダードの必要性 …………………… 20
（1）教育課程基準の成り立ち ……………………………… 20
（2）国の教育課程基準が意味するもの …………………… 23
2. 教育のローカル性と健全さ ……………………………… 29
（1）風土がつくる人間の軸 ………………………………… 30
（2）沖縄の就学前教育はいかにあるか …………………… 33
（3）国の教育課程基準と風土性との関係 ………………… 36

第2章　家庭教育と学校教育 …………………………………… 37
§1　教師としての母が抱えた課題 …………………………… 37
1. 意識される知性社会への転換 …………………………… 37
（1）親が教師になる物語 …………………………………… 38

(2)『母のための教育学』の意味すること ……………………… 41
　2.　養育者養成とコミュニティ …………………………………… 43
　　　(1) 養育者教育の場 …………………………………………… 44
　　　(2) 親子が学び合うコミュニティづくり …………………… 45
　　　(3) 保育・教育に対する主体者意識 ………………………… 48
　3.　養育と教育概念の混同 ………………………………………… 49
　　　(1) 養育と教育の軋轢 ………………………………………… 50
　　　(2) 養育性がもたらす教育の危機 …………………………… 54

第3章　女性教師の経験 …………………………………………………… 58
　§1　母親と教師のあいだ ……………………………………………… 58
　　1.　家庭から学校へ ………………………………………………… 58
　　2.　日本の小学校の女性化 ………………………………………… 61
　§2　平田のぶ　―子どもとの愛の関係を求めて― ……………… 64
　　1.　愛の教育の希求 ………………………………………………… 65
　　2.　母性による保育 ………………………………………………… 67
　§3　池田小菊　―「教室の家庭化」の構想― …………………… 70
　　1.　「合科学習」の実験 …………………………………………… 70
　　2.　女性性の肯定 …………………………………………………… 73
　　3.　「教室の家庭化」の構想 ……………………………………… 75
　§4　平野婦美子　―子どもに応える― …………………………… 77
　　1.　子どもへの応答 ………………………………………………… 77
　　2.　応答関係の構築 ………………………………………………… 81
　§5　島小学校の女性教師　―「授業の専門家」としての教師―… 84
　　1.　授業の専門家としての教師 …………………………………… 84
　　2.　子どもとの親密なかかわり …………………………………… 86
　　3.　授業におけるケア ……………………………………………… 89

第2部　実践過程にみる問いの在所

第1章　就学前教育の意義と醍醐味 …………………………… 94
　1．子どもの権利保障と教師の研修 …………………………… 94
　　（1）子どもに注ぐ目に真実が映るか ……………………… 94
　　（2）子どもに学ぶ教師が育つ文化とは何か ……………… 97
　　子どもらに家族をもつ権利の保障を ………………………
　　　　　　　　　　　　　　　安部幼稚園　安部富士男… 102
　　子どもに学ぶ教師たち ………静岡豊田幼稚園　宮下友美惠… 108
　2．就学前教育で培うもの …………………………………… 114
　　（1）本物との出会いが道徳性を陶冶するか ……………… 114
　　（2）陶冶内容を哲学する視点は何か ……………………… 117
　　（3）ゼロという無限への挑戦から転換を図れるか ……… 118
　　わたしの幼稚園考 ……………………呑竜幼稚園　小林研介… 120
　　子どもの真実に目を向けて …………………………………
　　　　　　　　　　　　　　結城富士見幼稚園　鮎澤伊江… 126
　　ゼロにして見えたこと ……仙台みどりの森幼稚園　小島芳… 132

第2章　就学前教育の構造化と教育内容の模索 ……………… 138
　1．教育課程の構造がみえるか ……………………………… 138
　　（1）見失った原点にあるもの ……………………………… 139
　　（2）教育の求同性と求異性の対立から脱却できるか …… 141
　　地元文化を活かした保育所づくり …………………………
　　　　　　　　　　　　　　童夢幼児園・保育園　高江洲功… 145
　　中等教育から幼児教育へ ………………恵庭幼稚園　井内聖… 151
　2．幼年期の教育方法論への問い …………………………… 157
　　（1）生活や遊びの指導の総合性が論理づけられるか…… 157

(2) プロジェクト法の醍醐味に再挑戦できるか ……………… 159
　　　教育を生活化する面白さと課題 ……………………………
　　　　　　　　　　　　　　東洋英和幼稚園　大伴栄子… 163
　　　遊びと生活をつなぐプロジェクト ……………………………
　　　　　　　　　　　　東京学芸大学附属幼稚園　赤石元子… 169
　　3. 生活に根づく表現芸術 ……………………………………… 175
　　　(1) 生活に根づく表現芸術が実践されているか ……………… 175
　　　(2) 表現者としてともに暮らす教師がいるか ………………… 178
　　　はじめにリズムありきの奥深さ ………………………………
　　　　　　　　　　　　　　国立音楽大学附属幼稚園　山下郁子… 181
　　　子どもの夢が踊る環境 ……………………健伸幼稚園　柴田沼夫… 187

第3章　教師のライフワーク ……………………………………… 193
　　1. 教師の道への自問自答 ……………………………………… 193
　　　(1) ライフワークに応じた職域の広がりがあるか …………… 193
　　　(2) 問い続ける自分との闘いに勝てるか ……………………… 194
　　　(3) 障害児教育者としての専門性とは何か …………………… 195
　　　異文化の中の日本 ………………………………………………
　　　　　　　　　　　ドイツ；フランクフルト日本人幼稚園　大澤ちづる… 198
　　　ろう学校幼稚部の教師として考えてきたこと …………
　　　　　　　　　　　　東京都立大塚ろう学校幼稚部　長谷川純子… 204
　　2. 新たな就学前教育の開拓者に ……………………………… 210

　　　　　　　第3部　幼年教育者の現代的課題

第1章　女性たちと子どもたち …………………………………… 212
　　§1　養育と教育の現在 ……………………………………… 212
　　1. 女性のライフスタイルの変化 ……………………………… 212

    2. 変容が孕む問題 …………………………………… 214
    §2 フェミニジアと保育の文化 ………………………… 218
    1. 子育てのユートピア ……………………………… 218
    2. 教育の担い手と世話の担い手 …………………… 220
    3. 再生産と生産の関係 ……………………………… 223

 第2章　幼年教育における教育とケア ………………… 226
    §1 教育とケアの統合 …………………………………… 226
    1.「保育」という言葉 ……………………………… 226
    2. ケアと教育の統合 ………………………………… 229
    3. 幼保一元化の課題 ………………………………… 231
    §2 ケアとジェンダー …………………………………… 234
    1. 女性とケアワーク ………………………………… 234
    2. 養育の中の男性 …………………………………… 237
    §3 スクールホームの構想 ……………………………… 240
    1. 学校への家庭性の導入 …………………………… 240
    2. リベラルエデュケーションへの挑戦 …………… 244
    3.「スクールホーム」のカリキュラム …………… 247

 第3章　保育の専門性 …………………………………… 250
    §1 専門性の困難 ………………………………………… 250
    1. 専門職としての幼年教育 ………………………… 250
    2. 養成教育と現職教育 ……………………………… 252
    3. 多様な専門性 ……………………………………… 254
    §2 専門化の方途 ………………………………………… 256
    1. 教職の専門性 ……………………………………… 256
    2. 養育の日常性 ……………………………………… 258
    3. 女性職の専門性 …………………………………… 260

§3　ケアリングの専門家 ……………………………………… 263
　　1．ノディングズのケアの倫理 ……………………………… 263
　　2．ケアする者の専門性 ……………………………………… 265
　　3．ケアリング・プロフェッション ………………………… 268

【引用・参考文献】……………………………………………… 271
【索引】…………………………………………………………… 282

第1部

幼年教育者の世界

　幼年期の教育に携わる人々が，どのような内容をつくりだすのかが，五十年，百年後の人間の生き方に，社会の姿に現れる。幼年期の教育は，日々，子どもとの生活による教育の場を生きながらも，その目は子どもの未来を，日本の未来を，ひいては世界の未来をみつめて現在をつくっていく仕事だからである。幼年期にまいた種は精神の奥深くに染み込んでみえないが，人生の節目，節目で生きる姿に現れるといえよう。

　第1部では，日本の初等教育を開拓した人々の歴史を踏まえながら描き，就学前教育が抱えてきた課題の系譜を捉えたい。第1章では，幼稚園教師誕生とともに発生した制度および教員養成の課題に光を当てるとともに，国の教育課程基準と教育のローカル性の意味を吟味する。第2章では，古くて新しい課題である家庭教育と学校教育の対立が生まれる背景を探り，学校化される社会や教師の問題に迫る。

　第3章では，女性教師の歴史的な経験をたどり，教育と養育の二項対立を越える可能性を探る。

第1章

幼年教育の課題継承

§1 幼稚園教師への道

1．幼稚園保母の誕生

　江戸時代の寺子屋は，幼年期の教育を担って，読み，書き，計算を教えていたわけだが，これが国の法律に基づいた職業としての幼年期の教育者を生みだしたのは1872年の学制発布以降である。幼稚園教師も初めから今日のように有資格者が行ったわけではないので，幼稚園とは何か，幼児教育とは何かを問いつつ，保育をつくりあげている。

(1) 保母の資質と心得

　明治維新の志士であった夫君が刺客の難に遭ったため，家塾を開いて女子教育を始めた豊田芙雄（子）が，学制発布（1872）とともに発桜女学校教師となり，東京女子師範学校附属幼稚園開設に伴って，主任保母松野クララとともに訓導として招聘され，保母兼勤を命ぜられたのは1876年のことである。2年あまりの後，鹿児島幼稚園の創設にかかわり再び東京に帰任後は東

京女子師範学校教員と幼稚園を兼務しつつ活躍しているので，豊田が主に幼稚園教育にかかわったのは10年程である。彼女は，1887年から1890年まで欧州に滞在し調査研究するなどして見聞も広い。日本初の幼稚園教師として後年，倉橋惣三の求めに応じて「保育の栞（しおり）」[1]に書いた"幼稚園とは何か""保母はいかにあるか"の問いの答えには今日につながる視点がみられる。

豊田は幼稚園を"3年から6年の軟弱嫩葉（なんじゃくしょう）な児女に其の身の健康と幸福を保ち良き習慣を与えて最も娯（たの）しみを得させるために懇切に導く一つの楽しき園"として捉え，徳育と知育の枝葉（しょう）を開花させることをねらいとして，20恩物の教具，砂地の園庭での随意の遊び，雨天時の屋根のみの遊び場，花壇，3尺四方の畑の環境が用意される必要を説いている。まだ，国としての幼稚園教員免許基準がなかった時代は，教員免許で資格の有無が計られたわけではないので，幼稚園教師たるものの資質内容は具体的である。豊田があげる"保姆の資格"は人間性と専門性である。

① 性格性状
 ・心性穏和　・爽快活発　・懇篤　・慈悲深い　・物事に注意周到
 ・忍耐心あり　・清潔を愛し　・秩序を正しくし　・規律を実行する
② 専門性
 ・遊戯に熟練し　・音楽唱歌に熟練し　・恩物の使用法に熟練する
 ・美術の思想を要す　・説話（昔噺，博物の話等）を為す力

さらに"保姆の心得"には，25項目にわたって指導法とその心得があげられている。開誘では，子どもの発達に即して遊戯を以て行うこととし，開誘はみな遊戯と心得ていれば大きな過ちはないとする。礼を施すには，よく注意して礼を行わせ，年長者の言に背くことなく導くなど，儒教的精神がみられる。また，保母の指導姿勢には様々な方法論が書かれている。器物破損等の害あるものについては将来を懲戒する，花卉や草木の芽（かき）を摘むのは，「鳥これに囀り，蝶これに舞ふところを失い，好ましき果実も亦結びがたき事を諭す」，幼児が製作不能のものについては「破損しないように諭す」，人

にも事物にも迷惑でないものは「赦す（ゆる）」とする。しかし，玩具の破壊や草木の枝折り，花摘みは心身知能の発育の証であり，あながち抑制することではないので，害なきものは許し，害あるものはよく戒めるとする。こうした判断根拠が指導の奥義（おうぎ）であり，遊びを教育目的・方法とした保育の心得として，多くの保母が求めた内容でもあったろう。さらに，幼児の我意は温和に諭し，虚言に対する重い処置としては，"保育室に放ちやり，群児と同じにせず室の一隅に独立させる"といった明確な懲罰を科すことも必要とするところに，当時の自己に向き合う時間を幼児に与えて自立に向ける教師の意識がみられる。

また，説話では簡易に正しい言葉で言うこと，唱歌は抑揚簡易な曲を選び，恩物では物品の整頓を習慣化し，会話は日常生活におき，修身・博物の話は，簡易で理解できる譬諭（けいゆ）でもって良心を養うとする。幼児といえども実質陶冶から形式陶冶へ導く思想性がみられる心得である。そのためにも保母は，慈愛懇篤の精神をもって偏愛することなく，温和で子どもに粗暴な言葉を使わず，爽快活発であることを求める。正直，温和，純白という徳をもった幼児を師とする児童観には，児童中心主義を標榜する新教育の思想が流れている。後に実践した意味を振り返り，時代を遡って書いているので当然という思いもするが，豊田が模索した幼稚園教育は子どもを師とし研鑽して得たものである。

幼児の年齢や心身の発達に即し，規律と秩序を明確にして，教師は正しい言葉で，公平寛大・穏和にして教育内容への専門性をもち，道徳性を涵養することは，今日も語られる幼年期の教育の目的であり，教師の心得である。これらは時代により教育内容や強調する道徳性の視点の違いはあるが，豊田以後，多くの教師が幼児教育の心得を述べてきた視点および内容と，基本的には変わらないといえよう。

(2) 教師か保母か

幼稚園教育者の呼称が保母か教師かという問題は，明治に始まり，今日に

至ってもなお曖昧な認識がある。世間はもちろん，初等教育の教員養成課程に在籍する学生ですら，教員免許と保育士資格を混同している。

　保母の名称について1880年から東京女子師範学校（1876年東京女子師範学校，1890年女子高等師範学校，1908年東京女子高等師範学校，現お茶の水女子大学）附属幼稚園の監事になった小西信八（後に日本の盲唖教育に献身した人）は，開設当初から使用していた「保姆ノ名称ハ14年中廃止セリ蓋シ英語『ナールス』ヲ譯シテ保姆トシタレドモ元来『ナールス』トハ人家ノ雇人トナリテ幼稚ノ保育ニ任スル者ノ稱呼ニスギズ。而シテ幼稚園ノ保育ヲ掌ルモノヲバ彼国ニテモ別テ『キンデルガルテナー』『キンデルガルテンチーチャー』ト稱スルニヨリ自ラ幼稚園教員トスルコトニ適當ナラントニテナリ」[2]として，1881年中には教員として呼称する旨を記載している。その理由として小西は，「私は幼稚園の保姆と小学校の訓導とは待遇上權衡がとれていないのを遺憾に思って，これを同一にせんことを文部省に願い出たことがある。これは官制上小学校の訓導は本官であったが，幼稚園の保姆は雇いたるに過ぎなかったからである。それ故に，同じ級で勉強して卒業した人でありながら，小学校へ行く人は本官となり，幼稚園に行く人は雇いとなる」[3]ことに矛盾を感じて国に掛け合った経過とともに，待遇の相違のためによい人材を得られないことを嘆いたのである。童子や年寄り，召使いが担っていた非生産的活動としての保育を，国の教育に位置づける困難の始まりである。

　これに対する文部省の回答は，「幼稚園といふもの未だ世界各国に於て善しと認められて居るのではない，言はばまだ試験中のものである」[4]として時期尚早としている。小西は，フレーベルの弟が社会主義の機関誌を経営していたことと幼稚園の祖フレーベルを同一人として幼稚園教育批判をしたドイツ政府の誤解を，そのまま鵜呑みにした日本の文部省が，自らの過ちをうやむやにし黙許したためと批判している。

　しかし，この名称の問題は，教員養成制度の問題であるとともに子どもの側からみれば小学校と幼稚園の接続の問題である。小西は，学制発布から間

もない当時としては大胆にも幼年学級の試行に踏み切っている。当時，諸外国では幼稚園と小学校の間にコネクティング・クラス（連絡級）またはインターミディエート・クラス（中間級）が実践されていることから，幼稚園年長と小学校1年生のクラスを一つにしたのである。年長幼児は片仮名を習い始め，1年生は「かみたたみ」などもするという，幼稚園と一年生の学習内容が相互乗り入れする活動学級である。

　この大胆な試みは，6歳から始まる学制に一つの問題提起をしたが，小西の試行がまだ実をあげないうちに，前後して地方から幼稚園保母を派遣してほしいという要請が増え，幼稚園教育普及のためには幼稚園教員養成が急務であるとして，東京女子師範学校附属幼稚園に小学校訓導（教員）を保育見習い生（今日流にいえばインターン生）として置いている。これが1878年の保母練習科の設置につながっている。そして1880年暫定的措置として置かれた保母練習科の廃止に伴い，本科生に小学校訓導と幼稚園保母の資格を取得できる制度を設けることによって，今日につながる初等教育教員養成課程の素地ができたのである。これは，小西が教師の名称にこだわり，幼稚園年長と小学校1年生の同一クラスを試行し実践したからこその英断であるが，彼は保母の名称より教員養成課程としての実質をとったということであろう。そうした意味で戦前までは，小学校教員有資格者が校長・幼稚園教員のリーダーとして幼年期の一貫した教育を構想しているが，実際には明治22年以降，保母不足のため裁縫教員を講習程度で保母として補充した経過もあり，願うことと現実はかけ離れていたといえよう。

　第二次世界大戦後の学制改革は，アメリカ教育使節団の方針に基づき，幼稚園を学校教育法に位置づく初等教育の範疇に入れて6．3．3制が実施されている。幼稚園は，保母の呼称から教諭としての確たる名称を得たが，新たな課題を抱えてしまった。その一つは，保育所と幼稚園が明確に区分されたことによって同じ就学前の日本の子どもでありながら，一方は児童福祉法の対象として保育所で保母（現保育士）による保育を受け，一方は学校教育法の対象として幼稚園で教師による教育を受けるという矛盾である。その課題

解決のために，幼保一元を願う人々は幼保に共通する通称として法に規定されない"幼児教育者""保育者"を用いたので，前述のように社会的にも目的々にも混乱を呈し，幼保いずれの専門性も確立されない困難に遭遇したまま，今日の一元化の流れへとつながったのである。つまり，共通の呼称の問題は，福祉の理念も初等教育の理念も曖昧にし，保護監督機能，サービス機能を拡大して就学前教育の多様性を生んだといえよう。

(3) キリスト教宣教師たちが当てた光

長崎，横浜，函館の開港に伴い，外国人商人と日本人の間に生まれた混血児の社会問題解決のために，アメリカの宣教師が訪れていたことは，新たな課題を提起することになる。宣教師たちは，それまで日の当たらなかった日本の女子教育および就学前教育や児童福祉にかかわり，教育の平等や福祉の概念をもたらし，封建主義から汎愛主義へと思想を転換させる契機をつくりだしている。1871年に開設された亜米利加横浜婦人教授所は，宣教師による最初の幼児教育施設として位置づけられるものである。官立の東京女子師範学校附属幼稚園が日本初の幼稚園として登場し，日本の就学前教育の表舞台をつくったとすると，婦人宣教師やキリスト教帰依者が私立幼稚園の草分けになって全国津々浦々に就学前教育の舞台を築いた歴史は，女性の社会的進出と汎愛思想を幼児教育から生みだしたといえよう。

私立幼稚園は，明治の英語学者であり教育者であった桜井智嘉が21歳で開設したキリスト教主義の桜井女学校附属幼稚園に始まる。1880年「学齢未満ノ幼稚ヲシテ天賦ノ知覚ヲ開達シ固有ノ心思ヲ啓発シ身体ノ健全ヲ慈補シ交際ノ情誼ヲ暁智シ善良ノ言行ヲ慣熟セシムルニ在リ」[5]を主意として開設されている。桜井女学校（1876年設立）は，私学の保母養成機関としても新しい時代の女子教育を切り開いている。嫁して後17歳から英語を学び，学問を極め，学校を設立する才知あふれる女性が私学開設の第1号というのも，キリスト教の汎愛精神がそうさせるだけの力を与えたのではなかろうか。

高森ふじ[6]は，アメリカのメソジスト教会婦人外国伝導協会から派遣された宣教師たちが設立した活水女学校で学び，1903年に附属幼稚園保母となっている。12年後，彼女はシカゴのナショナル・カレッジでヒル（デューイの考えを幼児教育に実践した人）に学び，さらにコロンビア大学および大学院で学んで日本初のM・A（修士）学位をとった女性である。帰国後は，活水女学校の教師として附属幼稚園の指導者となっている。やがて大阪ランバス女学院保育専修部（現聖和大学）のスタッフとしてクックとアメリカ進歩主義教育の理論をもとにキリスト教精神に基づいた児童中心主義の教育を広めている。

　キリスト教の洗礼を受けたもう一人の幼児教育者がいる。甲賀ふじ（ふ志）は15歳でデビス宅に住み込み，タルカット，ダッドレー来日後は両人の創設した神戸ホームに学んでいる。神戸英和女学校の第一回卒業生で，1886年まで舎監をしている。1887年アメリカに留学して幼稚園保母資格を取得している。外国で保母資格を取得した初めての日本人で，3年後帰国するとハウによって始められた神戸の頌栄幼稚園に勤め，9か月後，広島英和女学校附属幼稚園の主任保母，保母養成所教師として迎えられている。甲賀は1897年に再び渡米し，ホノルル幼稚園で6年教育に従事した後，再留学し，ボストン師範大学，シカゴ大学教育学部で学んでいる。1906年日本女子大学附属豊明幼堆園，のちに同森村幼稚園初代主事（慶応大や早稲田大，北里研究所などを後援した実業家，森村市左衛門は日本女子大設立にも貢献。豊明の名付け親で，晩年，自邸の庭に森村学園幼稚園と初等部を開校，そこに甲賀を招聘している）を務めて，わが国の幼児教育の草分けとなった一人である。

　甲賀ふじをゲーンスに推薦したミス・ハウが来日したのは，1887年甲賀が留学した年である。シカゴで幼稚園長をしていたハウが，婦人伝道会で日本の神戸に幼稚園を開きたいが人がいないという訴えを聞いて，使命を悟り，35歳の若さで婦人宣教師として神戸に降り立っている。2年後には神戸に頌栄幼稚園，同保姆伝習所を開設して，フレーベル哲学を基礎とした本格的な幼児教育，および教員養成を行っている。彼女が翻訳したウィギンスと

スミス共著の『幼稚園原理と実習』[7]は、頌栄幼稚園保姆伝習所発行で、1917年のことである。そこには、幼稚園保姆は女性の最も優れた仕事で、女子職務中これほどの善事業はないとして、フレーベル、ペスタロッチ、シェリングをあげて保母の学ぶべき内容とその技術を紹介している。

さらに、1886年にミス・ポートルが金沢に英和幼稚園（現北陸学院短期大学附属第一幼稚園）を、1892年にミス・ゲーンスが広島に広島英和女学校附属幼稚園（現広島女学院ゲーンス幼稚園）[8]を開設したように、幼稚園およびその教師養成学校は、いずれも若き宣教師の力に負うところが大きい。

東京女子師範学校に奉職し、後に華族女学校（1847年京都御所日ノ御門前に「学習院」開講。1885年華族女学校開校、1894年幼稚園を設置。1906年華族女学校は学習院と合併し学習院女子部となり、幼稚園も学習院女子部幼稚園となる。戦災のため消失、1947年官立を離れ財団法人学習院となり、幼稚園は廃止。1963年目白に幼稚園再開園。学習院幼稚園となる）の助教授、教授となった野口幽香と森島美根が、鮫河橋の貧民のための幼稚園を開設したのが1900年[9]である。貧困問題を改善し幼児と母親の福祉・教育に生涯をささげた根っこには、キリスト教の思想がある。幼子を抱えた父母の経済的自立を図るためにも、子どもが自然を愛し、心豊かに生きるためにも、遊びを中心とした生活による教育を実践している。野口らに協賛し、二葉保育園の土台を築き、二代目園長として社会福祉の道を進んだのは徳永恕(ゆき)である。府立第二高等女学校の学生時代から、スラム街の立て札「私立二葉幼稚園設立用地」を見て、ここに一生を捧げると心に決め補習科、教員養成コースを修了している。高女時代に入信し、トルストイの人生論や社会主義小説に耽ったというだけあり、その思想を実践する意志は強く、1954年名誉都民の称号を授与されている。いずれもスラム街の子どものために献身したキリスト教者である。ヒューマニズムの思想に立脚し、善意に満ちた信仰者たちは、うち捨てられた乳幼児を見捨てることはできなかったに違いない。生涯、家をもたなかった徳永にとっては、園児とともに過ごす場所が人生の住処だったのではないかと思われる。

幼稚園教師の先達は，時代の最先端をいく女性たちである。そして，短期間にいろいろな職場，留学，学習経験をしながら建設的に新しい幼児教育の開拓に邁進している。これだけ広い世界を経験した先達が幼稚園教師としていたということ，こうした主任保母が広いネットワークをもって全国に散っていったということに，時代を切り開く女性たちの粋を感じる。

このように日本の女子教育と幼児教育に多くのキリスト教の宣教師，キリスト教に帰依した先駆的な日本人がいて，汎愛思想と福祉の概念をもたらしたことが，今日の礎となっている。幼稚園教育が紆余曲折を経ながらも，国家が強力に推進した小学校教育と異なる自由度を有し，国際性を有していたのも，その始まりに起因しているといえよう。

2. 教員養成と研究的実践者

日本の就学前教育は，それを担う教員養成と切り離して語ることはできない。東京女子師範学校が保母練習科から本科に組み入れられた際のように，幼稚園教員免許が制度的に小学校教員免許取得と抱き合わせで定着していれば，初等教育の範疇はより明確になっていたであろう。しかし，幼稚園熱の高まりは，教師不足を生じて随所に保母養成所ができ，それが急を要したため，6か月あるいは1年で免許が付与されている。東京府では1905年12月で免許付与が208号となっていることから，20年ほどで女子師範を含め208人の保母が誕生していることになるが，この頃から粗製濫造の教員養成制度の歴史が生まれている。

(1) 教師のゆらぎと成長

養成所は，東京だけでも女子高等師範学校以外に1884年桜井女学校幼稚保育科（1部4年制課程）が，1888年には東京府教育会附属幼稚園保姆講習所（6か月課程，現竹早教員保育士養成所）が，1889年には幼稚園保姆練習所が開設されている。地方では1889年頌栄保姆伝習所，1892年八王子女学

校，1895年広島女学校保姆養成科などで，大正期になって1916年玉成保姆養成所，1917年東京保姆伝習所，1919年東洋英和女学校附属保姆養成所が開設されたほか，奈良，岡山，仙台，京都などにも開設されている。

　どんな職種においてもその分野が拡大すれば指導者が必要となるわけで，養成機関の問題は教員に限ったことではない。しかし，明治・大正の先達が開拓者として生き，幼児教育を研究して社会に問いを発した時代とは異なり，1950年代後半から就園率の上昇に伴い，再び教員が量産されていく。この過程で教員の聖職者性は失せて，インテリゲンチア（知識人）としての資質を高める必要性も減退したといえよう。結婚までの腰掛け的な意識が幼稚園経営者にも養成機関側にも，教員を目指す当人自身にもあり，担任教員の経験年数が数年という多くの職場を形成してきたのである。1学級40人の命を預かる責任の重さに比し，給料は低く就労時間は長く1日中動き回る仕事である。日々の実践を通して問題解決をする研究的な土壌づくりなどに，教員の意識は向かなかったのである。

　「幼稚園が発達しても保育学は発達しなかった」[10]として1939年に「幼児教育論」を著した城戸幡太郎は，仕事を通じて問題を把握し，その問題を解決するために学問を研究する職業的陶冶の必要を説いている。そして，将来における幼児教育の研究法を明らかにするため「問題解決の理論的基礎となる資料を計画的に遺漏なく蒐集する」[11]方法として，批判的方法，歴史的方法，実証的方法，実験的方法をあげ，保育においては実証的，実験的方法が重要であるとする。

　1970年に出された『幼児教育学全集Ⅰ』には，「幼児の教育環境と研究法」[12]が多くの紙面を割いて語られているが，この時代まではまだ保育関係者は実証的研究によって保育学の向上を目指していたといえる。やがて，城戸が心配したとおり，幼児教育研究が実践とかけ離れていく。教員養成機関の学校化も一因であるが，大正・昭和初期時代を生きた実践モデルが職場から少なくなったことや教育・保育機能の曖昧さ，労働者意識の高揚，上意下達の伝達機能を増した組織の硬直化などの要因が複合して実践研究が衰退し

ている。保育学会等の発表件数は年々増し，第三者による子ども存在の研究は盛んになった半面，当事者の実践研究に対する問題意識も研究手法も，研究発信の手立てももたない多くの現場をつくったといえよう。

　佐藤学[13]は「教育学の言説は，『教師はいかにあるべきか』を問う規範的接近か『いかにして教師になるか＜養成するか＞』を問う生成的（教育的）接近において議論されてきた」として，その中間に横たわる「教師であることはどういうことなのか」「教師であることは何を意味しているのか」「なぜ私（あなた）は教師なのか」というもう一つの問いを排除してきたとする。その視点は，幼児教育においても顕著である。現場も養成機関も規範的接近を中心として教師像をつくりあげてきた。コミュニティを支え，人間が相互作用しながら徳を感化し，文化を伝承・創造する人材が4，5年で育つはずがない。需要の急増が養成機関と免許保有者を増加させ，逆に数年で就労教員を切り捨てる文化を生んだともいえる。『教師のライフコース』は，稲垣忠彦ら[14]の長期にわたる教員人生の分析考察である。教師を志望する動機から，その成長を支えたもの，そして教師としての足元を揺るがすような社会的，職業的，個人的な体験とそれを乗り越えるために試行錯誤する志向性が，教師であること，なぜ私は教師なのかへの問いを生みだし人間を錬磨する。それが教員の醍醐味で，教員が問題解決のための研究を推進しながら自己の適性を常に問いつつ自問自答していく日々は，一生かかっても足りないほどである。

　図表1-1-1[15]は，教師としての悩みの内容と自己の教職適性の是非へのゆらぎである。校種を問わず，教職の限界に対する洗礼を受ける者の割合は高い。教職に対する適性の有無へのゆらぎは，まさに「なぜ私は教師なのか」という問いである。教師としての存在論的接近は，自ら教育実践を研究し創造する原動力となるだけに，このゆらぎが向かう先が問題になる。育児，介護などの非生産的活動を女性が担ってきた時代から，今日ようやく社会的に男女を問わずキャリアを積む時代が到来して，幼年期を担う教師のキャリアとは何かが問われるようになっている。若くて優しいお姉さん先生と

図表 1-1-1

A：教師に向いていないのではないかと思ったことはあるか

項目＼校種	幼稚園	小学校	中学校	高等学校	盲聾養護	合計
あ る	46	198	88	80	42	454
な い	7	62	42	18	14	143
無 答	0	1	4	13	0	18
計	53	261	134	111	56	615

B：教師に向いていないのではないかと思ったことの内容（複数回答）

項目＼校種	幼稚園	小学校	中学校	高等学校	盲聾養護	合計
1 授業に関することで	7	28	6	10	0	51
2 生活指導に関することで	0	26	31	23	6	86
3 学級経営に関することで	12	57	16	12	4	101
4 子どもの心がつかめず	7	48	20	21	8	104
5 考えていたこととの食い違い	4	21	6	11	3	45
6 同僚との人間関係で	2	8	8	4	5	27
7 保護者との人間関係で	2	10	0	0	3	15
8 上司との人間関係で	1	5	1	0	0	7
9 健康に自信がなくて	2	11	4	3	3	23
10 職務と家庭の両立に悩んで	3	12	6	6	2	29
11 その他	2	13	5	3	4	27
計	42	239	103	93	38	515

C：教師に向いていないのではないかと思ったことの解決度合（複数回答）

項目＼校種	幼稚園	小学校	中学校	高等学校	盲聾養護	合計
1 今も解決していない	7	28	10	22	4	71
2 何ともいえない	7	63	34	24	13	141
3 どうにか乗り越えた	19	123	55	43	24	264
4 ほとんど解決した	9	31	9	8	3	60
計	42	245	108	97	44	536

（『教育活動における教師の問題意識に関する研究』東京都立教育研究所，1990，p.25）

いう，就学前教育の言説が大きく変わってくるのは必定であろう。

(2) 教員免許更新制度のゆくえ

　ユネスコが生涯教育を打ちだしたのは1965年で，欧米はいち早くこの理念実現に教育の舵を切っている。生涯教育（アメリカでは生涯学習）は，学校制度内における完成教育とは異なり，生涯のある時期に学習機会を選択できる"教育の時期の開放"と，学習の場が学校のみならず職場，家庭，図書館など生活空間全体にわたるとする"学習の場の開放"，そして生涯を通じて「いろいろな形態の自己教育を通して，真のかつ最高度の自己発達の客体となり手段となる」[16] ことによって"人生の解放"を図る三つを原理とする。"人間という存在とは常に挑戦の連続を意味"しており，自己形成し自己教育し進歩するという確信が根底にある。しかし，従来の学校教育を開放するこの思想は，強力な学歴社会を形成した日本では理念に賛同しても実行のための環境条件がなかなか整わず，近年になってようやくその兆しが現れてきたところである。

　つまり，学習は学校機関にあるだけではない。むしろ生活という日常に本当の学びがあり，学校歴と学習歴と生活歴の学びの総和が人間を陶冶する。学校歴では，自己教育の術を学び，読書，技術錬磨，研究によって学びの本質を悟り，生涯学び続ける意志を培う。また学習歴では，遊びや作業体験を通して自然の法則への気づきや，よく動く体と心の軸をつくり，職業人となってキャリアを錬磨し志を高める。さらに生活歴では，家族と寝食を共にし，育児や介護を担い，コミュニティの一員として参画しながら，人間の生きる営みそのものの価値や発生する問題解決に向き合う術や人生を学ぶ。その経験の総和が一人の教員の思想を形成し，自己発展し続ける原動力となっている。生涯学習社会に移行するにしたがい，場所と期間と人生が解放される時代は，自由も拡大されるが，それは自分が学習を企図し，選択し，決定し，職業の適性に責任をもつ厳しいものでもある。

　2006年7月「今後の教員養成，免許制度の在り方に関する答申」が出て

2007年には教育職員免許法が改正され，2009年度から教員免許は取得の翌日から起算して10年を経過する日の年度末までの有効期限が付されることになった。これは，30時間以上の免許状更新講習等の制度によって教員自身が自己の適性，資質能力を確認し向上させるという仕組みである。生涯学習社会における教員の資質は，当然のことながら一度資格を取得すれば一生使えるという旧来のものではなくなっている。実践研究や自己研修がなされないままに日々を過ごしている現場には，これから急激な変革が求められることになる。

　1993年の教員免許法改正で，短大卒が多い幼稚園教員に2種から1種に免許更新する暫定措置がとられたにもかかわらず，多くの教師がその切り替えをする意識もなく日常に埋没している。就学前教育が教育として機能しない弱さが，こうした教員の社会的無関心さに表れている。2007年の改正では一種免許取得の努力義務が課せられた。理論と実践の融合を目指して昼夜開講，夜間開校の現職大学院に行き専門性を陶冶する段階までには，2種，1種，専修免許更新と，グレードや能力に応じた処遇や役割の取得の問題が横たわっているのである。さらに，幼年期の教育を視野に入れるためには幼稚園教員免許だけでなく小学校教員免許取得も望まれる。教員免許更新制度が，初等教育機関として長い眠りに陥ってきた現場のカンフル剤になるかどうかは，次のような課題にどう向き合うかにかかっているのではなかろうか。

　一つは，一人ひとりの教員がどのような幼年期の教育を実現したいのか，その意志の方向性の明確化と思想の実践化，実践の学問化である。しかし，雇われ人としてほんの数年を狭い職場で生き，ゆらぎを回避し安定を求めてきた文化はそう変わらないだろう。教員養成や経営者のあり方が変わらなければ実践者も変わらないという連鎖の中にあるからである。教員免許更新制度がその安定を崩し混沌を発生できるかどうかである。

　二つに，幼稚園等（以下，幼稚園，保育所，認定子ども園等就学前児童を対象とする教育機関・保育施設をいう）の経営者がどのような就学前教育の未来を

描いて教育を実践し，教師・保育士が成長する環境を用意するかである。学習歴の多くはOJT（on the job training）によって培われるが，実践研究・研修の土壌が十分でない職場にその思想をつくりだすところから始めなければならない。教員の専門性は，職場環境によって10年経過すると大きな差異を生じてくる。就学前教育を開拓した時代のように，社会的にも高い理念を掲げて経営を評価するシステムを明確にできるかどうかである。小学校から大学まで，また保育所も第三者評価が実施されているにもかかわらず幼稚園はいまだ自己点検・評価もままならない段階にある。2007年改正学校教育法第42条，43条で，学校評価，情報公開が幼稚園にも適用された機会に，外部に経営を開くだけの環境を醸成できない現実を，自ら批判的にみる目が必要である。

　三つに，教員養成機関が教師・保育士の量産を見直し，生涯にわたって気概をもつインテリゲンチア（知識人）を育成するために，大学等の独自性を発揮できるかどうかである。依存し合う教師と学生の関係を相互親和的・自立的な関係に組み直し，学生・現職教員を支える学習環境を提供できるようにするためには，大学教員自身に相当な自覚と勇気が必要になる。

　これらの問題解決のためには，社会が就学前教育における子どもの平等権，生存権が保障されるシステムに関心を寄せ，子どもが健全に育つ町や村づくりが必要だろう。その流れが子どもの育ちに相乗効果を及ぼして行政の支援が方向性をもつ。当事者や市民に就学前教育に対する希望や志向性がないかぎり未来を切り開けない。学校化（思考も行動様式等も制度に組み込まれ依存）した家庭と，学校化の限界を迎えた学校が，本来の人間教育の目的から離れて，さらに学校化を押し進めないような思想が，市井から，また一人ひとりの意識改革から生まれることが求められている。

(3)　就学前教育制度の矛盾解決への試み

　就学前の子どもが平等に教育を受ける権利，最低の生活を保障される権利が二分されている幼稚園，保育所の二元行政の問題は，明治時代から今日に

いたるまで，教育事業と福祉事業の土壌の違いがお金の問題と関係して発生している。千葉県千倉町に町民の幼児が全入できる幼稚園をつくる動きが起きたのは大正7，8年ころといわれる。「父は海に，母は畑を耕し，海女となって働くなど，自然的社会的条件から考えても，学齢前の幼児の問題を処理することこそ急務であるという考えのもとに，1924年，試みに幼稚部を設けた」[17]のが，忽戸幼稚園の始まりである。これを率先した堀江政吉と農繁期保育所から忽戸，朝夷の両幼稚園設立までの経過について上笙一郎は，「町によって設立・運営されている千倉町の小学校附属の幼稚園は－中略－町の財政のうちから割き得る最大限の費用を幼児教育に投じているのです」[18]として，その先見性に触れるとともに，日本が敗戦から立ち直る方向がみえた1951年の忽戸幼稚園長小原武雄の「小学校入学前全幼児保育（千倉町幼稚園）」の言葉を引用している。「……幼稚園振興は，結局費用の問題である。幼稚園が必ずしも義務教育でなくとも，実質的に全国各市町村に設置されればよい。それには，国費と都道府県費を以て，少なくとも園費の半額を補助しなければならない。しかし，私の理想とするところは，幼児教育の最重要性から，幼稚園の義務制と国費の全額国庫負担を，強く念願している」[19]というものである。大正時代に始まる堀江の実践，それを引き継いだ小原の見解は一市町村の問題ではない。全国の多くの市町村が同じような就学前教育の課題を抱えながら，町や村の建設に全力投球しているのである。1972年に開設された交野市あまだのみや幼児園も同じ地域の幼児が同じ施設で保育をと願う市長の強い意向を受けて，全員就園することを基本コンセプトに一元化した幼児園を開設したが，一元化は「幼児のサイドに立って考えると合理的かつ教育的施策と思われるとしながら－中略－国が二元化している事実にかんがみ」[20]，同じ敷地内には考えられないとする大阪府の反対を受け，施設の区分を余儀なくされている。このように幼児の立場ではなく，国の縦割り行政の立場が先行した結果抱えてきた問題である。EU諸国が3歳児から無償・全入を実現していることを考えれば，税金をどこに使うかの問題でもある。小原が，結局はお金の問題とした半額補助は，今日ほぼ実現した。

しかし，理想とする無償にはまだ届かないのが現状である。幼稚園を文部省（現文部科学省）に，保育所を厚生省（現厚生労働省）にと縦割りにして，就学前教育を二分してきたシステムを，3歳未満児は親の育児休業，家庭託児，保育所等に，3歳以上児は幼稚園・保育所・認定こども園のどこに入園しても，就学前教育と必要なケアを受けられるシステムに変えるためには，構造そのものを見直すことが必要になる。そこには，基本的な人権と教育権の保障という憲法の理念の実現とそれを裏づけるお金の問題がある。現在，千倉町には七浦，忽戸，朝夷，武田小学校併設幼稚園と公私立各1保育所が設立されている。大正時代，堀江と町民が願い実現した一元化システムを，戦後の二元行政が崩した例として記録されよう。

沖縄の4歳児までを保育所，5歳児から全入の学校幼稚園も，エンゼルプランの施策によって変更を余儀なくされている。千代田区が幼保一元化に踏み切ったのは1988年，国の規制を破ることは当事者にとって精神的にも経済的にも大変なことであったに違いない。それでもなお，問い続ける人々の実践と研究が法律を動かしていく。国による一元への試みが始まり，2006年10月には認定こども園として実施に入っている。幼稚園教育が始まってから150年を経る2026年頃には，一元も当然のこととなり多様性を保護者が選択できる可能性もみえてきた。日本がここまでくるには長い時間がかかっているように思うが，時代が動くのはこうした矛盾が限界に達してきたときである。ある制度の限界を超えることで，新たな制度や価値や需要が生みだされる。それがよい成果につながるか，さらに乳幼児にとって悪い環境をつくるのか，これからの幼年教育者の問題解決に立ち向かう研究にかかっているといえよう。

就学前教育制度に対する問いの二つに，幼稚園と小学校の区分の問題がある。戦後，公立幼稚園の不足解消のために私立幼稚園が急増したが，それが幼稚園と小学校の非接続の問題を発生させている。私立幼稚園は公立小学校と雇用的に連結しないため，教員が幼稚園と小学校を往来することが少なくなり，実践が幼稚園内で完結する狭小なものとなったのである。さらに，保

育士資格と幼稚園教員免許を取得できる短期大学等の急増により，幼年期の教育を担う者の意識が，乳・幼児前期の保育を担う方向に傾いている。かつて，全国の女子高等師範学校附属幼稚園をはじめ，羽仁もと子，澤柳政太郎など新教育運動に献身した人々が起こした，3歳児からの初等教育機関の意識は薄れて，幼年教育の実践的研究も衰退している。

　これは幼稚園・小学校教員免許取得を目指して初等教育を学んだ者が相対的に減少していることを意味する。小学校教育を知らないまま，つまり子どもの未来が見えないままに就学前教育を担ったところで教育内容は連続しない。幼小一貫教育を目指す私学は，玉川大学附属校のように幼稚園から小学4年生までを初等部，小学5年生から中学2年生までを中等部，中学3年から高校3年までを高等部として，7・4・4制度を試行することもできるが，孤立した一幼稚園では，初等教育の制度的連続は実現できない。そこで教育内容の一貫を図ることだが，小学校課程を学習している幼稚園教員が少ない現状ではそれもできない。この矛盾は，再び次の時代に持ち越されていくだろう。

　幼稚園教育が始まってから130年，いまだ解決できない諸問題は，明治の始まりから同じところを這い回っているといえよう。4，5歳児の就園率が幼稚園，保育所合わせるとほぼ100％に成長し，幼稚園教員養成学校が増加して就学前教育が発展したかにみえるが，抱える問題の根は本質的に変わっていない。逆に，問題の本質すら見えなくなって，幼児の預かり時間を延長したり，早期の教授に注目したりして，サービス業としての内容をつくりだすことに追われているのが現状である。一人ひとりの初等教育を担う教員としての資質の高さ，待遇に表れる社会的認知度，幼年教育の独自性への注目，教育と保育の保障といった先達が願い，実践研究してきたこと，願った人々の系譜は今日まで続く問いとしてあり，その問いを引き継ぎ研究開発していくことがこれからの課題である。

§2 国の教育課程基準と教育のローカル性

1. ナショナル・スタンダードの必要性

　幼稚園が学校教育機関に位置づくのは，国の教育課程基準に則った公教育としての性格を有するからである。公教育は自然的・恣意的なものではない。法に準拠し，組織的，計画的に学理に従って集団に作用して個人を全うする働きをもつ。それはまた人の作為が働くだけに，かつて学校が軍国少年を生みだす役割を演じたようなイデオロギーを吹き込む危険も孕んでいる。倉橋惣三ですら学校がもつ教育上の本性の主たるものは，人間の完成ではなく「国民に完成するとする。即ち，生活性，文化性と共に，といふよりはそれを統一する国家性で，－中略－學校とは昔考えられたやうに，ただ知性とか徳性といふ一般普通の教育目的を，個人の自由の目的に應じて供與するところではなく，国民に仕上げるところ，我國に於ていへば，皇民に仕上げることを中心目的とする」[21]として現実的な指標を打ち出している。国の代弁ともみられる倉橋の教育の国家性については，第二次世界大戦中の1942年という時代もあろう。日本だけでなく教育が社会的な制約から逃れられない運命にあることは，世界の新教育運動の中でも確認されてきたことである。教育に国家の未来がかかっているといわれるのはどこの国も同じであるが，教育の舵取り一つで戦争を美化する国にも，自由が形骸化する国にも，あるいは倫理観が混迷する国にもなるということを，教師となる者，あるいは教師となった者は常に心しておく必要があろう。

(1) 教育課程基準の成り立ち
　幼稚園が公的学校機関として登場するのは学制発布における「幼稚小学ハ男女ノ子弟六歳迄ノモノ小学ニ入ル前ノ端緒ヲ教フルモノナリ」の文言に始

まる。しかし幼稚小学の存在については柳池小学校に1年半ほど設置された記録が残っているものの『幼児保育百年の歩み』や『日本幼稚園史』[22]にみるとおり定かではない。教育課程の基準については，東京女子師範学校附属幼稚園創設当時の「規則及び休業日」[23]に，今日につながる内容を見ることができる。規則，主要箇條の関係するところを抜粋すると，次のようである。

> 第一條　幼稚園開設ノ主旨ハ学齢未満ノ小児ヲシテ，天賦ノ知覚ヲ開達シ，固有ノ心思ヲ啓発シ身体ノ健全を滋補シ交際ノ情誼ヲ暁知シ善良ノ言行ヲ慣熟セシムルニ在リ
>
> 第二條　小児ハ男女ヲ論セス年齢満三年以上満六年以下トス但シ時宜ニ由リ満二年以上ノモノハ入園ヲ許シ又満六年以上ニ出ツルモノト雖モ猶在園セシムルコトアルヘシ
>
> 第七條　園中ニアリテハ保姆小児保育ノ責ニ任ス故ニ附添人ヲ要セス但シ小児未タ保姆ニ慣熟セサル間ハ附添人ヲ出タスモ妨ケナシ小児自カラ往來スル能ハサレハ附添人ヲ出シテ途迎セシムヘシ
>
> 第八條　入園ノ小児ハ保育料トシテ一ケ月金二十五銭ヲ収ムヘシ但シ貧困ニシテ保育料ヲ収ムル能ハサルモノハ其旨申出ツヘシ事実ヲ訊問シテ後コレヲ許可スルコトアルヘシ
>
> 第九條　入園ノ小児ハ年齢ニ由リコレヲ分ツテ三組トス但シ満五年以上ヲ一ノ組トシ，満四年以上ヲ二ノ組トシ満三年以上ヲ三ノ組トス
>
> 第十條　小児保育ノ時間ハ毎日四時トス但シ當分ノ間保育時間内ト雖モ小児ノ都合ニ由リ退園スルモ妨ケナシトス

第1条は目的，目標（2007改正学法第22条，23条）であり，第2条は在園年齢（同学法26条），第7条は付き添い人，第9条は組編成（現・幼稚園設置基準第3条，4条）第10条は保育時間（現・幼稚園教育要領第1章3節）である。保育内容については，第3節で物品科（日常の器物についてその性質あるいは形状），美麗科（美麗として好愛する彩色や絵画），知識科（恩物，計算，唱歌，説話等の知識の啓発）があげられる（現・学法第25条，幼稚園教育要領第2章）。こ

の規則は国の法令ではないが国が先導的に導入した幼稚園の規則であり，中村正直，小西信八など幼稚園教育の開拓者はその礎を築くことに余念はない。この規則が下敷きになって1879年に教育令として出された第1条に，「全国ノ教育事務ハ文部卿之ヲ統摂ス故ニ学校教場幼穉園書籍館等ハ公立私立ノ別ナク皆文部卿ノ監督内ニアルヘシ」[24]と謳われ，今日の学校教育法第1条＜学校の定義＞につながる公教育の流れができたといえよう。つまり，法でいう学校に位置づき，教育対象，教育期間，教育場所，教育内容，教育経費が明確にならないかぎり，公教育の機関とはならないのである。

　全国各地で幼稚園が設立され数が増すに伴い，1890年代になると大阪府の「幼児保育規則」「広島県幼児保育準則」など，地方色のある保育内容が生まれている。文字の読み書きや計算を重視した予備段階の教育が増えることを危惧した文部省は1899年，ナショナル・スタンダードとしての設置基準「幼稚園保育及設備規程」を制定し，保育時数は1日5時間以内，保姆1人当たりの幼児数30人以内とし，「遊嬉」「唱歌」「談話」「手技」を内容としてあげている。さらに，1911年の「小学校令施行規則」の改正で，保育4項目にあった具体的保育事項を削除し，1926年の「幼稚園令」で「観察」を加えて現場の創意工夫が生かされる，国としての教育課程基準の大綱を定めている。それでも主知主義に走る幼稚園教育が絶えず，それらは批判の対象となり1911年山松鶴吉は「保育という區域を飛び越え，小學校教育の領分を犯して－中略－文字こそは教えないが修身談，唱歌，手藝，遊戯，談話等は材料と云い教授の方法と云い，全然小學校における學級教授と同一」[25]として「幼稚園問題」を大きく取り上げている。小学校の教育課程基準を先取りする内容の弊害は，個人差や子どもの発達の歪みとして，小学校教育をさらに難しくしていくのは今日も同じである。教育という作為が，子どもの世界を混乱させる最たる原因になるとしたら，就学前教育制度そのものの危機がいつか訪れる。その危機はすでに子どもの遊びの喪失や心身発達の歪みの問題として，塾や受験に狂騒する家庭の問題として，発生し続けている。

(2) 国の教育課程基準が意味するもの

　幼保一元を目指した1948年の「保育要領」は二元制度が確立したために基準としての性格をもちえなかったのに対して，1956年の「幼稚園教育要領」は，国の基準性を明確にしている。以後，1964年，1989年，1998年の教育課程基準の改訂につながっているが，教育課程基準の意味するものは何であろうか。

　三権分立を柱とする日本の法律は国会で成立するが，法は国民生活から生まれるものともいえる。つまり市民の意識や実践が法の内容と密接に関連し，現実の問題提起が法を定めたり見直したりするテーマとなる。ナショナル・スタンダードの性格は本来ここにある。目的や目標に国の進むべき教育の方向を掲げ，行きすぎを是正し，創意を啓発する教育課程の枠組みを示して，変化する社会に応じながら人間の本質の発展を目指すのである。その精神が教育基本法の理念であり，憲法の条文のはずである。

　公私立を問わず幼稚園も公教育機関である以上，国の教育課程基準を知らずに教育行為はできない。教員養成課程でナショナル・スタンダードが学習されるのも，教育課程基準が改訂になるつど現職教員がそれを学習するのも，国の大綱としての基準が念頭にあって，日々の教育において子どもとの創意を具体化できるからである。国家基準は，教育課程だけではない。施設設備環境の基準は幼稚園設置基準に，保健衛生基準は学校保健法に，教師の服務や研修については労働基準法や教育公務員特例法に，個人情報については個人情報の保護に関する法律などにと，すべてにわたっている。

　教師の日常が，それほど法に縛られていたのでは身動きできないと考えるのは早計である。国の法律は高い理念を掲げながら最低守るべき基準として示されており，私たちは最低基準以上のよりよい教育，社会をつくりだす実践によって，法そのものに問いを投げかけていく責務があるのである。それを端的に表現している文章が，軍国主義教育から民主主義国家を目指す教育の転換にあたって出された1947年の「学習指導要領」の中にみられる。

「いまわが國の教育はこれまでとちがった方向に向かって進んでいる。この方向がどんな方向をとり，どんなふうのあらわれを見せているかということは，もはやだれの胸にもそれと感ぜられていることと思う－中略－これまでとかく上の方から決めて與えられたことを，どこまでもそのとおりに実行するといった画一的な傾きのあったのが，こんどはむしろ下の方からみんなの力で，いろいろと作り上げて行くようになってきたということである」。

「これまでの教育では，その内容を中央できめると，それをどんなところでも，どんな児童にも一様にあてはめて行こうとした。だからどうしてもいわゆる画一的になって，教育の実際の場での創意や工夫がなされる余地がなかった。このようなことは，教育の実際にいろいろな不合理をもたらし，教育の生気をそぐようなことになった」。[26]

これは，国家が学校教育の基準を強力に統一することによって皇民に仕上げることを教育目的においた軍国主義教育への反省であり，民主主義国家建設における国の教育課程基準の性格を示した初心である。しかし，1958年の改訂から再び準拠しなければならないという法的拘束性を強め，生活単元学習を廃して系統主義を掲げたため，最低の基準の意味が薄れ，絶対的なものになっている。2003年改訂でナショナル・スタンダードの最低基準が確認されたが，教師たちが基準の意味に振り回されるのは，実践の根拠を児童のうちに打ち立てる力が弱いからであろうか。

なぜ教育課程の基準が軍国主義等の国策に利用されるかについて，山住は「教科書」の国定制度や検定制度の歴史を詳細に検討している。義務教育は，教育課程基準を具体化した「教科書」に国家が関与することによって，良きにつけ悪しきにつけ子どものものの見方，考え方を支配する危険を常に有している。「教科書は主として成長中の子どものためにつくられている」もので「学ぶものの年齢がひくいほど，批判的な目で教科書の内容を読みとらせることはむずかしいので，教科書のあたえる影響は大きい」[27]のである。山

住は教科書の性格を，① 科学や芸術など文化の諸領域に向かって開かれたもので，② 子どもの発達に即した学習内容としての統一性・系統性を確立したもの，とする。教科書の危険性については新教育運動を展開してきた人々も指摘する。リーツはドイツの国民学校改革で，教科書の中に示された事物を反復練習によって記憶させ，試験によって確かめる教授法の弊害をあげ，フレネは，「書物中心の教育に反対して学校に印刷機を」[28]を発表して，子どもの側から表現されるパロール（言述），言語活動を手書きノートに，あるいは印刷機で印刷することに転換することにより，"愚鈍化の一手段"としての教科書のもつ弊害からの解決を図る。ライマーも，学校は教育機能以外にインドクトリネーション（特定の思想や教義の吹き込み）を保有する特性があるとしているように，国民教育は，人間形成を掲げながらも他の目的に利用される危険を孕むものである。

　国の教育課程基準が教科書検定を伴って上から下に下りてくる思考様式は，子どもだけでなく教師の批判的な目も曇らせる。"下の方からみんなの力でつくりあげていく"力こそ，開かれた学問研究を土台に，批判的な目で議論できる土壌である。福沢は「実語教に，人学ばざれば智なし，智なき者は愚人なりとあり。されば賢人と愚人との別は，学ぶと学ばざるとに由って出来るものなり」[29]として，寺子屋時代の「実語教」をテキストにあげている。世間に学びの場があり，自由契約の寺子屋で「山高きが故に貴からず，木あるをもって貴しとなす，人肥えたるが故に貴からず，智あるをもって貴しとなす」[30]に始まる実語教を教科書とした時代の方が，学ぶ意味が子どもに理解されたといえよう。そうした意味においても今日，生活から遊離した味気ない教科書を教える弊害が，人々にナショナル・スタンダードに付随する内容として連想される問題がある。

　就学前教育は，"生活によって現実を経験と為す"ために一般には教科書を用いない。そのため検定教科書に縛られることなく教育の自由度は高いが，逆に教師の恣意的な教育行為が吟味されない危険性も高い。日本の幼稚園教育課程基準の構造は，2007改正学校教育法の第22条の「目的」を受け

て，基準として示された幼稚園教育要領に，「幼稚園教育」の基本，目標を掲げ，「教育課程編成」の考え方を示し，各幼稚園が教育課程を編成し，生活の構造に織り込む「ねらい及び内容」を5視点から分類している。

　国の基準は，各幼稚園の設立理念を実現するために，教育課程編成において踏まえる理念と最低の内容を示したもので，現場の主体性を最大限に保障する性格をもつ。かつての基準が，活動内容を示したり，今日の義務教育諸学校が教授内容を示していることからすれば，比較にならないおおらかさである。それだけ幼児教育は地域の人々の暮らし，風土，言葉や生活文化，歴史と密接に関係し，子どもの発達を支えながら保護者と共同しなければ，一人ひとりの幼児の学びの基礎を培うことができないものなのである。幼児の"心身の発達を助長する"ことを目的として，生活に統一する就学前教育の特徴が明文化されたものといえよう。

　目標の骨子も，① 基本的な習慣形成と身体諸機能の調和的発達，② 集団への参加態度と他者への信頼感，自主・自律の精神と規範意識の芽生え，③ 社会生活や生命及び自然に対する興味・正しい理解と態度，思考力の芽生え，④ 正しい言葉の使い方や話を理解しようとする態度，⑤ 感性と表現力の芽生え，を謳う。戦後初の改正された教育基本法の視点，および1998年

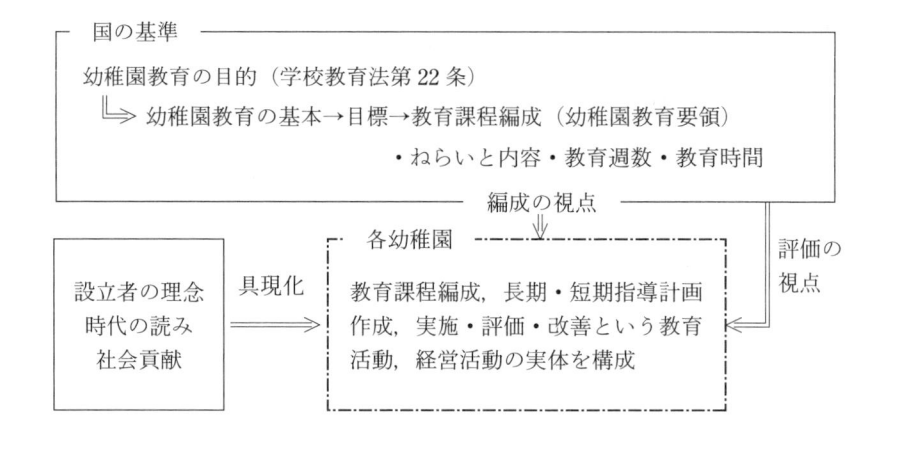

```
┌─ 国の基準 ─────────────────────────────┐
│ 幼稚園教育の目的（学校教育法第22条）                │
│   ⤷ 幼稚園教育の基本→目標→教育課程編成（幼稚園教育要領） │
│         ・ねらいと内容・教育週数・教育時間          │
└──────────────────────────────────────┘
                          編成の視点 ↓              評価の
                   ┌─ 各幼稚園 ──────────────┐    視点
┌─────────┐       │ 教育課程編成，長期・短期指導計画 │
│ 設立者の理念 │ 具現化 │ 作成，実施・評価・改善という教育 │
│ 時代の読み  │ ⟹    │ 活動，経営活動の実体を構成    │ ⟸
│ 社会貢献   │       │                      │
└─────────┘       └──────────────────────┘
```

改訂の幼稚園教育要領の目標の言葉が織り込まれている。

しかし，ねらい及び内容は，自己活動，自己陶冶を基本とした幼児期の独自性を際立たせる目的で，幼児を主語にしながらも主語のない文章表現をするため，日本語の難しさに向き合わなければならない。たとえば，5領域「言葉」のリード文には，"経験や考えを言葉で表現し"，"他者の話を聞く意欲と態度を育て"，"言葉に対する感覚"や"言葉で表現する力を養う"という幼稚園修了までに教師が幼児に育成する力が掲げられている。そのためのねらいは，"気持ちを言葉で表現する楽しさ""他者の話を聞き伝え合う喜びを味わう""言葉を理解し心を通わせる"の3項目である。言葉のやりとりの楽しさと喜び，理解が，話す聞く意欲と態度，言葉に対する感覚を育てるという論理である。

また内容は，まとめると① 聞く話す（尋ねる，あいさつする），② 言葉で表現する（イメージや言葉を豊かにする，言葉の楽しさや美しさに気づく），③ 言葉を理解し使う（絵本や物語の楽しさ，文字などで伝える楽しさを味わう）であり，"幼児が環境にかかわって展開する具体的な活動を通して総合的に指導される内容"として掲げている。

しかし，5領域の内容の重複と，リード文・ねらい・内容の表現の重複と，構造の複雑さ，主語抜きの日本語，"楽しさを味わう"といった抽象度の高い内容は，具体化する手立てがないと教師の恣意性を増す。国の教育課程基準に基づき，各園の教育課程が編成されている場合はまだしも，それすらない場合は経験則が優位性をもつ。当然，一人ひとりの教師の教育的判断や創意の力は形成されにくい。この悪循環が教師の恣意的な教育の度合いを増す実態を生み，国の教育課程基準があってなきがごとき様相を呈す原因となっている。

日本と同様，幼児の経験内容に視点をおいて表現されているニュージーランドの教育課程基準は，言葉やリテラシー獲得の意義と言葉環境を用意する教師の役割が明確で混乱が少なく，保育室には国の教育課程基準[31]が掲示され，教師が目標声明を諳んじて言えるほど周知されて現場に生きている。

それは全国から国の教育課程基準提案を募集し，意見集約してつくるという立法への関係者の参画手法と，教育課程基準が幼児の学びの性質・文脈を示した原理と構成要素，目標の構造によって示され，ポートフォリオとして物語を累積・考察する評価基準と一体となっているからである。その原理は，① エンパワメント（子どもは有能で自信にあふれる学び手としてともにある），② ホーリスティックな発達（認知的，社会的，文化的，身体的，情緒的，精神的な発達側面は一緒に織りなされる），③ 家庭と地域社会（家庭文化，知識，地域社会が尊重される時，子どもの学びも促進する。カリキュラムはそれを生かすこと），④ 関係性（人々，場所，物事，時間との対応と互恵的関係を通して学ぶ）の4つである。

その原理を踏まえて基準の構成要素として，① ウェル・ビーイング，② 帰属感，③ 貢献，④ コミュニケーション，⑤ 探究，の5点があげられる。その次に目標が掲げられるわけだが，目標の前にこれだけの基準の構造についての説明がある。基準の構造を通して，就学前教育の構造，目的を明確に打ちだしているということもできる。「環境を通すことを基本とする」でわかり合う日本の国民性とは異なる文化である。ニュージーランドのカリキュラムの結果は，「知識，スキル，態度」として表されるので「心情，意欲，態度」として表される日本より具体的である。そして実践から帰納して子どもの経験内容を読みとり，原理，構成要素，学びの側面を確認していくポートフォリオ活用のプロセスが，子ども，保護者，教師全員の自己意識を高めていくものとなっている。

国の教育課程基準の遵守意識は，その国の教育水準とも関係する。ニュージーランドが遠隔地の幼児のために通信教育を用意して，すべての子どもの教育権・生存権を保障する背景には，マオリ族を排斥した歴史への反省がある。"個々の発達的教育学"から"社会の相互作用の中の教育学"へと転換することが，自信にあふれた有能な学び手として子どもが成長する条件と考えるのである。そうした多民族間の葛藤や市民の主張が少ない日本では，基準が改訂になったときに，法文が上から下りてくるという意識構造は変わら

ない。法律が下りてくるたびに変更になった内容の理解だけで，各幼稚園の教育課程編成とつながらなくてもわかった気持ちになってしまうという悪循環が発生している。それだけ，国の基準の大綱と，現場の実践の具体が乖離しているということだろう。保・幼・小いずれも，基準の絶対化と基準の不徹底，"要領"と"指針"といった統一性のない問題は，今後も継続する課題である。山松がいう基準逸脱の問題も，教育課程基準が現実と遊離したのか，現実が基準を無視したのか，あるいは，教育の独自性の範疇が自由に広いのかも見えにくくしている。

　ナショナル・スタンダードは，憲法，教育基本法，児童の権利に関する条約，学校教育法，同法施行規則の下位に位置づけられる法律であり，下位の法律は必ず上位の法律にその根元がある。国の教育課程基準は10年たつとその精神が形骸化する。社会の変化に合わせて改訂されるといわれるが，むしろ，精神の形骸化が社会を変化させていくという側面の方が大きいため，再び法の上位概念に基づいて改訂される運命にあるといえよう。2006年12月には教育基本法が改正され，幼児教育の一項が掲げられた。憲法改正の動きもみられる中，半世紀を越えた教育の評価がいかに吟味されるか，今後，教育課程基準の改正・実施と相まって注目するところである。

2．教育のローカル性と健全さ

　学校教育は，国の教育課程基準を踏まえるが，地域の自然や文化に応じて各学校の創意をもって真の内容を生みだしていくところに本質がある。それは一人ひとりの教師が子どもと生みだす教育実践に委ねられている。また，家庭の文化もそれぞれの村，町，国の風土が生みだす産物で，気候風土や人々の暮らし，気質や価値観と切り離しては存在しない。教育が家族や社会，風土と切り離されたとき，子どもは浮遊し，教育的営みは死ぬといっても過言ではあるまい。それほどに，生きる場に根を下ろして教育的作用がなされていくわけで，教師もまた風土を生きる。風土の中に身を置きつつ，教

室から世界に目を開いて，子どもと学び，研鑽しあっていく存在である。

(1) 風土がつくる人間の軸

雪国で育った者は，冷たい風の中をハコベやナズナが芽吹き始めると，まもない春の訪れに心がざわめく。セリやツクシ，タラの芽，ゼンマイなど春の移り変わりは自然の風景だけでなく味覚や臭覚も伴って脳のクオリアを刺激し記憶を呼び覚ます。その風景は自然と共生し，自給自足する足腰の強い「生」に価値をおく人間の意識をつくりあげる。高級ブランド品や文化レベルの高さに価値をおく洒落た都会の文化からみれば，その土着性に違和感や嫌悪を感じるのかもしれない。しかし，活気ある商業都市の洒落た文化も都会の土着性といえる。幼年期に人間の五感覚から筋肉を通して意識の奥深くに染み込んだ風土の情報が，行為や思考を方向づけていくからである。当然，言葉やしぐさも風土によって共通性をもつ。電子メディアが土着性を排除し，全国に共通する文化を流しても，私たちは風土に身をさらして生きる以上，家庭や社会を取り巻く郷土の文化によって人間の魂の軸を形成しているのである。

日本で幼稚園就園率が最低で保育所在籍率が最高を示す（幼稚園就園率24.2％〈2005学校基本調査〉，保育所在籍率75.0％〈2003社会福祉施設等調査〉）長野県は，教育県として独特の文化を有しているといわれる。筆者が幼い頃から聞いてきた物語も「信濃の国」の歌に行き着く。吉田松陰の師である佐久間象山が幕府に開国を説き洋才性に秀でていたのも，江戸末期，全国の寺子屋就学率が30％であったのに比し信濃では50％を超えていたのも，また学制発布以前に郷学校を設立して学制へと移行したのも，1876年に就学率日本一になったのも信州人気質がなせる一途さである。郷学校を前身とする松本開智学校が開設されたのが1873年5月である。教師の多くは自由民権運動を推進する進歩主義者であり当時の市民の自立意識も高い。開発主義の教育実践を普及させた能勢栄，国定読本・音楽教科書の編纂にかかわった伊沢修二，『夜明け前』の文豪島崎藤村，アララギ派の島木赤彦，文学博士高

野辰之，農民芸術や自由画運動を実践した山本鼎など，みな信濃の教師出身である。そして日本の自由教育の幕開けを担った澤柳政太郎も，ペスタロッチ研究者の長田新も信州という風土に育ち，国家政策におもねず自らの主張を実践した人々である。

教師たちは，子どもの疑問すら生まない国定教科書で教えるのではなく，郷土の教科書を発行し，郷土の自然，文化，社会，芸術を研究し，子どもとともに学び合うという研究法を研究する授業実践を行う。つまり，学問は知識を詰め込むものではなく新しい理論

図表1-1-2　長野県の幼稚園設立状況

年代＼設置	公立	私立
明治時代	2園	3園
大正時代	0園	7園
昭和19年迄	0園	3園
20年代	1園	4園
30年代	0園	10園
40年代	8園	46園
50年代	2園	16園
60年代～現在	1園	3園

『長野県私立幼稚園史Ⅱ』長野県私立幼稚園協会2002 pp.71-104より[33]
公立は長野県教育委員会資料参照（設立年調　青木，14園中私立から公立へ移行が2園，児童館からが1園）

を構成する力を養うものとする考えは，教師と子どもがともに学ぶことによって信念を確かなものにするという腰の強さがある。長野県の教師たちが軍国主義，敗戦，民主国家建設と節目節目で国や県行政と対立してもなお，郷土性にこだわり児童に教育主体の軸を置こうとする一途さは偏屈ともいえよう。しかし，教師たちは西田幾多郎の『善の研究』を学び，教師のための夏期大学ではマルクス経済学から医学，法学，物理，憲法といった内容の講義を帝大のそうそうたる人々から聞いたという歴史をみると，本来の教師のありようがそこにあったともいえる。

長野県の学校幼稚園設立の動向は，1884年2月に文部省の通達「学齢未満ノ幼児保育ノ事」が出てからである。その年の5月には丸子学校附属幼稚園が，1887年4月には開智学校附属幼稚園[32]が開設されている。ここで東京女子師範学校附属幼稚園と大きく異なるのは，前述のように小学校教育に流れていた能勢の「教育学」に基づいた開発主義教授，信濃哲学会の思想を背景としていたことである。幼児教育に着目した能勢栄演説は，ベーコンの

帰納法が英米で取り入れられていることに触れ、"実用に即した経験を通して理を推論する実践"をもとに児童を中心とする教育の樹立を謳う。松本幼稚園では東京麹町小学校附属幼稚園の福原ウタを主任に迎えるにあたって保護者に月2銭の保育料を16銭に値上げすることを諮っている。これは8倍の保育料値上げも是とする地域住民の幼児教育に対する意識の高さを物語る。幼稚園教師の給料が高いだけではない。開智学校の校会には幼稚園教師も参加し、また福原退職の折には1年生担任が幼稚園教師をしたり、校舎浸水流失時には女子部で教育をしたりと交流があり、新しい情報や教育の思想について学ぶ機会に接しており、帰納法に基づいた幼年期の教育の連続性が保たれていたことがうかがえる。その後公立園は、1954年穂高に1園できたのみで1965年以降数園設置され今日に及んでいるという、貴重な存在である。

　私立幼稚園はキリスト教を中心とした母体であることから、松本、小諸、長野を中心に発展している。大正時代も7園が開園しており、県民意識は高かったといえよう。それがなぜ、戦後、幼稚園就園率最低の動向になったのかである。そこにも長野の県民性がある。戦時中、多くの教員が赤のレッテルを張られ、一方では学徒出陣に協力し、幼児教育の場でも木銃や鉄銃が玩具として提供されて混乱を呈している。戦後、見失った教育の源流性を再び問い直したとき、"教育は児童の立場にたち、児童によって打ち立てる"ところに行き着くのである。『教科書を子どもが創る小学校』[34]にみる思想は長野師範の源流である。それは幼児教育も同じである。保育所の設立は、戦後の貧しい県財政も一つの要因であろうが、旧社会党県政・市政による市民の思想的な土壌も考えられる。国の第1次、第2次の振興計画により昭和30年代後半から幼稚園が増加してはいるが、就園率は全国的には戦後ずっと最下位に甘んじている。幼稚園のない市町村は家庭教育を基本とし、保育所に"保育に欠ける"児童の託児場ではなく、すべての必要とする町の子どもたちが集団生活を営む場という意味をもたせている。保育士は保育材、陶冶材としての環境を用意して午前9時から午後4時の農繁時間を子どもの保育に当たるという特徴がみられる。小学校との連携も校区を中心に共同研究がな

される学校保育所といえるような文化である。それは，今日の幼保一元化の流れの中で，0歳児から教育省が管轄するロシアのように，長野県では保育所を教育委員会の管轄に置く市町村が多いといったことからもうかがい知ることができる。

また，なにげない子どものつぶやきを詩として採取し，生活の真底を捉える口頭詩運動が1960年代から起こったのもその証であろう。宍戸は，この運動の意義を「子どもを子どもの立場に立ってとらえなおそうとする」もので，子どもたちの生活をつかみ取れる目をもちたいとする本物の教育への願いであり，父母とともに採集することを通して「保育園・幼稚園での教育を子どもたちの生活に結びつけたこと」「子どもの認識の発展をとらえたこと」「子ども同士の伝え合いを明らかにし援助の課題をも明らかにしたこと」[35]にあるとする。恵那の綴り方教育が子どもの生活から教育を打ち立てたように，また長野県の教育が児童のうえに，児童によって打ち立てることを基本としたように，保育所の口頭詩運動もその真諦からぶれてはいない。

戦後，社会状況も教育事情も大きく変化したとはいえ，冬季オリンピックが長野で開かれた折，開会式の主役が子どもたちであったように子どもに立脚して思考する教師の目，県民意識という風土性は今でも残っている。それが伊那小学校の総合学習を支える教師たちの誇りであり，子どもに学ぶ教師の姿であり，地域の人々の教育に対する献身やものの考え方，生き方である。このように，市民や小学校教師たちが，時代の変革時に国の対立軸となって教育を押し進めてきたものこそ，風土性である。荒井[36]は風土性と洋才性と源流性の調和の中で信州の教育があるとする。その洋才性も源流性も，山高く寒気険しい風土がつくりだす人間の精神の表れであろう。時には国に先んじ時には土着に固執し，人間精神の源流を求めて人々の生活の中に，子どもの精神の中に教育が生きているのである。

(2) 沖縄の就学前教育はいかにあるか

一方で幼稚園就園率のトップをいくのは沖縄（81.6％〈2005年度学校基本調

査〉）である。戦後，アメリカの統治下にあった沖縄が本土復帰したのは1972年のことで，内陸戦で多くの人命を失った沖縄には，深い心の傷を抱えながらいつか日本国に復帰できることを願って懸命に生きてきた人々の歴史がある。教育制度もアメリカ本土と同様，4歳までの保育所と5歳からの学校幼稚園（プレスクール）への就園，そして6歳からの就学とが一貫した制度として整備されてきたため，学校幼稚園の就園率は100％であった。保育所もそれぞれの地区に大規模園（乳児から受け入れ），中・小規模園（2歳児から受け入れ）が整備されている。さらに基地の町には，必要に迫られて深夜労働に従事する単身家庭のための私設の24時間保育所が随所に設けられている。風土がつくりだした就学前教育というより，敗戦によって他国に占領，統治された結果の幼稚園就園率100％であり，保育所である。子ども，家族，祖先とのつながりや琉球文化を引き継ぐ風土性は，人々の意識の中で生き続けていても，幼稚園教育の内容は異国のシステムの中で本土の指導主事が国から派遣されて指導するといった矛盾の中にあった。

　本土復帰は，占領から27年の歳月がたっていただけに，この制度が急変することはなく，すべての幼児に対する1年間の就学前教育は，各小学校に併置された学校幼稚園で行われてきた。1994年のエンゼルプランが実施されるに及んで，保育所から小学校に上がる児童がみられるようになり，5歳児の保育所在籍率は，16.8％（2003年度社会福祉施設等調査）になっている。

　あるとき，筆者は沖縄県の指導主事である大浜貞子から，小学校教師を30年ほど経験した後，県の幼稚園担当の指導主事として幼稚園教育に携わっているが，幼稚園の教育課程，指導内容，指導方法の真意を学びたいという連絡を受けた。上京の折に聞く彼女の幼児教育への問いは，毎回，朝から深夜に及ぶほどで，最終電車で帰宅する羽目になる。まだ10年の実践経験もない一介の教諭に過ぎず，幼い子どもを3人抱えていたため，土曜日の午後，日曜日がつぶれることは翌週の仕事や育児にしわ寄せがいくこと必至である。しかし，沖縄から自費で学びに来る大浜の問いは，本土の幼稚園教育に対する鋭い問いでもあった。沖縄の人々の犠牲の上に高度経済成長の恩恵

を受けている本土の人間として，沖縄の幼稚園教育振興に情熱を傾ける大浜を拒絶することはできなかった。また，彼女が年齢や肩書きなどといった形式にこだわらず，自分の学びたい人に直接ぶつかって納得するまで学ぶ姿勢は，筆者の若い魂を揺さぶった。これが沖縄の人々の立ち上がる力だと強く印象づけられたのである。

　彼女の問いとは，就学前教育の本質的な問題である。"遊びを中心とする生活"について，環境に教育的意図や子どもが自己陶冶する内容を組織する視座はどこにあるのか，子どもの姿を踏まえ教育課程を構造化し実践を評価するにはどうしたらいいのか，ということである。彼女には，沖縄の就学前教育が小学校への準備機関として家庭，保育所等で生活してきた子どもたちの足並みをそろえるだけで，なぜ遊びなのか，なぜ環境なのかといった根本的な理念がなく，子守意識を越えられない現場を何とかしたいという思いがあったのであろう。古蔵幼稚園の教育課程の話し合いでは，建物図から園舎内外の環境，子どもの実態，教師や親の願いなど様々な資料を持ってきて，終日，環境と遊びと経験陶冶する内容の吟味を行った。

　指導主事を退任後，大浜は再び小学校に異動し，低学年の総合学習に就学前教育との接点を見いだし，実践研究を進めている。そして現役を退いた後，念願の地域教材の開発に取り組むのである。それは指導主事時代から疑問に思っていた問いへの実践で，幼稚園教員が本土の月刊雑誌を頼りに本土の教材を扱っている現状に疑問をもったからである。東京発の情報が，地方に住む子どもたちの生活を気候風土と遊離させた側面は大きい。全国一律の無意識の統制である。亜熱帯地域の沖縄ではりんごなど生育しない。樹木も花も果物も，そして貝や魚もみんな本土とは違うのに，身近な地域の教材ではなく遠い地域の教材を扱う意識への疑問である。大学の海浜の貝・魚類を専門とする先生や子息に分類法やデッサンを学び，毎週末には海に行って貝や魚をデッサンしたり，植物をデッサンしたりして，自ら『おきなわのしぜんとこども　全4巻』[37]の本を作っている。デッサンの段階から何度か拝見したが，それは見事なものであった。子どもだましの情報が氾濫するなか，

質のいい地域の教材開発なくして"環境を通して行うことを基本"とする就学前教育など実現できないことを，生き方をもって示していたといえよう。

(3) 国の教育課程基準と風土性との関係

　教育が風土性，多様性を大切にすることと，国家が統一した教育課程基準をもつこととは，本来矛盾することではない。国の法律によって定められる内容は，掲げる理念であり最低の基準である。それによってそれぞれの地域，学校がよりよい教育を創造することを前提にしているからである。それでもなお地方と中央の教育の考え方に対立が生じるのは，一つは現場が国の法に無知であったり解釈不足であったり無視したりする場合である。もう一つは最低基準が現実と離れすぎて遵守が難しかったり，国の基準の方向が誤っていると認識されたりした場合である。前者は現場教師たちの法の認識に対する無知の問題であるが，後者は国の現実認識や舵取りの方向認識に誤差が潜む場合である。そのずれを現実の子どもの姿や教育の姿から浮かび上がらせ，国の法の妥当性・普遍性を検証するのが教育実践である。教育の風土性がなくなったら，法の妥当性・普遍性を問う視点は狭くならざるをえない。ナショナル・スタンダードがあるからこそ，それぞれの町や学校が，基準以上を目指して地方の独自性を発揮し，高い目標を掲げて児童の教育を創造し，相互に感化・吟味する作用を働かせることができるのである。教育実践がこれを忘れ，教育の風土性が失われたとき，子どもと遊離した教科書的知識が一人歩きを始めるといえよう。

第2章

家庭教育と学校教育

§1　教師としての母が抱えた課題

1．意識される知性社会への転換

　私たちが学校教育とは何かを問うとき，必ず家庭教育とは何か，社会教育とは何かの問いがついてくる。支配階級だけでなく，すべての子どもを対象とする学校ができた近代という時代は，子育てが自然的営みの時代から社会的枠組みに強く支配される時代になったということである。それは，人間の潜在意識の中にある知力（暗黙知）が影を潜め，意識される知性（知識や情報）で子どもを育てるようになる社会への転換である。潜在的な知力で子育てをしていた文化が崩壊すると，乳幼児期の保育・教育も学校化される。養育者に生命と一体となり生命に働きかける自然的な知性が開発されにくく，それを支える環境が必要になるからである。子育ては人間の生命の根元にある自然的なものでありながら，今日は，意識される知性に働きかけなければならないほど，暗黙知が分断された社会的な枠組みの中にあるといえよう。

(1) 親が教師になる物語

子どもの主たる養育者が誰かは，社会構造と深く関係する。江戸期，農山漁業を営む貧民には家庭労働があり，家族の共同作業の中に育児も取り込まれていたが，富裕な身分の人々は乳母や雇い人に子育てを任せている。貝原益軒は「小児を育つるには，はじめて生まれたる時，乳母を求むるに，必（ず）温和にしてつつしみ，まめやかに，ことばすくなき者をえらぶべし。乳母の外，つきしたがふ者をえらぶも大ようかくの如くなるべし」[1]として子どもの左右によい者を置くことを奨励している。身分階層が明確な封建時代，洋の東西を問わず，上流階級の人々は乳母や家庭教師，雇い人に育児を任せることによって，親の社会的活動時間を確保し，地位の保持と尊厳を維持していたのである。

階層を越えて，育児が両親のもとに置かれるようになったのは近代に入ってからである。ルソーは，「父としての義務をはたすことができない人には父となる権利はない。貧困も仕事も世間への気がねも自分の子どもを自分で養い育てることをまぬがれさせる理由にはならない。－中略－よい教師の資格についてはいろいろ議論がある。私が求める第一の資格，この一つの資格はほかにもたくさんの資格を必要としているのだが，それは金で買えない人間であることだ。－中略－金のためにやるのではそれにふさわしい人間ではなくなるような高尚な職業がある」[2]それが教師で，親をわが子の最初の教師として位置づけている。ここに，教育者としての親が登場する。産業構造が変革した近代は，親が家庭における教師になるとともに，すべての国民に初等教育を用意し，学校の教師という職業を生んだ時代である。エラスムスやカント，ペスタロッチやフレーベル，エレン・ケイにいたるまで，新旧教育思想家に跨り，特に教育者としての母が強調される時代の到来である。

日本では，江戸時代までは家長としての父が教育者としての権限を有しており，明治，大正時代までは家父長制が残っている。母が教育者として紹介されたのは，『博覧会見聞録別記』[3]である。近藤真琴は「小学にいらざる前になるべきたけ母の手元にて教育し，文字を教え，数学の初めを教え，鳥獣

草木等の名を知らせ－中略－家にて教える事もっとも肝心なり」として母の行う教育内容をあげている。そして学校の誕生によって生まれた「学校教育」に対して「家庭教育」という言葉が使われるようになったのは明治20年代である。そのさきがけともいえる小池民次，高橋秀太は，衣食・睡眠・運動・道徳・秩序・言語・外界の感化・訓育等の養育内容は益軒の『和俗童子訓』に類似しているが，人間の善悪は「子供たりしとき，其父母の保育方(そだてかた)のよしあしによれるなり」[4]として，就学前教育の最初の教師・養育者としての両親の育て方や責任を明確にし，侍女，保母のみならず書生，子守，下女に育児を任せる悪影響を懸念している。

　明治末になると家庭教育と学校教育および国家の関係が論じられるようになる。山松鶴吉は，「我国の特質は家族本位に」あり「国というのも家族の拡張されたもの」[5]とした今日につながる歴史観・家族観をもとに，父親を家庭保育の主任，母親を副主任として位置づけ，父親の無責任を責めて母親と共同一致して保育に当たることを強調する。そして，学校教育と家庭教育の違いを次頁の図表1-2-1の7項目に類別して就学前の家庭での見聞，経験，就学後のしつけの一貫性，予習復習，将来に対する相談など，双方の連絡提携の必要性を説く。山松の主張は，小学校教育の普及率が96％[6]を超えた時代の教育役割分担の視点である。ここに家庭と学校の役割が明確になり，本来家族の合意の中にあった家庭教育でなすべきことが，学校側から求められるようになった時代の転換点をみることができる。つまり，このことは国家施策を背景に学問を担う学校が，その立場を暗黙知をもつ家庭より上に置く方法的・操作的な時代の到来を意味する。

　これに対して倉橋惣三は，家庭教育には「第一は，家庭生活それ自體の裡(うち)に自然に存する教育，第二は，家庭に於いて特に施行せらるゝ方法によって行はるゝ教育」の二つの意味があり，「方法的に行はるゝ教育が，さも家庭教育の本義なるかの如く」[7]世俗一般が考えるのは，教授・訓育の学校教育概念において考えるからだと批判する。倉橋の本義は第一の自然に存する生活による教育にあり，現代教育理論も教育の過程を生活に即せしめ，方法的

図表 1-2-1　学校教育と家庭教育の違い

学校	家庭
①法に準拠し,目的を立てて計画的	①自由自在な意図的事業で,自然的
②組織的,系統的,秩序的	②そのつどの自然的,応急的
③教育を本務として専らに事に当たる	③家業,家政の傍ら片手間的に当たる
④教師という契約的,時間的専門家	④父母という自然的,永久的な関係
⑤教育学上の学理に従う	⑤私見,思い付きのままに従う
⑥集団を対象として強制・強要し絶対的	⑥個人を対象として温和的
⑦競争的で,奮励努力が求められる	⑦単一孤独で油断,呑気,倦怠が生じる

(山松鶴吉『小学校に聯絡せる家庭の教育』敬文館,1911)

(青木内容まとめ,図表化)

であるより生活的であるとするのは,フッサール[8]のいう現実という明証性の生活世界に通じるものであり,またレイヴやウェンガーの『状況に埋め込まれた学習』[9]にみるユカタンの産婆やヴァイ族・ゴラ族の仕立屋の中に生きている自然に存する"生活による教育"に通じるものである。倉橋は,文部省発行の『家庭教育と学校教育』でも冒頭,学校,家庭の両かいなで抱く必要を述べつつ,"家庭教育こそ教育のもと"として家庭保育・教育第一主義をとる日本の国民性を啓蒙する。そして学校教育が教育としてのもと(原理)を忘れ,生活から浮いている危険を指摘する。生(なま)の家庭生活は,功利打算・規範以外の家庭員の純人間交渉が限定されている一夫一婦制の現実性にある。「現実は,必要を以て人に迫り,人はその必要に即してのみ現実を生きる」。[10] その現実裡に生活することによって人生現実が経験され,現実性そのものが養われるとする視点は,家庭教育の本義であるとともに,生活という現実が陶冶する中にこそ,子どもたちが必要とする学びの内容があ

ることを示唆している。

　一方で，倉橋はわが子を託した教育郷への理解に務めるのは親の義務とし，学校に対する感謝，教師に対する信頼と尊敬をもたない親に教育的協同を啓発する。そして"學校母の會の中心趣旨が，母の教育にある"ことを強調する。学校が母を教育することによって社会改革を前進させる役割を果たすとともに，家庭の学校化が始まっていくのである。この当時からすでに家庭の現実性から父親が抜ける土壌はできていたといえよう。1935年には西洋帰りの小西重直が『家庭教育－母のための教育講話－』[11]を出して，家庭教育の主体に母親の母性愛を高く謳いあげている。これらが，結果としては二・二六事件，廬溝橋事件，そして第二次世界大戦へと突き進む国家の銃後の守りとしての母を鼓舞する役目を果たし，さらに戦後の復興，経済戦争へと闘う父親と，深い母性愛をもって家庭を守る母親の役割分担を促したことは皮肉である。

(2) 『母のための教育学』の意味すること

　明治の女子教育の始まりは，良妻賢母を育成する時代の幕開けであり，子育てはなお両親の役割であったことは前述したとおりである。小西の講話は教育学に基づいた格調高いものであり，女性の意識を高揚させるもので，倉橋，小西らの論調が教育者としての母の役割を確立する契機になったことは確かである。これらを集大成したのが小原国芳の『母のための教育学』[12]である。そこには乳幼児期の養育的態度から教育の時期へと発展するに従って母が学習する推薦図書が織り込まれている。教育思想論ではルソーの『エミール』，ペスタロッチの『リーンハルトとゲルトルート』，フレーベルの『人間の教育』，中島半次郎の『教育思潮大観』，小原の『教育の根本問題としての哲学』『全人教育論』，があげられ，真の教育ではロックの『教育に関する考察』，池田潔の『自由と規律』が，善の教育では西田幾多郎の『善の研究』，リップスの『倫理学の根本問題』，朝永三十郎の『近世に於ける「我」の自覚史』，阿部次郎の『人格主義』，カントの『実践理性批判』『道徳哲

学』、三浦修吾の『学校教師論』、岡潔・小林秀雄の『対話人間の建設』などがあげられている。この他にも、美の教育ではゲーテの『美の教育州・詩と真実』、シラーの『美的教養論』、阿部次郎の『美学』、植田寿蔵の『芸術哲学』、西田幾多郎の『芸術と道徳』、深田康算の『芸術論』、石井漠の『舞踊の理論と実際』が、聖の教育では波多野精一の『時と永遠』『宗教哲学』やゲーテの『ファウスト』、シュライエルマッハーの『宗教論』から親鸞の『歎異抄』など、これが母に薦める図書かと思うほど高度な内容であるが、明治以来、女子教育のレベルをあげた結果の文献ともいえる。

　これらの中には教師ですら紐解いていない文献があるかもしれない。学校化した家庭教育の、胎児期から乳児期の医療と看護・保健・衛生の次にくる、幼児期から学童期の親の学習内容は教育哲学であり、芸術論であり、宗教論である。つまり、学校化が進行すると、その専門分野を教師と両親がともに学び合う学習材料が必要になる。総合された生活の生の現実性より、学問の体系性の方が優位性を占めてますます方法的になると、自然的な営為による子どもの経験のまとまりは醸成しがたい。近世の母親讃歌、母親学校は、自然的教育を失い、別の次元の価値を獲得する契機になったといえよう。

　この『母のための教育学』の前奏曲の中で、小原は子どもの三大権利として"よく生んでもらう権利""よく養育される権利""よく教育される権利"をあげて、家庭教師としての母の重要性を説いている。その内容は、子どもを産み育てることが一私人の行為ではなく国家の大事業であり、そのため、遺伝の知識等結婚前の教育に始まり、妊娠後の胎教の必要性、生誕後の養育、教育の大切を述べ、家族の協力を強調したもので、書名が示すように、出産、養育、教育が母の仕事として位置づけられている。戦後まで再版が繰り返される名著で、この本によって多くの母たちが母としての共通感覚をつくりだしていったことだろう。

　江戸から明治末までは両親に必要な教育学、特に父親に必要とされた教育学が、母のための教育学になる過程には、産業革命と戦争という国の近代化への課題があったが、それだけが要因ではない。「学制」により女性の識字

率や地位が向上したことも関係する。そして学ぶ母をつくりあげるシステムが完成した結果，子育ての責任は母に重くのしかかってくるのである。『母のための教育学』には，切り捨てる父性ではなく包み込む母性の特徴と解釈できる母親の悪い癖が23項目あげられている。「目先のことに追われて，一時のがれの処置をする」「子供に命令を守らせることができぬ」「非と知りつつ子供の要求をいれる」「父の教育を傍から破壊する」「子供のわがままを制する力がない」「恐怖におとしいれて子供を脅迫する」「役に立たぬ小言をいう」「子供に馬鹿にされる」「効力のない罰を与える」「子供に与えた訓戒を自ら犯す」など，いずれも今日の学校教育関係者が母親批判に使う常套句である。"家庭教育とは何か"を問う思考が当事者というより学校側にあることは，今日も変わっていないといえよう。母性が，現実的で口承伝達を基本とし，子どもと横並びに位置して時にはあなどられ馬鹿にされながらも子どもの欲求を受け入れ，わが身を削ってなお献身するからこそ，母子の強い絆が築かれる。半面，絆の強さはわが命であり，わが事であり，わが責任であるという母親の不安，疑心，自己譴責の念も強く抱かせる。求められる母の責任感，かくあるべしという母親神話に献身する母たちの努力が，高度成長期まで社会を安定させ調和を生みだしてきた。相当長い期間，社会全体が，子育ての母親依存体質をつくりあげてきたといえよう。長寿社会は老後が長い。社会的活動に参加する機会もなくひたすら家族に献身してきても，報われることのない母親たちの老後を見た世代が，外に目を向けるのは当然である。バブル崩壊と少子化のダブルパンチは，別の意味で母親を子育てから解放するきっかけとなったともいえる。そして，人為的に母性を神話化されてきた女性たちが母性を放棄したとき，社会は再び混沌とするのは必定である。

2．養育者養成とコミュニティ

コミュニティから人心が離れ，他者と交わる井戸端も，家庭の手仕事もな

くなって，関係の中で子育てを学ぶ仕組みを失った人々は，わが子の教師としての立場を与えられても子育ての知識や技術，人手や知恵を集める経験が少ないために育児困難が伴う。周囲にどんなに文字情報があっても当人の学歴が高くても，それらは，かつての現実性の中にあって子育てが伝承された時代の身体レベルで獲得した経験知には及ばない。新たな社会構造の変化は，近代が築き上げた"母親が教師となる"文化と合わなくなり，育児の孤立状態を呈しているといえよう。潜在意識に知力を蓄える仕組みを失った社会は，再び育児の外部委託を進行させるが，それが江戸時代のような一部の富裕層の問題ではなく，著しい地域格差を含んだすべての人々の問題として現れるだけに，子育てを委託される施設も，それに当たる人も追いつかないのが現状とならざるをえない。

(1) 養育者教育の場

これを打破するために，国家戦略として1994年のエンゼルプラン[13]を始めとして様々な施策が振興されてきた。しかし，長時間託児は，子どもの食事，睡眠のリズムを崩し，家族が向き合う時間を奪い，ますますコミュニティを崩壊させる方向に働いたといえよう。ただ預ければよいといった安易な妥協は，子育て放棄を促進したり，思春期の問題行動に対して親が何もできない関係，老後の介護者の不在，昼間の人気のない町にもつながり，人間のもつ自然の法則から外れるのである。就労家庭の子どもの長時間にわたる施設預かりや育児支援の施策だけでは問題は解決しない。子育ては，女性就労の有無だけでなくすべての家族・生活・介護・コミュニティ・就労・政治・経済とも関連する問題で，健全な子どもが育つ町をいかにつくりだすかという近代化が見落としてきた臨床知の生まれるトポス，つまり潜在意識の知力が交流するコミュニティと深く関係しているのである。

今日，親を養育者・教師にするための行政プログラムは大きく二つに分けられる。一つは「保健師助産師看護師法」（昭和23年法律第203号）に基づいた日本の母子保健事業，地域保健事業である。もう一つは，「次世代育成支

援対策推進法」（2015年3月31日までの時限立法）による子育ての地域行動計画，企業行動計画に基づいた事業である。

　母子保健事業，地域保健事業では，医師によって妊娠が確認され，親から居住地の市町村に母子手帳の申請がなされた時点から養育者教育が始まっている。定期的な妊産婦健康診査によって，胎児の発達や母体の健康に関する知識とともに，親になる自覚が促される。近年の超音波画像による胎児の映像は，妊娠の実体を視覚を通して捉えることができ，また心音を聴いて生きている実感を感じることができるリアリティがある。また保健師・助産師による両親学級では，授乳，沐浴，清潔，健康把握などの事前学習が用意され，出産後の心構えが養われる。赤ちゃんが誕生すると健康状態，マス・スクリーニングによる聴覚障害児の早期発見，四肢の運動反射など発達障害の有無が把握され，個々の特性に応じた医療措置，生活指導がなされ，親になるために必要なケアの知識，技術が教授・訓練される。さらに1か月検診，2か月検診に始まり3歳児検診までの発達確認と医療の専門家による乳幼児の健康，心身発達についての情報が提供される。これに伴う記録は，胎児・乳幼児の成長を数的に把握・比較する資料であり，親の実践を振り返る資料となって，育児を自覚化させる。

　こうした学習機会が，両親に希望をもたらすか不安をもたらすかは別として，早い時期から母子健康保健を学習する機会と内容が用意されている。かつて町から晒1反を配給された程度で，わが子が栄養失調になっても高熱に見舞われても食べ物も病院に連れていくお金もなかったことを考えると，日本は半世紀で手厚い医療と社会保障を充実させて，乳児死亡率世界最低のシステムをつくりだした希有な国といえよう。それは医療と保健が結びついた養育者として親を教育する仕組みが機能しているからである。

(2) 親子が学び合うコミュニティづくり

　人生最初の教師である親が，親となるための学習の場も大きく変化している。次世代育成支援対策推進法という時限立法により行動計画の策定を義務

づけられて，全国の市区町村で展開されている子育て支援事業は多岐にわたるが，2004年に「子育て支援総合推進モデル指定」を受けた市川市の施策の概要[14]から親となる学習の場を捉えてみよう。

　乳幼児を抱えた親の学びの場となる施設は，保育所や幼稚園だけではない。保育クラブ，家族支援・子育て支援センターやこども館，発達センターなどといった場所が設けられている。子育て支援総合コーディネーターシステムは，子どもサポート施設と市内の保健センター，児童相談所，保育所，幼稚園，医療機関，民生・児童委員，子育て支援センター等をネットワークで結び，子育て家庭の自立に向けて訪問指導も展開している。「子育てすこやか応援隊」は，保育士，栄養士，看護師がチームになり相談内容に応じて家庭や地域に出向き，遊びや健康管理の具体的な支援をしながら他の支援活動の隙間を埋めている。預かり預ける家族サポート，ビーイングという子どもの居場所づくりのための学校等の開放である。またコミュニティ・サポートは，子どもを中心に置いて学校・家庭・地域が一体となって生涯学習社会を創造するためのものである。コミュニティクラブでは様々な体験，スポーツ，文化芸能活動をみんなで支え，子ども・市民を巻き込んだコミュニティづくりそのものに照準を当てている。親が親になる意図的，計画的学習は中学生の保育実習に始まり，高校生企画によるライフプランアドバイスなどによって中高生も巻き込んでいる。さらに，すべての学校をヘルシースクールとして位置づけて体力・生活リズム・食育・安全・環境・衛生を向上させ，防犯の町づくり，市民税1％のNPO支援などといった多方面への子どもや市民参画による相互親和的学習の場づくりが目指されている。

　自ら相談に行くことは，自発的な学習動機があり問題解決を図ろうとする積極性であるが，相談することすらできにくい人々もいる。しかし，家族の団らんや近隣との井戸端会議で学習されるような内容こそ，親にとっては必要な学習テーマである。行政が医療・保健の知識だけでなく，相談，おしゃべり，共同活動を組み込まなければならないほどに，人のつながりがない社会は，新たな仕組みによって相互親和的な学習の場を生みだす試みを行わざ

図表1-2-2　市川市子どもサポート一覧（平成18年2月6日）

手当・助成	施設等	相談・ガイド	施策等
児童手当 遺児手当 乳幼児医療費助成 児童扶養手当 母子・寡婦貸付	保育園　病後児保育 保育クラブ―青少年館 ファミリー・サポート・センター 地域子育て支援センター 子どもの居場所づくり こども館 こども発達センター母子生活支援施設 ショートステイ・トワイライトステイ	こども総合相談窓口 子育てすこやか応援隊 子育てなんでも相談 母子・父子家庭相談 こども発達相談室	エンゼルプラン 次世代育成支援行動計画 保育計画 子ども人権ネットワーク 指導者養成講座

　　　　　┌子育て支援総合コーディネーターシステム┐
　　　　　　　　　　└─ 保健センター，児童相談所，医療機関
　　　　　　　　　　　　　幼稚園，保育所
　　　　　　　　　　　　　民生・児童委員，子育て支援センター

るをえない。市川市の施策は，中学生，高校生の参画に始まる，まさに親が親になる生涯学習であり，コミュニティの人の輪の中で子どもを育てる能力，資質が養成され，文化が醸成されるという思想である。市川市の五カ年計画の評価はまだこれからであるが，すべての世代を対象に，すべての機関のネットワークと市民参加によって育児・介護・文化・コミュニティを再興しようとする試みが企業も含んだ市民の手によって広がりをみせたとき，次の世代の子育てが変わり，家庭教育とは何かという問いの答えが変わっていくことだろう。

　「育児休業，介護休業等育児または家族介護を行う労働者の福祉に関する

法律」(1991)が制定されてから，両親が就労する場合でも満1歳になるまでは親の手で育てられる子どもが徐々に増えている。また公務員をはじめとする育児休業を3年としている企業や，ファミリー・フレンドリー企業概念を普及させることにより，仕事と育児・介護を両立させる社会の実現が模索されている。これらは育児休業中のコミュニティにある親学習の場とともに，職場復帰後も親としての学習ができる時間・機会を社会全体がつくりだせるかどうかにかかっている。

　このように一見，親が親になる新たな社会の仕組みが構築されているかにみえるが，根本的な問題は何ら解決に向かっていないと思われる。もちろん，国家が示した道に従ってみんなが踊ることにより，何らかの社会変化は生まれるだろう。しかし，市民自身がコミュニティの文化をつくりだす活力につながらないかぎり，これも一過性の賑わいに終わってしまう危険がある。人々はさらに国家が，行政が何かを支援してくれることを期待するだけで，自ら希望をつくりだし，社会をつくりだす意識を醸成することにはつながらない。そうした市民意識，市民としての誇りを回復する施策と相まってこそ，政治（まつりごと）が意味をもちはじめ，次の世代に真に人間の生きることが伝承されていくのではなかろうか。

(3) 保育・教育に対する主体者意識

　移民を2割程度抱えるカナダの親教育プログラム Nobody's perfect[15] は，0歳から就学前までの親を対象に各々の知識や経験とテキストをもとに相互に学び合う学習方法がとられている。また妊娠中，出産後の夫婦が中学校を訪れ，乳児との出会いの機会をつくり共感する力をつける「共感の根プログラム」も広がりをみせている。子育てを楽しいと感じる親が日本44.2％に対して80％以上であることからも，支え，支えられる場に学びの内容が生まれていることがわかる。各コミュニティに位置づいたファミリー・リソースセンターは，親子，異世代間の学習の場であり食事やおやつの提供も行われている。また，家庭で預かる保育ママ制度，13歳以上の子どもが12歳以

下の子どもを預かるベビーシッター制や4人程度で預け合うプレイグループ，障害児の親の会のサポートグループなど市民が自発的に生みだすシステムは多岐にわたっている。幼児教育が社会的問題であるとともに経済的課題であるとして，職場におけるファミリー・フレンドリー政策も実施されている。幼少期に質のよいケア＆エデュケーションを施すことが将来の犯罪を抑止し，対処コストを削減するとともに人々の安定につながる，と考えるカナダの生涯学習の視点の広さである。

子育てを楽しいと感じる親が89％[16]と高いフィンランドは，税金も高い福祉国家で，家族が一緒に成長する機会をつくって子どもの健康，遊び，親子の対話，親のリーダーシップのとり方などの学習の場を提供している。さらに支えられるだけでなく支える側になるためのファシリテーターの研修や養成システムもあり，学習は双方向になされている。多くの国が，親が親になる喜び，子育てに対する自信，そして親のわが子に対する教育権を尊重する施策によって，親学習が生涯学習として町に根をはり世代循環する構造を模索しているのである。

近代が生みだした親を養育者・教育者にするプログラムの主体が親や市民意識にあるのか，国家にあるのかの違いは大きい。市民意識を醸成する国の文化のありようの問題は，生活に基礎を置いた生きることへの問いそのものである。国民が，自覚的に社会の形成者として参画しようとする動機をつくりだすにはテーマが必要であり，問題意識が必要である。地方分権がその契機になるかはいまだ定かではないが，一人ひとりが主体者として生かされる小さな町の中から，市民による市民のための，人間が育ち合う環境が生まれる試みが進行している。

3．養育と教育概念の混同

日本では，5歳児就園から義務教育を経て高校まで，ほぼ100パーセントの進学率（幼保合せて5歳98％，高校96.7％，2006年度）である。学校制度が

発展してその恩恵を受ける昨今の親が，幼稚園・保育所から高校・大学等を卒業するまで，およそ15年〜20年近く学校制度に依存し，さらに妊娠とともに養育者養成制度のもとに置かれるとすると，人生の1/4以上を被教育者として過ごすことになる。その間，能動的に活動する機会がないわけではないが，長期にわたる受動性が他者に何かをしてもらう意識を形成しているとすると，それはわが子に引き継がれ，"してもらう"文化の再生産に寄与することになる。

(1) 養育と教育の軋轢

　両親が子育てにおいて，生の現実性に基軸をおいて自然的に家庭生活を営む中に，子ども自身が陶冶する真の教育の過程があることを認識できれば，時間的にも経済的にもゆとりが生まれ，子どもの居場所が生まれるといっても過言ではない。しかし，イリイチ[17]が人間は社会制度に組み込まれることによって依存度を高めるとして学校化を懸念したように，家庭もまた制度への依存度を高める。親の教育や医療やケアへの依存度が高まると，学校や病院や福祉施設は，もっとサービスが必要，もっと親教育を行えばよりよい結果が得られると考えるが，どんなにサービスしても親を満足させることはできないだろう。学校等の限界を知った親は，塾に，習い事に，他の病院に，託児施設にとよりよいサービスを求めて子どもの教育・医療・ケアを担ってくれる場所を探す。その結果，子どもは荷物のようにあちこちに置かれ，自らの意志で自ら選択した活動の時間を過ごすことがなかなか保障されない。こうした関係は相互信頼を育まず，双方に労多くして益少ない現象を発生させる。

　学校教育は，包み込む母性というより対象と距離を置く父性の文化圏であることは，山松の比較でみたとおりである。教育における実践は，"自由に関すること"を命題に，責任ある自由への道のりを子ども自身がつくるために我を自覚化できるような距離を置く。つまり転んだ子どもを抱き起こして汚れを落としてやる養育ではなく，自分の足で立ち，自ら汚れを払う意欲と

行動力に自由な意志，志向性が表れるようにする教育的助成である。親がこうした学校文化に賛同していた時代は，わが子が転んで怪我をしても当人の不注意で迷惑をかけたと教師に謝意を表して，教育の場の自由を侵害することはなかった。たとえ不満があっても，学校での陶冶，評価はわずかなことという認識である。それは，子どもが一歩家を出たら，自ら自覚・自衛・自省することを促す親の姿であり，それができるというわが子への信頼である。子どもは，自衛・発展できる自分に自由の意味を見いだし，自立に向けて社会化する力を培って，家族に安心や喜びを提供する，というのが従来の物語である。

　しかし，今日の学校化した家庭の養育は，学校の教授以上に強制的で訓育的で子どもを支配するか，逆に溺愛し放任するかといった二極化傾向がある。学校にいて親の支配下にない，参観時等にも親はわが子に挨拶や持ち物の始末，活動の指示を与えたり，子どもの意志の発露を待つ教師の指導に不満をぶつけたり，時には子どものけんかを引き受けて親同士が争ったりする。子どもが自分で転び怪我をしても裁判に持ち込むといった関係の軋轢も発生する。子どもは，3歳過ぎても家庭や学校で常に監視され強制的な愛護のもとに，自ら立ち上がる自由もなく，自分の欲求を率直に表しけんかすることもできない。意味もわからず大人たちの修羅場に立ち会わされ，顔色を見ながら生きる子どもたちの物語が日常化しているのである。

　この現象が起きる要因の一つは，学校と家庭の"間"がないことである。地域や近隣や祖父母などの緩衝帯が吸収していた教育と養育をつなぐ"間"が失われたために家庭と学校が直接衝突することになりやすい。二つに，養育に対する重い責任を母が一身に背負ってきた結果として母子同一化の状態から抜けだせない。三つに，幼稚園・保育所等が少子化による子ども獲得競争でサービス産業としての位置づけになってしまい，3歳未満児の福祉や3歳以上児の就学前教育が始まっているという認識が，教師・保育士にも薄いため，"教育における自由に関すること"はサービスの低下として映る。四つに，学歴も職業歴も育児歴も親の方が教師より高いといった逆転現象があ

り，ささいなことで信頼関係が崩れるきっかけになっている，といったことが考えられる。

　母親を追いつめ，ゆとりを生みだせない家族のありよう，社会のありようなどの複合した要因が「家庭教育」と「学校教育」の物語を変えているのである。家庭と学校という二つの世界の教師たちは，互いに敬遠し，反目し，時には争い合わなければならない時代をつくってきた。それはまた，養育とは何か，教育とは何かという概念を共通理解することなく，育とうとする子どもの側の視点も忘れて，大人たちが預ける，預かる時間のやりとりや，母と教師の愛情の過小に議論が終始していることと関係する。

　トルストイは，「言葉の中に正確な定義をもたずに互いに混同されながら，思想の伝達にとって必要な言葉がある」[18]として次の問題を提起する。広義の意味における教育は，「人間を発達させ，人間により広い世界観を与え，新しい知識を与えるあらゆる影響の総合である。児童の遊戯，苦しみ，両親の与える罰，書物，仕事，強制的及び自由な学習，芸術，科学，実生活，－これらのすべてが人間を教育する」[19]もので，家庭教育も社会教育も学校教育もすべてということになる。しかし彼は，西洋の教育理論家の学校における教育の解釈が，養育が含む三つの作用「(1) 養育者の道徳的または強制的感化－生活様式，(2) 訓練と教授，(3) 被教育者に対する実生活の影響の指導」[20]を教育学において混同したため，養育と教育と教授の概念の誤謬と混乱を生んだことを指摘し，養育と教育を次のように定義する。「教授が養育の一部であるということについては同意するが，教育はその中にこの両者を包含するものである。養育は教育学の対象でないが，教育学が注意を向けざるを得ない現象の一つである。教育学の対象たるべきもの，また対象となり得るものは，ただ教育のみである」[21]とする。そして，「養育とは，われわれが善人だと思うような人間をつくる目的で，ある人間が他の人間に与える拘束的，強制的な働きかけである。また教育とは，知識を獲得しようとするある人間の要求と，自分が既に獲得した知識を伝えようとする他の人間の要求とを基礎とする，人々の自由な関係である。また教授とは，教育と養

育の双方の手段である。養育が教育と違うのは，ただ養育がその権利として認めている強制という点だけである。すなわち養育とは強制的教育のことであり，教育は本来自由である」[22]と。

わが子を羽毛で包み込み守っている親が，養育という名のもとに強制的教育を行っていると

> **養育と養護**
> ○養育「養い育てること。はぐくむ（親鳥がその羽で雛をおおいつつむ）こと」
> ○養護「危険がないように保護し育てること。児童の体質や心身の発達状態に応じて，適当な保護と鍛練とを加え，その成長・発展を助けること」である。
> 広辞苑第五版

いう自覚はないだろう。しかし，児童虐待にまで発展する世相には，悲惨な核家族内における養育という強制的，強迫的教育の構図がある。そうした現象としての養育は，その基礎を家庭，信仰，政府・社会の中にもっており，強制的で非合法的で不公正なものである。乳児期，幼児前期の親が幼な子の命を守る時期はともかくとして，なぜ，学校教育という分野までがその養育性を強めるのか。トルストイは養育者が自分と同じような人間をつくりあげる志向性について「養育者がかくも熱心に児童の教育に従事するのは，ただこの熱心さの基礎に，児童の純潔さに対する嫉妬と，この児童を自分に似たもの，すなわち一層そこなわれた人間につくりあげようとする希望があるからにすぎない」[23]として，教育学においては養育の権利などというものは存在しないし認めないとする。

幼稚園や小学校では，親がわが子の忘れ物がないよう準備する，親が子どものカバンや荷物を持って登降園する，園や学校での子どものけんか事に介入する，養育しない教師を非難し食事を食べさせてくれる教師を是とするといった珍事が繰り返し発生している。親が求める教師像が養育者であるなら，当然，教師も教育の自由を放棄し，恣意的な愛護をなす方に流れざるをえないという現象が蔓延していくのである。学校化した家庭教育と学校教育の対立は，養育と教育の対立でもある。

子どもを守るためによかれと思う大人たちの働きかけは，大変恣意的で一方的な場合があり，子ども自らが自分の身を守り世界を拡大することを阻む要素が大きい。子どもの意志・志向性を培うことを目的とする就学前教育は，子ども，教師双方の自由な関係の中に打ち立てられるものであるが，トルストイが百年たっても「学生の自由を基礎とした自由に形成された教育機関が発展するかどうか疑わしい」[24]といったように，百年たった今日，教育思想を語る言葉の概念は混同し，教育はますます養育性を強めている。幼稚園等から大学にいたるまで，親や教師の教授，養育，鍛錬の中に，教育に対する根本的な誤謬があるのではなかろうか。

　まさに「母のための教育学」「父のための教育学」が今こそ必要ともいえるし，"教育者としての母"という孤独な仕組みが限界に達して社会的な子育てが必要な時期に来ているともいえる。小原のいう"母になることは易しいが本当の母になることは難しい"とした，23項目の母の悪い癖は，"父になることは易しいが本当の父になることは難しい"と置き換えることも"教師になることは易しいが本当の教師になることは難しい"と言い換えることもできるわけで，学校化した家庭教育，学校教育が，ともにどんな協同を行っても，養育と教育の混同が自覚されないかぎり，相互の理解は難しいであろう。

(2)　養育性がもたらす教育の危機

　少子高齢化，女性の就労など政治経済の動向や，保護者へのサービスに追われて，いつしか教育は子どもの"自由に関すること"を見失い，養護性を増している。それが，もっと養護してほしいと願う親の要求を高める悪循環を生み，教師は日々，苦情処理に追われて授業準備や教材研究・環境構成などをしている余裕がない現場の実態をつくりだす。親も，就学前教育機関に入れる根拠が，隣の子どもが行くからといった世間体であったり，よい幼稚園に入れることがよい小学校につながるといった将来の進路選択のためであったりする。こうした状況では，わが子の自立プログラムより，養育プログ

ラムを求めるのは当然だろう。"人は子どもの身を守ることばかり考えているが，それでは十分ではない。大人になったとき，運命の打撃に耐え，富も貧困も意に介せず必要とあれば凍てつく氷の中でもやけつく岩の上でも生活することを学ばせなければならない"とルソー[25]が語るような自己拡大への環境，子どもの自己活動による道徳性の陶冶に対する自覚がないと，学校の養育度は増す。初等教育機関だけでなく，中等，高等教育機関にいたるまで，忘れ物をしないように，朝食をとって来るように，授業時間に遅れないように，授業中寝ないように，単位を落とさないようになどと注意し，養育性が増している。学童期の発達課題である自己教育への勤勉性は他者の支配下に置かれ，ますます養育性を増した教育機関となっているのが現状である。問題は，それを是としてさらに懇切丁寧に養育する親や教師の志向性である。こうした教育の危機が，子どもの自己発展を阻む発達の危機と重なっているといえよう。"百年たって人間の自由を基礎とした教育機関ができているかどうか"とトルストイが残した問いは，否と言わざるをえない。

　こんな事例がある。全体活動時トイレに行くときは，挙手して言葉で教師に言うという決まりがある園で，年長5歳女児が挙手はするがいつも泣く。3歳から続いているこの姿に，なんとか言えるようにしてやりたいと思う教師は，女児に言葉で言うよう促すが泣くばかりであると。子どもは「はい先生，トイレに行っていいですか」と言えればこの苦痛から解放されるのだろうが言えないから泣く。養育であれば手が挙がった時点で，あるいは手が挙がらなくてももじもじする姿を見たら手を引いて連れて行く。ではこれを教育的指導というか。言葉で言うよう促すことを教育とはいわない。決まりも働きかけのいずれも，大人の強制であることには変わりがない。"自由に関すること"を取り扱う教育は，排泄などの生理的欲求は行きたいときに行くようにし，やがて集合前に排泄を済ませておく知恵や快感，自己調整できる自信，意志を培っていくことである。子ども自身が状況をみて適切さを自分で判断する経験を積んでいく過程に内的自由と秩序が生まれる。自分で支配すべき生理的欲求を3年間，教師の指示のもとに置かれ支配されることこ

そ，教育の心が失われた証ではなかろうか。

　また，別の園でこんな例がある。砂場で無心に山を盛っている4歳児に「お山作っているのかな。もっと高くしようか」と声をかけて一緒に砂を盛ってやる。独力で山を高く盛っている幼児の目的や意志を弱める作用を教育的作用とはいわない。遊びを発展させてやりたいと願う教師の親心・養育である。これは一見，優しそうなかかわりにみえるが，子どもの意思が確認されておらず，単なるおせっかいになりかねない。教師が高くしたければ，遊ばせる人ではなく，"私"として自分の山を高く盛って共に遊ぶ人となることではなかろうか。

　教育の中の養護性は，ややもすると保護か強制かの養育ベクトル上を行き来して，児童を自分に似たものに仕立て上げる働きをもち，それが教育的働きかけと混同されやすい恣意的なものになるという特徴をもつ。教師や保育士は，幼児が自分で絵本を見たいのに読み聞かせる，幼児が自由に音楽することを禁止しながら歌や合奏を教授・訓練する，「一生懸命片付けたからご褒美をあげます」と一連の生活行為を教師の指示に従えばおやつを代償にあげるといったような，教育と養育の混同が随所に発生しやすい。トルストイが，教育学において養育は認めないというのも，教育という名のもとで強制的な養育を強化するものは教育ではないからである。

　家庭や保育所・託児機関で温かな保育を受けた乳幼児が，幼児後期から就学前教育に移行するのは，自我を主張し外界と自己調整しながら自分で自分を形成できるような経験を得るためである。もちろん，3歳〜5歳といえども，幼ければ幼いほど長時間になれば安心して身を委ね，守ってもらえる養育的時間が必要であり，発達に応じ，年齢に応じてケアと教育のほどよいバランスが求められる。しかし長時間保育において，一人の教師・保育士がケアと教育を両立させるのは難しく相当な力量がいる。一人の保育者が8時間から9時間も大勢の子どもを担当したり，逆に一人の子どもが一日4，5人の大人の手から手へ転々と引き渡されたりといった劣悪な環境に置かれている場合もある。幼稚園等によっては，コアタイム（9時から13時までの全員共

通の時間）終了後は生活をする家（保育所・預かりの家・同施設内の別空間）に帰って別の担当者が受け持ったり，時間で担当者を区分したり，食事や午睡など生活担当者と遊び・教育担当者を区分したり，ティームで保育をして教師・保育士の個性によって子どもが時々で必要とする大人を選択できるようにするなど，様々な工夫を行っている。結局，根本に横たわる養育と教育の概念が実際の保育場面でどのように現れるかが自覚的に把握され，検討されていかないかぎり，子どもの"自由に関すること"は忘れ去られる。大人たちがよかれと思って強制的養育作用を施し，幼年教育の危機を招いていることは，他律から自律へと切り替える機会，つまり教育の始期を見失ったまま，教授が強化される義務教育へと突入することになる。他者と信頼できる関係を結ぶことも，自己教育への志向性も芽生えない学童に，義務教育を施すことは困難が伴うだろう。

第3章

女性教師の経験

§1　母親と教師のあいだ

1．家庭から学校へ

　現在，生まれてきたばかりの子どもたちは，家庭やそれに代わる場で，親やそれに代わる人によって養育されている。その子どもたちは6歳になると，ほとんどの場合，小学校に通い教師のもとで教育を受けることになる。当たり前のように感じられるこの過程において，いったいどのような出来事が生起しているのだろうか。家庭で母親と生活していた子どもが多くの時間を学校で過ごすようになること，子どもが養育され世話を受けるだけではなく教育されるようになることには，どのような社会的な意味が孕まれているのだろうか。

　これらの問いに答えようと試みることは，家庭と小学校の間，親と教師の間，養育と教育の間に位置している保育者による保育の営みを考察することでもある。また保育を通して養育や教育を考察することでもある。現在の日本では，家庭での生活から直接小学校に通い始める子どもはそう多くない。子どもによっては0歳から，4歳や5歳になるとほとんどの子どもたちが保

育所や幼稚園などの保育施設で保育を受けている。それゆえ保育者には，家庭と学校を結ぶ役割，家庭で生活してきた子どもたちに学校での生活を準備する役割が期待されている。しかしそれはいったいどのような役割なのだろうか。換言するならば，子どもの養育と教育を担うこと，あるいは家庭から学校へと子どもを導くことは，どのような社会的意味をもつ行為なのだろうか。

家庭から学校へ，養育から教育へと子どもを導くことの意味と，その過程に孕んでいる問題を，アメリカのフェミニズム教育学者マデライン・グルメットは，次のように表現している。「女性と教育：ホームレス・アット・ホーム」(1987) というタイトルをもつ論考の一節である。

　　託された子どもを学校へと送り届けるギリシャの奴隷パイダゴゴスのように，私たちも家庭から学校へ，家庭的なものから政治的なものへ，再生産から生産へ，個人的な生活から公的な生活へと子どもたちをひき渡す。−中略−教師として，教師の教師として，親として，女性として，私はこの家庭と学校の通り道，私と公の通り道を，中間地（middle place）へと変容させる道筋を探している。私たちはこの通り道の両端を掴み，その敵対，二元主義，排除，犠牲を拒絶する結び目へと繋がなくてはならない。[1]

グルメットの言葉は養育と教育の裂け目を表現している。養育の行われる家庭が再生産の営まれる私的な領域として存在しているのに対して，教育の行われる学校は生産の領域，公的な領域に属している。それは学校教育のカリキュラムにおいて，教育の基本的な意義が，生産活動に従事する労働者の育成に置かれてきたからである。そこでは私的な領域における再生産の経験はほとんど考慮されていない。養育の世界から教育の世界へと参入することは，親密さや温かな雰囲気，愛着を含むかかわりから離れ，身体的なかかわりや自らの身体から分離される経験である。家庭から学校へと通う子どもたちは，二つの分断された世界を往復しつつ，再生産の経験を抑圧し生産者と

なっていく。留意したいのは、グルメットが学校を再生産の場にすることを提唱しているのではないということである。むしろ彼女は、生産と再生産、私的な領域と公的な領域が二元的に分断されていることに問題を見いだしている。そしてその「通り道」となっている学校、両者の交わる可能性を帯びた学校において、その二元主義を変容させる方途を模索している。

　ところで子どもたちを私的領域から公的領域へと導く「私たち」とは誰だろうか。ここで「私たち」に含まれているのは、グルメット自身をはじめとする女性教師である。女性を私的領域の担い手とし、男性を公的領域の担い手とする家父長制家族の性別役割分業が定着した社会において、女性教師は双方の亀裂を生きる存在である。実際に、グルメットによるフェミニズム教育学の探究は、3人の子どもを育てながらカリキュラム研究へと参入した際に、公的な活動と男性の関心のみが教育を形づくっていることに驚いた経験を出発点としている。

　養育と教育の分断を生きているのは、母親として自らの子どもを育てている女性教師ばかりではない。女性教師という存在には、それ自体に養育と教育、再生産と生産、私的な領域と公的な領域の分断が埋め込まれている。グルメットが『苦い乳』(1988) で行った歴史的な検討を参照しよう。アメリカの小学校教師は、そもそも男性職として成立し女性占有職へと移行してきた。女性教師の増加が本格化したのは19世紀半ばである。その際に女性化を推進するイデオロギーとして機能したのは、教師の仕事を母親の仕事になぞらえるアナロジーだった。すなわち女性の教職への参入は、「母性」を小学校教師に必要な特性として定位することによって推進されたといっていい。ただしグルメットによれば、ここで公立学校に導入された「母性」は、家父長制と矛盾することのない「母性のカルト」だった。家庭の雰囲気や母子関係の統合的で特定的な性格は、ほとんど学校に導入されなかったという。[2]

　私的な領域と公的な領域、自分の子どもの養育と他者の子どもの教育、親密な関係と身体性をそぎ落とされた関係のあいだを生きる女性教師の経験

は，二つの世界の分断による矛盾とともに，その分断を超える可能性を孕んでいる。それは養育と教育が分断されることによって保育が抱えている困難，具体的には「幼保一元化」あるいは「幼小連携」といったかたちで表面化している問題を解きほぐすヒントになるだろう。

日本の幼年教育の歴史を遡るならば，とりわけ戦前において，幼稚園や保育所はいまだ普及していなかった。家庭と学校をつなぐ役割を課され，養育と教育の狭間を生きていたのは，小学校で低学年の子どもを担任していた女性教師たちである。本章では，養育と教育の双方を，そしてその亀裂を生きた小学校の女性教師の経験を検討しよう。

2．日本の小学校の女性化

まず日本の小学校における女性化の過程を概観しておこう。小学校教師は基本的に男性職として成立したといっていい。近代的な学校制度が成立した当初，小学校における女性教師の比率はわずか1.5％にすぎない。1900年前後からの急増期を経て，おおよそ女性教師が3割に達するのは1910年代である。その後しばらく横ばいが続き，男性たちが戦場へと動員された第二次世界大戦中に5割を超える。戦後は男性たちが教職に戻りいったん女性の比率が下がるものの，1970年頃に再び女性が5割を超え，1980年代に入ってからは6割程度で安定している（次頁図表1-3-1）。

日本の小学校における女性化は，アメリカと同様に，教師を母親になぞらえるアナロジーによって推進された。そもそも女性教師の養成をめぐる政策は，すでに女性化の進展していたアメリカの初等教育をモデルとして展開されている。1875年に最初の女子師範学校が設置される契機となったのは，アメリカ出身の文部省学監デイビッド・マレーの報告書である。彼は女性こそ教師にふさわしいとし，子どもに接する際の「情愛忍耐」が男性よりも「優レ」ていること，子どもの「情ヲ酌」むことや子どもを「扶養スル」ことを男性よりも「熟知」していることをその理由としてあげていた。[3] アメリカへの留学経験を有する初代文部大臣の森有礼もまた，初等教育を女性の

図表1-3-1　小学校における女性教師の割合

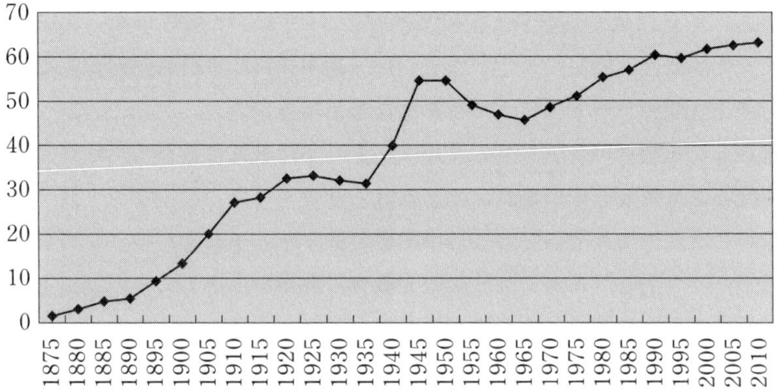

（データは文部省『学制八十年史』『学制百二十年史』，文部科学省『学校基本調査』より）

手に委ねるべきだと提唱し，教職の女性化を企図している。その根拠は，女性は子どもを産む際には「天然ノ教員」であり，「家庭ノ教育」は「慈母」によってなされるという点に求められていた。[4] また森は「欧米」の「通論」として，女性教師は「親切」な点と「注意ノ周到」な点において男性教師よりも優れている，それゆえ「幼稚ノ児童」の教育は女性がよいとの論理を紹介している。そして日本のような「家庭ノ教育」が不十分な国では，教師が親に代わって教育を行い「善良ノ人」を育てるべきだと述べている。[5] マレーと森はともに，母親として子どもを養育することと教師として子どもを教育することを重ねあわせることによって，女性に小学校教師としての優越性を付与したといえよう。

　女性教師が実際に増加するのは，1900年前後からである。要因は複数ある。第一に，1890年代から女子の就学率が急上し，女子教育の担い手としての女性教師が必要とされた。第二に教育費の不足によって，低賃金の労働者としての女性教師に対する需要が高まった。第三に，日清戦争，日露戦争を経た産業の発展によって，教職の社会的経済的な地位が低下し，男性教師の確保が困難になった。そして第四の要因は，妻が家庭で家事と育児を担う

近代家族のイメージが成立したこと，すなわち母親の養育を教師の教育にたとえる条件が整ったことに指摘しうる。

　学校を家庭にたとえ，女性教師を母親にたとえる比喩は，1900年代後半から1910年代における女性教師の急増期に定着している。女性教師の増加は「女教師問題」と呼ばれ初等教育の危機として捉えられた。多くの教育団体が，女性教師は何割まで受容できるか，女性教師の短所と長所は何かということを研究問題として調査を行った。その過程において，「母親」や「主婦」としての特性が女性の本性として表現され，小学校教師に必要な資質として定位されることになる。そして女性教師には「母親」や「主婦」に関連する役割が割り振られることになる。女性教師に課された仕事の一つ目は，女子教育すなわち裁縫や家事の教授を通して主婦となる女性を再生産する仕事である。二つ目は教室の子どもの母として振る舞うことである。愛情をもって子どもに接すること，子どもの身体的な世話を行うことが期待され，低学年の学級の担任が割り振られている。三つ目は客の接待や整理整頓といった学校の雑務をこなすことである。[6]

　しかしもう一方で女性教師には，男性と同様に十全な教師であること，学力を身につけ教育および研究を行うことが求められていた。香川県女子師範学校教諭の後藤静香は，女性教師が置かれている状況を，「男子と同様の教員であれ」および「女子であれ」という「二重の注文」の板ばさみになっていると指摘している。後藤は「女子であれ」という要請に絞り込み，教材の繕い，便所掃除，客の接待といった「学校の主婦」としての仕事と，子どもの散髪，つめきり，衣服の洗濯といった「児童の母」としての仕事を女性教師に課すべきだと主張していた。[7]

　女性教師に期待されたのは，十全な教師であると同時に学校の主婦や教室の子どもの母親のようであること，子どもを教育すると同時に養育すること，子どもの知的な成長を導くとともにその身体や精神に心を配り世話を行うことだった。換言するならば，女性教師には，子どもを教育することと子どもを養育しケアすることとの二重の役割が課されたといえよう。近代の学

校教育が私的な養育と公的な教育を切断することによって成立したことを鑑みるならば，二つの要請は単に仕事の増大をもたらすばかりではなく互いに矛盾しうる。事実，女性教師たちの歴史的な軌跡には，その亀裂を生きる困難が垣間見える。しかしそこには同時に，グルメットが指摘したように，養育と教育，私的な領域と公的な領域という切断された二つの世界を結び合わせる可能性も孕んでいる。

　以下，女性教師たちの歴史的な経験を具体的に検討しよう。彼女たちは主に低学年の子どもを担任し，教育とケアの双方を課され担うなかで，両者の矛盾に悩み，あるいは両者の統合された実践を展開している。次節以下に述べる平田のぶと池田小菊は，1910年代の「女教員問題」をめぐる議論のさなかに小学校教師となった。彼女たちは女性であることと教師であることの亀裂を真正面から生きた。平野婦美子が小学校教師となったのは，女性教師が当たり前の存在となった1930年代である。彼女の教育実践には，ケアと教育の統合された姿を見いだすことができる。島小学校の女性教師たちは1950年代後半から60年代前半にかけて，校長の斉藤喜博のもとで学校と教育の改革に従事した。彼女たちは子どもたちとの親密な関係において，授業の専門家という斉藤の提起した教師像を体現している。

§2　平田のぶ ―子どもとの愛の関係を求めて―

　平田のぶの軌跡には，女性教師であることの葛藤が鮮明に刻印されている。彼女は，1924年に赴任した池袋児童の村小学校では，教室の子どもたちを愛そうとして愛せず煩悶した。1931年に自ら創設した子供の村では，すべての子どもの母になろうとして苦しんだ。教室の子どもとの教育の関係を拒み，「愛」あるいは「母性」というかかわりを求めた彼女の経験は，女性教師に課された役割が内包する難問を浮き彫りにしている。[8]

1. 愛の教育の希求

池袋児童の村小学校は1924年4月に教育の世紀社によって設立された新教育の実験学校である。その特徴は「自由」と「個性尊重」という新教育の主張を急進的に追求した点に存している。「『児童の村』のプラン」には,「極度の超形式主義をとり,学校,学級,教室,教科目,学年,時間割等すべての既成概念に超越してやる事にしている」[9]と記されていた。「児童の村」は学校教育を構成するすべての制度を否定したユートピアとして構想されたといっていい。

平田は「訓導募集」の広告に自ら応募し,池袋児童の村小学校の開校と同時に同校に赴任した。淡路島の公立小学校から異動することを選択した理由を,彼女は,「私は私の主人になりたい。そうして自由に,全責任を以って私の生活を生活したい。これは私の長い間の願い憧[れ]であった」[10]と記している。女性解放運動への参加によって,いったん退職を余儀なくされた彼女にとって,自由を掲げる私立学校に転勤し公的な監督から逃れることには大きな意味があった。しかしそればかりではない。彼女は「私自身」を含めて「何物にも妨げられない」ことを望んでいた。彼女が求めたのは,自由教育に憧れつつも子どもたちに対して教育的に振る舞ってしまう自分からの脱却でもあった。

平田が池袋児童の村小学校で模索したのは,教室の子どもたちとの愛による結びつきを通した教育である。その理想は次のように表現されている。

> 教育の作用は注入でなく,触発であり,強制でなく自由活動であります[。]お互いのよき暗示は此作用を助長させます。然も暗示の唯一の通路は愛であります。機械的活動の中に愛はありません。憧れはありません。従って,精進はありません。支配者と被支配者と特権者と無特権者,完成者と無完成者,その間にも真の愛は存在しません。[11]

ここに提示されているのは,愛の関係で結ばれた者どうしが互いに憧れ合

い高め合ってゆくという教育のヴィジョンである。平田は池袋児童の村小学校で，何ものにも束縛されない「私の主人」となり，子どもに教えたり指示したりする既存の教育から自由になって，子どもたちとの間に対等な愛の関係を成立させるはずだった。

　平田の夢は幾重にも矛盾を孕んでいた。彼女は他の人の期待に添おうとする自分，教師として振る舞ってしまう自分から自由になることを求めていたが，教室の子どもたちを愛することはまさに女性教師に期待され課されていた役割にほかならない。平田にとって子どもを愛することが一種の責務となっていたことは，池袋児童の村小学校における彼女の生活が「愛し得ない悲哀」から始まっている事実に明白である。彼女は一年目の秋の記録において，着任当初はかつての教え子が忘れられず児童の村の子どもたちには「深い親しみ」がもてなかったと述べている。そしてそのことに悩み，「私自身愛し得ない人間じゃないか」と暗い気持ちになったり，「何で先生は愛さなきゃいけないんだ」と悩んだり，「どうぞ子供との愛を恵ぐんで下さい」と祈ったりしたという。平田は教室の子どもを愛さねばならないという強固な信念を持ち，そのことによって煩悶していた。[12]

　また平田は，愛を対等な主体どうしの間に成立する関係として把握しているが，大人である平田と幼い子どもたちとの間に成立しうる愛の関係は，母子関係と同様に，おそらく非対称性を特徴とするほかはなかった。実際に，子どもへの親しみを覚えるようになった彼女は，今度は自らが子どもを支配し侵犯する可能性におびえることになる。彼女が抱いた怖れは「恵子ちゃんに捧ぐ」と題された次の詩に如実に現われている。

　　恵子ちゃんよ／やわらかい春光を浴び，若い緑の草の上をかけ廻ってる子供達から離れて立ってらっしゃるあなたの姿は，私を涙ぐませます。どうかして，あの子供達と一緒に，元気よく，あなたも飛び廻われないものかと思う事もあります。／だが－／あなたの生活を私は犯しますから。／あなたがどんな気持ちで，どんな事を感じ乍ら立ってらっしゃるのか，私は

知る事は出来ません。／然し一／私は，たった一つの事を知ってます。／あなたのその生活－淋しそうな，不安そうな，如何にもあなたらしいその生活に－私共の察知し得ない意義があるに違いないという事を。[13]

　平田の言葉使いは奇妙に丁寧である。小学校一年生の「恵子ちゃん」に対して「あなた」という尊称や「立ってらっしゃる」という敬語が用いられている。また平田は，「あなた」の「気持ち」について「私は知る事はできません」といい，「あなた」の「生活」について「私共の察知し得ない意義」を認めている。「あなたの生活」を「犯」すことを怖れて立ち尽くす平田は，「あなた」の内面に踏み込むことを抑制し，「あなた」を理解してしまうことを拒んでいるといっていい。平田は他者としての「恵子ちゃん」に確かに出会っていたように思われる。

　子どもを教える者ではなく子どもを愛する者となり，その関係において教育を成立させようとした平田の願いは挫折する。彼女は教室の子どもたちとの親密な関係を望みえながらも，自らが子どもたちを支配してしまうことを怖れ，自分が子どもたちに影響を与えることにさえ怯えていた。彼女から子どもたちへの働きかけは，教育という営みの成立さえ不可能なほどに，徹底して抑制されている。そのことはおそらく互いの侵犯が不可避に伴う愛の関係の成立をも不可能にしていた。平田は繰り返し，子どもたちを愛したい，しかし束縛したくないという葛藤を吐露している。愛の教育に内包された危うさ，子どもを管理し支配するその権力性を，彼女は感受していたのかもしれない。

2．母性による保育

　平田は1925年に池袋児童の村小学校を辞し，1931年に深川区に子供の村保育園を設立する。開園と同時に園児の母親を対象とする「母様学校」が，のちに父親を対象とする「父様学校」，放課後の小学生を預かる「自治学校」，組織を統括する「同窓会」が設置された。この複合的な教育機関にお

いて平田は，親密で排他性を帯びた母子関係を解体し，母親の連帯と子育ての共同体を組織することを企図していた。

　1926年に息子の恵を出産した平田は，その経験を基盤として「母性」をめぐる問題への関心を高めていた。子供の村保育園の設立も自身の子育てが契機となっている。平田が「『子供の村』でも作りたい」と記したのは，恵を通わせるための良い幼稚園の不在を嘆く文脈においてだった。子供の村は一面で，恵が通うための保育園だったといっていい。しかしそれだけではない。彼女は息子への思いを他の子どもたちへと拡張している。

> 私はＫ坊の側に休らかな眠りに入る夜は，子供と離れて一日を労働をしなければならない母性と子供との上を思います。Ｋ坊が丈夫に育つにつけても，栄養不良と十分な手当を受け得ない幾百万の不幸な子供を思います。Ｋ坊の教育を思う時世界の子供達の教育を考えます。Ｋ坊が原っぱに遊ぶ姿をみる時，あぶない街路にまりなげしている子供の姿が目に浮びます。私共は母性として世界の子供の為めに考えなければならぬしなければならぬ事が多すぎます。[14]

　ここで平田が思いを寄せているのは恵ではない。幸福から疎外されている子どもたち，必要な世話を受けることができていない子どもたち，危険にさらされている子どもたちである。平田の言葉は，自らが恵との幸福に安住することを戒め，他者の子ども，とりわけ不幸な子どもをケアすることへの使命感を駆り立てているかのようでもある。

　平田は他者の子どもへの母性を追求した。そればかりか，子供の村保育園に付設された母様学校の課題とし，他者の子どもを自らの子どもと同じように育む関係づくりを企図した。子供の村保育園を参観した雑誌記者は，そのモットーを「新しき母性は，我子の母であると同時に凡ての子供の母であるとの自覚に立つ」，「賢き母性は，我子の幸福は凡ての子供の幸福と共に来ることを認識する」，「よき母性は我子を我子として育てると同時に，社会の子として育てる」[15]と記している。三つのモットーはいずれも，自らの子ども

へのかかわりを基盤としつつ他者の子どもに思いを寄せることを要請するものとなっている。

伊福部敬子による母様学校の参観記は，平田の企図の意義を的確に捉えている。彼女は子供の村の母子関係の特徴を次のように表現した。

> ここで何よりも感じたことは，誰の子でも抱いたり，あやしたり，又子供同志が喧嘩をしても自分の子供を庇うようなことの絶対にないことです。そして子供の方でも，どのおばさんにでも抱かれたり戯れたり，それは今日の母と子ではなく，新しい社会の母と子のすがたのように見られるのでした。[16]

子供の村では，母親と子どものかかわりにおける排他性が克服され，その親密さが他者の子どもや他者の母とのかかわりへと拡張されていた。自分の子どもだけをケアする利己主義が克服され，母親たちが複数の子どもをケアする子育ての共同体が生成しようとしていた。

しかしながら，子供の村保育園を運営する過程において，平田は自分の息子との別離を選択することになる。恵を姉夫婦に託すにいたる内面の軌跡を，平田は次のように語っている。母親になってからの彼女にとって，恵が「生活の全部であり，第一義であった」。そのような自らのありように対し，「私は恵坊以外の多くの日本の恵坊ことに恵まれぬ恵坊の事を考えないでいいのか。骨肉の子供恵坊丈の幸福について考えている私は，あまりに利己的ではないだろうか」との反省をもつようになる。そして「何物をも断つだけに熱」し，「下町の不幸な子供たちのために，私の母性を捧げようと決心」するに至る。[17] 皮肉なことに，一面で恵のためにつくられたはずの保育園は，平田と恵との親密かつ特権的なかかわりを断つこととなった。保育園のすべての子どもの母になろうとした平田は，自分の子どもの母であることを断念することとなったのだ。

1930年代後半の平田は，子育ての意義を国家に託すナショナリズムに陥っていく。1939年には「我子と思えばつい我侭気侭も出る。然しこれが，

日本の子供と思うとおろそかに出来ない。今日ほど私共は，私共の小さい今日の生活に，大きい意味を見出せる時はない気がする」[18]と述べた。それは総力戦体制下で多くの教師がたどった道ではある。しかしここには同時に，すべての子どもを自らの子どもとして育むという課題が，自らの子どもとの特権的なかかわりという基盤を欠くことによって，国家の子どもを育てるという抽象的な課題へと変貌する過程を指摘できよう。

池袋児童の村小学校における平田の葛藤が，愛という親密で特権的な関係の孕みうる権力性を浮き彫りにしているとするならば，子供の村保育園の展開過程は，教室の子どもとのかかわりが親密で特権的な性格を欠くことの危うさを垣間見せている。

§3　池田小菊　—「教室の家庭化」の構想—

池田小菊の経験の特徴は，女性性の受容と肯定を通して教室の関係と学習のあり方を変革した点にある。池田は女性であり教師であることの亀裂を引き受けつつ，新教育を推進する奈良女子高等師範学校附属小学校において「合科学習」の教育実験に従事した。彼女は主事の木下の「学習法」を批判的に継承し，「教室の家庭化」とよばれる教育改革の構想を提示する。くつろぎや落着きを備えた教室空間と，自然な愛着を備えた人間関係の要請は，現在も魅力的な学習のヴィジョンを示している。[19]

1.「合科学習」の実験

池田小菊は1921年に奈良女子高等師範学校附属小学校に着任した。彼女を招聘したのは同校主事の木下竹次である。4月から1年生の担任となった池田は，同じく1年生の担当の河野伊三郎とともに「合科学習」と呼ばれる

総合的な学習の実験に取り組むこととなった。興味深いのは，木下が池田に対して教室において母親のような役割を期待していた事実である。

木下は「学習法」の研究を主導していた。その特徴は学習者である子どもたち自身が学習材料を選択する点にある。「合科学習」はその学習法を低学年において実施するための方途だった。木下は「如何にすれば低学年の児童が自ら学習内容を定められるか」を考え，その問いに対する答として「合科学習」を着想していた。

　　斯く考えて居る間に不図思いついたのは児童が入学する前の家庭生活である。学校教育に真似て居ない家庭教育では別に教師があるのではない。勿論時間割も学科別もない。規則も賞罰もない。然るに子供は幾年かの後には相応に発展する。家庭の環境如何によっては文学も覚える計算もするという有様である。私は考えた。此の家庭教育固有の意義を保持しつつ更に之を改良して之を学校に延長したならば必ず低学年の児童も学習することが出来て人生を渾一的に発展させることが出来る。[20]

木下は子どもの「家庭生活」について，「教師」も「時間割」も「学科」も存在しないにもかかわらず子どもが発達してゆくという側面に着目している。子どもの未分化な生活を教科で区切らず，家庭生活の延長としての学校生活において発展させることを企図したのが「合科学習」だった。

「合科学習」の説明に続けて木下は，一斉授業を廃するならば学級が同年齢である必要はないとし，「複式学級を一の家庭の様に組織し合科学習法を実施」する，あるいは「六個学年の複式学級を作」るというアイデアを示している。池田に託されたのは，この着想をそのまま具体化した実験的な「特別学級」にほかならない。彼女の学級には幼稚園を経ずに家庭から直接入学した子どもたちが集められ，家庭生活と学校生活との連絡が図られた。また翌年も1年生を迎え，学校で唯一の複式学級として運営された。実現はしなかったものの，木下は1年生から6年生まで150人から200人の学級をつくる予定だったという。

木下が家庭をモデルとして構想した特別学級を池田に託したのは，おそらく彼女が女性だったからである。池田によれば，2年目に複式学級となり学習指導に困惑していた際に，木下は彼女への助言として，母親が異年齢の複数の子どもを同時に学習させているという例をあげたという。
　池田は木下の構想を忠実に実践しようとした。彼女は特別学級を担任して2年目に，自分の学級における学習を次のように説明している。

　　　一家団欒の中に済まされて行く夕飯時，そこにも児童の好奇心は泉と湧き，求知心は盛んに動きます。お汁を覆して叱られる。父母の話の中には米の代価も出る。魚の名も出る，伯母の話も出る。そうした境遇に順応すべく，子供は自己自身を総がかりにして働きかけます。それは学校で言う算術科でもなく，読方科でもなく，綴方科でもなく，只一つの「お夕飯時」があるだけでありますけれど，そこには読方もあり算術もあり，図画も手工も一丸となって学習されて行きます。[21]

　池田は学校における学習を家庭生活になぞらえることによって，教科に分化されない「一丸」となった学習のあり方を提示している。強調されているのは，「合科」は「分科」の寄せ集めではないということ，合科学習は「総体としての生活学習」だということである。彼女の合科学習の把握は木下の構想にほぼ一致しているといっていい。
　しかし池田はおそらく，木下の着想を越えて家庭モデルの教室を経験していた。彼女はやはり特別学級を担任して2年目に，「教室内の冷いこと。そこには円い形のものと言っては何一つもないのです。室も四角。机も四角。黒板も教壇も，教科書も。それから私自身の顔までも」と自らの存在も含めた教室空間への違和感を吐露している。[22] この洞察は教室と家庭を比べることによって得られたものではなかったか。

2. 女性性の肯定

　池田の生と教育は，1921年4月に兄を，翌年7月に父を亡くしたことを契機として大きく転換する。1923年2月の彼女の論考には，兄と父の死で何をどう考えていいかわからない状態になったこと，しかしそれを通して「今迄見ることの出来なかった『私自身』が何かしら近頃はっきり見え出して来た様な明るさを見出し」たことが報告されている。「兎に角黙祷を捧げて，静かに子供の伸びるのを楽しもうなんて，考えています」[23]との言葉は，彼女が教室の子どもたちや教育の営みに改めて出会おうとしていたことを伝えていた。

　池田の大きな変化の一つは，自らが女性教師であることを肯定するようになった点にある。奈良女子高等師範学校附属小学校に赴任した頃の池田は，恋愛結婚とその家族を賛美し，自分自身も含めて女性が職業を持つことを否定的に捉えていた。1920年の論考「女権拡張問題に対する疑義」では，「教育事業」や「救恤事業」は女性にふさわしい仕事として特徴づけながらも，その「家族」のことを考えるならば「女性の誰にも勧めたくはない」と述べている。[24] それに対して1923年の論考「職業婦人と言う女」には，かつて「公務の場合を除くの外は，出来るだけ職袴を外ずして，世間並の女！つまり無職業の婦人顔をしていた」いと感じていたのに対して，現在は人から「先生」と呼ばれることに「落着き」を感じるようになったと報告されている。[25]「職業婦人」は彼女にとって，女性性と男性性をあわせもつことによって解放された存在へと変化していた。さらに池田は，女性性に積極的な価値を付与していく。1925年の著書では，女性に「あるがままの人生を正直に眺めて，そして限りなくそれを愛する」というあり方を見いだし，男性によって構成された世界，男性性によって特徴づけられ行き詰っている社会の変革を託していた。[26]

　女性の就業を肯定し，女性性を称揚する過程に並行して，池田は奈良女子高等師範学校附属小学校の学習法に対して批判的なスタンスをとりはじめ

る。彼女は「教授」から「学習」への転換は支持しながらも，実際の子どもの学習のあり方に対する違和感を表明した。子どもたちは，犬と猫の文を読むならば犬と猫の標本を探し，犬の絵を描き，犬の種類を研究し，猫の習性を調べる参考書を求め，「犬と猫を知っていること」を誇る。れんげ草の文章を読むならば引き抜いたれんげ草を教室に持ち込み解剖をはじめる。池田はこのような学習について，「今ぼんやりとした顔で，机に頬をついて，春日の空に何ごとかを訴えたい様な気持で，沈黙している」と述べている。[27]
池田の記述は，子どもたちの競争的な雰囲気，学習方法の形骸化と問いの消失，器用にこなされてはいても深みのない追求といった問題を伝えている。なお具体的な問題点としては，以下の三点が指摘されている。第一に学習法による学習が「発見」を帰着点としており「創造」を産むにいたらない点，第二に「相互学習」において子どもに「征服者」と「被征服者」が生じている点，第三に学習内容が教科書に規定されている点。それらは彼女において，男性性によって特徴づけられた社会と共有された行き詰まりとして感受されていた。

池田は学習法から距離を置き，綴方を中心に自らの教育を再構築する。確かに綴方においては，思索と表現を要請する点で発見には留まりえず，討議のように競争的な人間関係が組織されることもなく，学習内容を縛る教科書も存在しない。加えて重要なのは，家族を失い寂しさを抱えた池田が子どもたちの綴方を必要としていた事実である。彼女は1925年に「ゆったりと椅子に腰を下して，子供から綴方を読み聞かされる時ほど，今の私にとって幸福を感じる時はありませんが，とにかく，子供の文を聞きたいのです」[28]と述べている。ここに生起している池田と子どもたちとの関係は，教える教師と教わる生徒の関係とも，学ぶ生徒とそれを支援する教師の関係とも異なる。池田はこの新たな関係を表現するために，再び「家庭」の比喩を用いることとなる。

3．「教室の家庭化」の構想

　池田は自らの教育の変革に「教室の家庭化」の呼称を与え，自分と子どもとのかかわりを親子関係になぞらえた。ここで重要なのは「家庭」の意味合いである。特別教室で合科学習を試みていたとき，「家庭」という言葉で表現されていたのは，子どもが自発的に活動する中で総合的に発達していくという側面だった。それに対して「教室の家庭化」が提唱された時には，家庭を特徴づける親密な関係と温かな雰囲気が焦点化されている。それは1年生から6年生まで150人から200人の子どもを集めるという木下の構想からは，完全に抜け落ちていた観点である。

　池田が学級の望ましいあり方を表現するために家庭の比喩を用いたのは，綴方を切り口として「教室経営」を論じる文脈においてである。彼女は文を書くという表現活動から教室のあり方を検討することによって，教室の「気分」あるいは「雰囲気」がもつ重要性を見いだしていた。

　　そこで取り扱い上，最も注意しなければならない事は，「文の教室経営」の所でよく話しました通り，教室内を遠慮のない，気兼ねのない，肩の凝らない，つまり圧迫を感じない，落ちついた家庭的な気分で満たせる事です。教育者というような威圧的な態度で接しますと，文は何時までたっても，どんなに苦労しても生きた姿で出てくるものではありません。何でも遠慮無く言い得る，伸び伸びとした気分に浸って，文は始めて生きた姿で出て来るのです。そうした姿で出て来始めると，自然子供は，その思い，その感じを他人の言葉，抽象の言葉に包んで出す事を厭がり出します。[29]

　池田は「家庭的な気分」という言葉で，「遠慮」や「気兼ね」のない信頼関係，「圧迫」や「威圧」のない安心できる関係，居心地のいい落ち着いた雰囲気を表現している。興味深いのは，その「家庭的な気分」が，子どもの文章が「生きた姿で出てくる」ため，すなわち子どもの創造的な表現活動を推進するために要請されている点である。ここでは「家庭」が，互いに信頼

し安心できる関係を備えた空間として再定義され，子どもの表現を支える基本的な条件として教室へと導入されている。

さらに池田は，1929年の著書『父母としての教室生活』において，「家庭化」という言葉で教室の改革を語っている。ここで教室が「親子の関係に於ける団体の生活場」として規定されている点に着目したい。この表現が意味しているのは，むろん教師と子どもとの関係における親密さの重要性である。興味深いのは，その親密さが養育の行為に伴って生じる自然な近しさとして把握されている点だろう。池田によれば，育てることに伴う「愛」は「師弟とか親子とかの区別には関係のない，一般人情」であり，その意味において「師弟関係の最もよき状態に置かれている教室生活は，家庭生活に最も近い感情」にある。池田にとって親子関係における「愛」は，母親である女性の神秘化された本性でも，女性のみが果たすべき役割でもなかった。ここには家父長制の家族の理想を排しつつ家庭的な関係を教室に導入する道筋が示されている。[30]

池田による「教室の家庭化」の主張は，家庭を参照しながらも，女性教師の教室ではなくすべての教室の経営について述べている点で画期的である。家庭という言葉は，女性の仕事の領域や，女性の献身的なあり方を表現するためではなく，教師と子どもたちの間の親密な関係を表現するために用いられている。さらに重要なのは，そのような人間関係が，表現活動を中心に据えた創造的な学習の実現において要請されている点だろう。ここには学習を共同的な営みとして捉える視点が内包されている。

ところで池田は，1年生から6年生まで担任した子どもたちが卒業する際に，自らも教職を辞した。その理由を彼女は，「六年もかかって育て上げた子供達と別れて，すぐにまた，別な子供と縁を結ぶような，気持にはなれなかった」と記している。また子どもたちに尋ねても，多くが「退めてくれた方がうれしい」と答えたという。[31] 池田と子どもたちは互いに取り替え不可能な関係にあった。池田が教職を辞してしまった事実は，その関係が学校という制度における教師と生徒の関係としては過剰な親密さを孕んでいたこと

を示唆しているのかもしれない。

§4 平野婦美子 ―子どもに応える―

　平野婦美子が著した『女教師の記録』(1940)は，短期間に100版を超える売り上げとなった戦前の教育実践記録のベストセラーである。その30版の帯には，作家の松田解子による次のような推薦文が付された。

　　　全編女教師ならでは，而もよほど素質と環境に恵まれた優れた女教師ならでは出来ない文字通り痒い所に手の届いた指導ぶりが具体的に述べられている。子供を導く愛情とその愛情を生かす方法が，どんな人にも判るように真情にあふれて書かれた優れた記録の一つである。[32]

　確かに『女教師の記録』には女性性が色濃く刻印されている。その印象を象徴的に表現しているのは，巻頭に収録された写真「爪切り―工場地の子供と―」である。日当たりのいい屋外で，平野が壁によりかかりながら一人の子どもの爪を切っている。他の子どもたちはそのまわりを囲むように座っている。それは同僚の小学校教師近藤益雄がいうとおり「聖母のような姿」である。[33]　女性教師の理想の体現といっていいだろう。

　しかし平野は単に女性教師に課された役割を遂行したわけではない。彼女は教室の子どもたちに確かなまなざしを向け，その課題に応えるかたちで実践を創造した。その過程は子どもへの応答においてケアと教育を統合する一つの方途を示している。

1．子どもへの応答

　平野が女子師範学校を卒業して長浦小学校の教師となったのは1926年の

ことである。平野の『女教師の記録』を，1910年代に教師となった平田のぶや池田小菊の文章と読み比べるならば，自らが女性であることへの言及がほとんどないことに気づく。1920年代半ばには，小学校における女性教師の比率は3割を占めるにいたっていた。女性は初等教育の担い手として定着していたといっていい。それゆえ平野は自分の性をあまり意識せずに働くことができたのだろう。

『女教師の記録』はまた，女性教師の定着がその性役割の定着でもあったことを伝えている。とりわけ貧しい漁村の長浦小学校において，平野は教室の子どもたちを母親のように世話するという女性教師の役割を真正面から引き受けている。彼女が師範学校の恩師「B先生」に宛てて書いた手紙は，「五十三人の雛を抱くめんどりとなって，早一ヶ月経ちました」という生徒を「雛」に，自らをその母親になぞらえる文章から始まっていた。[34]

平野は実際に，母親のように子どもたちの世話を行っている。お昼休みに子どもを集めてその着物のほころびを繕ってやる。冷たい雨や雪の日，登校してきた幼い子どもたちの手や頬をこすってやり温めてやる。子どもたちの髪を洗って虱をとり，襟元や顔を剃り，黒くのびた爪を切ってやる。耳掃除の様子は次のように叙述されている。

　　　「今度は，眼に見えない所のお掃除よ。さあ一人ずつ先生のお膝にねんねなさい。耳垢をとってあげるから。」子供達の耳は殆ど塞がっているのです。耳殻の中はまるで皮膚の生地が見えない程垢で一ぱいです。－中略－「はい，もうすみましたよ，ほら，こんなに沢山たまっていたんですよ。」と云っても返事がないので，そっとのぞいて見れば，私の袴の上にヨダレを垂らしていい気持で眠っているのです。[35]

「お膝にねんねなさい」と耳垢をとってやる平野と，耳垢をとってもらっているうちにうとうとと眠ってしまう子どものかかわりは，身体的な接触を伴なう点で典型的な母子関係の特徴を備えている。安心感や温もりを伴っている点でも，いわゆる母子関係を彷彿とさせる。そして子どもの虱をとりな

がら「あなた方のお母さん，虱などとってくれるひまなんかないでしょうね」と声をかけたとき，おそらく平野自身も忙しい母親たちのかわりに子どもの虱をとってやっているのだと意識していた。

　学校にやってきた子どもをケアするばかりではない。平野は同僚たちと協力しつつ，通常は家庭という私的な領域に属しているような仕事を引き受けつつ，村のすべての家庭の改善を目指して働きかけを行っている。彼女は病気や労働のために学校を休んだ子どもたちの家を訪問する。Sが雨や雪のたびに学校を欠席するのは雨具がないためだと知り，自分のお金でマントを買ってやる。[36] 女の子たちが下着やズロースを着ていないこと，そのため体操もできないことに気づき，下着や運動服を縫うという裁縫の実践を行う。各家庭の貧しさに配慮して，布は子どもたちと貝拾いで得たお金で購入されている。[37] 農閑期にあたる学校の夏休みには，汚れ綻びている子どもたちの着物をどうにかしてやりたいとの思いから，高等科の女の子と女子青年団を総動員して，村中の押入れの着物を洗濯するという大仕事をこなす。[38]

　ここで留意すべきは，平野がいわゆる女性的な仕事のみを積極的に引き受けているわけではないということである。読み書きを教えるという小学校教師の基本的な仕事にも，熱心かつ独創的な方途で取り組んでいる。彼女は子どもたちの読み書きについて次のように考える。書物や文字に縁遠い生活をしている村の子どもたちは，当然のように読み書きを苦手としている。それは彼女が鋤や鍬をうまく使えないのと「全く同じ」である。しかも働いている子どもたちに机に向かう暇はない。そこで彼女が考案したのが，謄写版を使って「ふところに入れて歩くのに便利」な大きさに創った「読みの手引」である。さらに彼女は，覚えた文字で新しい世界に触れる喜びを味わわせてやるために，自分のお金で子ども向け雑誌の『赤い鳥』や『金の船』を購入し「子供図書館」を整える。[39]

　平野が行った虱とりや耳垢掃除，子どもの衣服の繕いや洗濯は，確かに一面で，女性教師に課された役割を映しだしているといっていい。実際に彼女は，「女の先生が一生懸命になると，学校の色調までかえてしまうんだから

凄いもんだ」といった言葉で賞賛を受けた経験を，誇らしげなニュアンスをもって記している。[40] しかし平野の文章には，自らが女性であることを意識した言葉はほとんど見られない。彼女は子どもの虱とりにも，衣服の繕いにも，言葉の改善にも，読み書きの教育にも，同じ情熱をもって取り組んでいるようにみえる。

　平野の実践を貫いているのは女性性というよりも応答性である。彼女は具体的な子どもたちの行為や言葉に眼と耳を傾け，子どもたちにとって必要なことを把握し，その解決に向けて働きかけている。その過程において興味深いのは，ケアすることと教育することとが子どもへの応答において統合されている点である。「ひよこ草」と題された平野と生徒の「仙三」のエピソードを参照しよう。二桁の割り算ができるようになった「仙三」は，うれしさのあまり自ら居残り学習をすると申し出る。ところが実際に放課後になると，平野が出した課題に集中しようとしない。そればかりか励まそうとする平野の言葉に大粒の涙をこぼしはじめる。

　　何で泣くのか皆目見当がつかない。／「もう算術はやめようね。そのかわり，何であんたが泣くのか，そのわけをお話し。ね。」／仙三はくるりと背中をむけると，しゃくり上げながら，きれぎれに語った。／「おらが，おらが，ひよっこと兎が腹がへって死んでしまうもの。学校のもどりに草とって，早く喰わせねえと死んでしまうもの。」[41]

　仙三が課題に集中しなかったのは，雛と兎に餌をやらなければならないことを思いだしたからだった。そのことを知った平野は，仙三とともに学校を出て，野原で兎の餌になる「ひよこ草」を摘む。そして翌日，仙三から兎と雛が死ななかったと聞いて，彼女はほっと一安心する。[42]

　平野の筆致は，算術ができるように援助するという教師らしい行為も，兎と雛の餌の草摘みを手伝うという教師らしくない行為も，彼女にとって当然のように選択されていることを伝えている。活動の流れを貫いているのは仙三への応答という軸である。平野と仙三とのやりとりの中で，教室の生徒の

一人である仙三のために教師である平野が「ひよこ草」を摘むという行為は，何の違和感も覚えさせないものとなっている。

2．応答関係の構築

　平野が子どもたちの課題に応えて実践を構築していた事実は，結婚を契機として町の小学校に異動した際に，彼女の教育実践が大きく変化している事実にも現われている。彼女が新たに赴任した市川小学校の子どもたちは，長浦小学校の子どもたちに比して経済的に恵まれている一方で，子どもどうしの関係が切断されているという問題を抱えていた。長浦小学校では子どもたちへのケア，とりわけ身体面におけるケアが実践の中核に存していたのに対して，市川小学校における平野は子どもの間に応答しあう関係を築き共同的な学習を組織することを目指している。

　市川小学校の子どもたちは文化的な環境の中で育っていた。そのため村の子どもたちと比べて，芸術的な感覚において洗練され，自ら学ぶ態度を身につけていて，読み書きもはるかによくできた。しかし平野は教室の空気が「冷たく寒々として」いることに気づく。テストをするといえば隣の子に見られないように下敷をたて，人に見られたと告げ口にくる。他の子が発言しているときに割り込んだり，手厳しく批判したりする。中学受験を目指す者が多いこともあって，教室は競争的な雰囲気に支配されていた。平野はその「エゴイズム」を破り，「点数崇拝」を改め，「皆で教え合い，磨き合って学習して行く楽しい教室生活を築」く必要性を感じ，子どもたちに次のように伝える。

　　　これから，点数はつけないけれど，あなた方の心を豊かに実力をつける為に，先生はあなた方の色んなノートや日記，綴方，図画に，手工に，算術や読方に何でも書いた物全部に感想や批評を細く書いてあげましょう。あなた方は，それを又交換し合って読みっこしたらいいでしょう。お点を

つけてもらうよりも，もっと楽しみですよ。[43]

　平野は「点数」の廃止を宣言し，子どもたちの表現に「感想」や「批評」を書くことを約束し，さらにそれを「交換し合って読みっこ」することを促している。興味深いのは，「点数」をつけることをめぐって，教師と子どもの関係よりも子どもと子どもの関係が焦点化されている点である。「点数」は子どもどうしの関係を断ち切るものとして，「感想」や「批評」は子どもと子どもとを結ぶものとして把握されている。

　関係の構築を目指した平野は，低学年の子どもたちとともに，表現と言語の教育を主軸とする実践を展開した。教室には謄写版，学級ポスト，子ども図書館などが整えられ，手紙，日記，学級日記，学級新聞，学校間通信などの多様な活動が行われた。ここには長浦小学校の実践とは異なる形でケアと教育が統合を見いだすことができる。学級雑誌『太陽の子供』の実践を参照しよう。この雑誌の製作について平野はこう述べている。

　　　私はこんな気持で「太陽の子供」の学級雑誌を作った。／子供と子供の心がわかり合う為に。／先生と子供の心がわかり合う為に。／お互の生活を理解し合う為に。／物を観る眼，考える力，感ずる心，批判する力，実行する意志の力を豊かに培い，練る為に。[44]

　『太陽の子供』には，平野の文章とともに，子どもたちの詩，作文，手紙などが収録されている。それらを読むこと，書くことはむろん，「物を観る眼」や「考える力」などを養う知的な学習として成立している。しかし平野は同時に，子どもと子ども，子どもと教師が「わかり合う」「理解し合う」という願いを雑誌に託している。『太陽の子供』は人と人を結ぶ媒体であり，同時にその具体的なやりとりの中で読み書きに関連する力が育成される場でもあった。実際に，『女教師の記録』に抜粋された『太陽の子供』の文章には，平野や子どもの母親が「太陽の子供達へ」というかたちで直接語りかけたものが多い。また平野と子どものやりとりや，学校を休んだ子どもへのお

見舞いなど，手紙文の収録も多い。

　互いに応答し合うことと言葉の学習の融合は，学級ポストの実践にも確認できる。平野によれば，「絶えず文を綴る機会を与える目的の為」に教室に置かれたポストは，教科の学習時間には相談する機会のない「子供の訴え，喜び，悩み」を聞くという役割を果たしたという。子どもたちの手紙は，おねしょをすること，本を買ってもらえないこと，おしりから虫がでることなどの悩みを切々と訴えている。平野はそれらの訴えについて，「家庭のお母さんや，学校の教師は，こうした子供の願いに耳を傾けてその憂いを除いてやらねばならない」と述べている。それは子どもたちの「信頼と尊敬」を得るため，「一人ひとりの子供を幸福にする」ことのできる教師や父母になるためである。ここでは綴方教育のために設置されたポストが，子どもと教師とのやりとりを触発し，子どもたちの父母とともに子どもをケアするための装置として機能している。[45]

　平野は市川小学校に8年間勤務した。同校で展開された言葉の教育は，戦前の生活綴方の代表的な実践の一つとなっている。その後平野は，夫の転勤と自身の病気のために，いったん教職を辞し，復職して品川区の第四日野小学校に勤務することとなる。工場地域の子どもたちとの実践では，爪を切る，手を洗うといった衛生面の課題や，文字や文章の世界に子どもたちを導くといった学習面の課題が再び浮上している。[46] しかし同校に赴任して約4年後の1942年4月，生活綴方運動に対する弾圧のあおりを受けて，平野は退職することを余儀なくされる。戦後も含めて，彼女が再び教職に戻ることはなかった。

　漁村や工業地域における平野は，単に女性教師に期待されたからではなく，子どものために必要だと感受したからこそ身体的な世話を行ったのだろう。それゆえ市川小学校では爪切りや繕い物は行われなかった。しかし女性教師に課された子どもへのケアという役割を，子どもに耳を傾けその存在に応答するという意味合いにおいて捉えるならば，そのことはケアの不在を意味しない。応答関係を結び共同的な学習を組織した市川小学校における実践

には，ケアという女性性を刻印された営みと教育とが見事に統合されたあり方を見いだすことができる。

§5　島小学校の女性教師
―「授業の専門家」としての教師―

　1952年に群馬県の島小学校の校長となった斎藤喜博は，以後11年間にわたり，同校の教師たちとともに授業と学校の改革を推進した。彼らが目指したのは，教師と子どもたちとが高い水準において学問的芸術的な「文化の再創造」を行う授業の実現である。その中核には「専門家としての教師」という教師像が存していた。

　ところで島小学校の改革は，若い女性教師たちによって先導された点で特徴的である。一般的には女性化と専門職化が相容れないことを鑑みるならば，斎藤の提起する「専門家としての教師」が女性によって体現された事実は興味深い。彼女たちの実践は，高い水準で教材が追求される授業が，女性教師に課されてきた役割，すなわち教師から子どもへの細やかなかかわりによって支えられていることを示唆している。

1．授業の専門家としての教師

　斎藤は島小学校の改革にあたって教師を「授業の専門家」として定位した。その経験を踏まえて著された『私の教師論』(1963)では，教師の仕事が次のように表現されている。

　　教師の仕事は，だれにもにもできない授業という専門の仕事によって，子どもの持っている無限の可能性を引き出す仕事である。たんに一般的教養

を子どもに与えたり，家庭で母親がやるべきだし，またやれるところの，しつけ的なものだけをやるのでなく，授業のなかで子どもの持っている可能性を引き出したり，それを拡大したり，新しい生命や感動をつくり出したりする仕事である。[47]

　続けて斉藤は，創造的で豊かな授業は「力を持ち熟練した専門の教師」が「高い豊かな教材の解釈」を持ち「子ども一人一人の思考や感情をよく見きわめ解釈」することによって可能になると述べている。それは「大学卒業したてのもの」や「母親」には不可能な仕事である。ここでは教師に必要な力量を人間性へと還元する人間主義の教師像が否定され，教師に高度な教養や経験による熟練が要請されている。同時に否定されているのは，教職の女性化を推進してきた論理，すなわち母親であることと教師であることを重ね合わせることによって女性を教師にふさわしいとする論理である。1960年代は戦後における女性教師の急増期にあたる。しつけを行う「母親」と授業を行う「教師」の仕事を区別し，さらに「教師」の仕事は「母親」には不可能だと言葉を重ねるとき，おそらく斎藤は安直な教職の女性化を批判していたのだろう。

　しかし興味深いことに，島小学校の授業改革と学校づくりは若い女性教師たちによって先導されることとなる。斎藤がその軌跡を記述した『学校づくりの記』（1958）には，よい実践をつくりだした教師として，男性よりも圧倒的に多くの女性の名前が登場する。「そのうちに若い女の先生たちが，幾人か先駆けてよい実践をつくり出した。本校の渋沢千枝子さんと，分校の泉幸子さん小島君代さんとが，とくに口火をきった」[48]，あるいは「私は泉さんをまん中へ入れて，その両方へ小島さんと森田さんを並べ，三人の方を寄り合せた。……この三人と渋沢さんとが，この学校のはじめの道をきりひらいてくれたアマテラスオオミカミたちだった」[49]といった文章には，船戸咲子，柴田梅乃，赤坂里子らが授業と学校の改革を牽引したことが明白に示されている。*

斎藤は女性教師と男性教師に対して異なる役割を期待することはなかった。女性教師という言葉でひとくくりにされる存在に，なんらかの共通する特徴を見いだすこともなかった。7名の女性教師が自らの変革の軌跡を記した『島小の女教師』(1964) の解説において，斎藤は島小に勤務する女性たちのあり方を賞賛しているが，その際に繰り返し「男の先生にも共通する」という言葉を用いている。彼によれば，「素直で謙虚」であることも，「固定化していない」がゆえに「教師くささがない」ことも，女性教師のみならず島小の教師全体の特長である。[50] 斎藤はいわゆる女性性や母性には，何の期待も寄せていなかったといっていい。

　しかしながら，斎藤の主導する授業の改革と学校づくりが若い女性教師の力に依拠して展開されたのは，おそらく偶然ではない。若い女性教師が，その経験の浅さと女性であることとの二重の周縁性によって，斉藤のいう「教師くささ」のない状態，教師としての自己変革を遂げやすい状態にあったのは確かだろう。また当時は女性教師の方が男性よりも学問的に優秀でありえた時期でもある。経済成長に伴って男性の職業における教職の社会的な地位が低下していたのに対し，大卒女性にとって就業可能な職はほぼ教師か公務員に限られ，女性のなかでは最高水準の学歴を得たエリートが教師になっていたからである。しかしそればかりではない。斎藤の描いた「専門家としての教師」のあり方には，細やかな心遣いや子どもとの温かで親密なかかわりが織り込まれている。それは歴史的に女性教師に期待されてきたあり方ではなかったか。

2．子どもとの親密なかかわり

　母親であることと教師であることとの重ね合わせを否定し，教職を専門職

＊　斎藤の著書では船戸咲子に「泉幸子」，柴田梅乃に「小島君代」，赤坂里子に「森田明子」，海東照子に「平井静子」の仮名が用いられている。

として定位することは，必ずしも母親のような振る舞いや子どもへの親密なかかわりを否定することではなかった。むしろ島小学校の改革を先導した女性教師たちの記録の端々には，母親のような相貌，教室の子どもへの親密なかかわりや細やかな世話を見いだすことができる。

　『島小の女教師』に収録された記録を参照しよう。子どもとの身体的なかかわりの記述は多い。船戸咲子は実践がうまくいかなかった時期の出来事として，うかぬ顔の彼女に「『先生，私がきらいかい』と小さい声でささやく子」がいたこと，その子を「だきしめて『すきよ』といってやった」ことを述べている。[51] 児島環ははじめて一年生を担任したときに，「先生だっこ，おんぶ」と甘えてくる子どもを抱き，その「体温がひしひしとつたわってくる」のを感じて，教室の子どもたちへの責任を覚えたという。[52] 小俣方晃子は島小学校に赴任したときに驚いたことの一つとして，子どもたちが職員室に来て「先生たちにたいそう甘える」ことを記している。子どもたちは担任ばかりでなく，他の先生や校長の斎藤にも甘える。「斎藤さんのひざにのっておうまをしてもらったり，指ずもうをしたり，肩にもたれかかったり」[53]する。家庭での養育の特徴が身体的な接触にあるとするならば，ここには学校における養育的なかかわりの成立を見いだすことができる。

　農家に嫁いだために退職した柴田梅乃の記録は，教師が子どもの身体的な世話を行っていたこと，子どもがそのかかわりを通して教師に母親のような存在を感受していたことを示唆しており興味深い。柴田は娘の「悦子」が島小に通い始めた頃の出来事として，とれたジャンバーのボタンを「栄子先生」につけてもらって喜んでいたこと，水溜りで転んだときに，「船戸先生」の肩上げしたブラウスを着せてもらって帰ってきて，「悦子は船戸先生がお母ちゃんだらいいんだけど」と言ったことを報告している。[54] ちなみに悦子の担任は「栄子先生」でも「船戸先生」でもない。彼女たちは教室のみならず学校全体の子どもに心を配っていたことがわかる。

　斎藤が女性教師に見いだした可能性は，おそらく彼女たちが教室の子どもたちと結んでいた親密なかかわりと無縁ではない。『学校づくりの記』の

「よい実践をする先生たち」と題された節において，斎藤は教室の人間関係を焦点化している。一度も口をきいたことのない一年生の子を話せるようにした船戸の実践は，次のように紹介されている。

　　泉さんは学級のみんなの前で，「マサシさん，ないしょ話しようね」といって二人だけで話をする。「マサシさんは先生がすき？」「すきなら一緒に話しましょうね。」こんな調子でないしょ話をしているうちに，だんだんとその子が口をきくようになった。[55]

　斎藤の記述は，マサシと船戸の親密なかかわりを伝えている。「ないしょ話しようね」「先生がすき？」と語りかける船戸の言葉は，口をきかないマサシに対する受容と慈しみを感じさせる。

　赤坂の2年生の学級における音楽の時間のエピソードは，教師と子どもたちが響きあう教室の雰囲気を伝えている。一人の子が音符を覚えきれないままたどたどしく木琴をたたいている。その子がつっかえそうになると，聞いている子どもたちが音符を小さい声で教え身をのりだして声援する。声援を受けて，その子は最後まで投げださずにやり遂げる。次の子どもが出て行くと「でっかいぞう」との声が出る。実際に力の入った大きな音を出すので，思わず斎藤が笑うと，子どもたちも赤坂も笑いだす。斎藤は「何というよい人間関係を子どもたちの上につくり出しているのだろう」と思いその「余韻」を楽しんだという。[56] 斎藤の筆致は，記述することによってもう一度「余韻」を感じているかのようである。

　むろん斎藤が「よい実践」の言葉で捉えているのは人間関係ばかりではない。柴田については独自学習，共同学習，形式面での練習の三つの場面からなる学習指導の方法を切り開いたこと，海東照子については桑の実でジャムを作る等の家庭科の実践を開拓したことが紹介されている。しかし島小学校の教育改革の過程において，ケアと呼ぶべきかかわり，すなわち教師から子どもへの細やかな配慮や教室の親密で温かな関係がよさとして感受されていた事実は重要である。

3. 授業におけるケア

　女性教師の歴史において、子どもを知的に教育することと子どもをケアすることは二重負担となっていた。斎藤が提起した「授業の専門家」という教師のあり方は、教師に高度な知性と子どもへのケアの双方を要請するが、両者が二重負担の関係にないという点で特徴的である。斎藤の提示した教師像において、教育とケアとは「授業」という営みにおいて統合されている。

　「授業の専門家」に子どもへのケアが織り込まれていることは、船戸咲子の実践の記録に明瞭に示されている。ちなみに彼女の実践は、「想像説明」や「○○ちゃん式まちがい」といった島小学校の教師に共有されその授業を特徴づける言葉を生みだしている点で重要な位置を占めている。

　斎藤は着任時に受けた船戸の印象を「柔軟で感じがよく、豊かな才能を持った教師だと思った」と記している。[57] 船戸はその前年、1951年の春に島小学校の分校に赴任し、1年生を担任していた。当時の自らのありようを回想して、彼女は次のように述べている。校庭に背の低い藤の木があった。1年生の子どもたちはその花が大好きで、木をくぐり花に触れて遊んでいた。「こんなかわいい一年生」を、自分は「ただかわいいと思うだけ」で「どう育てよう」とは考えなかった。しかし「こういうかわいい子どもたちといっしょにいること」が「なによりたのしかった」。3月の学芸会で子どもたちが劇をしたときは、夢中で着替えをさせたりはらはら見守ったりした。親たちの拍手を聞いて、「子どもといっしょに」喜んだ、と。[58] 子どもを「かわいい」と感じ、「私は一年生の先生なのだ」と思っていたという彼女は、いかにも女性教師らしいあり方をしていたといっていい。ただし彼女が子どもを「かわいい」と思う感覚は、制度化され惰性化されたものではなかったように思われる。斎藤が柔軟さや才能の豊かさを感じたのも、藤の花に触れて遊ぶ子どもの姿を愛で、子どもとともに喜びを感じうるみずみずしい感受性ではなかったか。

　校長となった斎藤は授業を見てまわった。船戸も授業を見てもらい、授業

者の彼女も気づかずにいた子どもの表情や言葉を話してもらう。そのような経験を積み重ねるうちに，船戸は子どもを「見いだす」ことができるようになったという。斎藤は『島小物語』（1964）において，船戸の実践における次のようなエピソードを記している。

> 昭和28年のことであるが，泉さん担任の一年生の教室で，10以上になる加法の計算の勉強をしていた。そのとき一人の子どもが机の下にもぐりこむようにしていたので，泉さんは「どうしたの」ときいた。みるとその子どもは，手の指をつかってかぞえていたが，十本の手の指ではたりなくなってしまった。それで，寒いのに足袋をぬいで，両手と足の指を使ってかぞえていたのだった。足が寒さで赤くなっていた。泉さんはその姿に感動して，その子の足を，自分の両手の間にはさんでこすってやったということがあった。[59]

斎藤は，船戸が「古い形の詰め込み的な一斉授業」をしている教師だったら，足を使って数を数える子どもの姿は「見えなかった」だろうという。斉藤にとって，「こういうものが見え」ること，「こういうものに感動」できることが，専門家としての教師の成長の一つだった。ここで子どもが「見える」と表現されていることは，子どもの具体的な行為や言葉を「かわいい」と思うこととそう遠くはない。子どもの世界を味わえる感受性と，その存在に応答できる身体が，両者を貫いている。

興味深いことに，当時の島小学校において，そのような子どもを見いだすことのできる感受性は，自分の子どもを「かわいい」と思うことと連続的に把握されている。1年生からもちあがって2年生の担任となった船戸は，学校も楽しかったが自らの子どももかわいく，後追いして泣く長男を抱いていたためにしばしば遅刻したという。斎藤や仲間の教師は，そんな彼女に「自分の子どもがかわいい，と思ったり，大事にできないようなら，学級の子どもも大事にできないことになるのだ」と言い，気兼ねなく遅刻や早退ができるように，すべての教師の遅刻や早退を自由にしたという。[60]

ただし遅刻や早退の捉え方については，のちに変化があったことを赤坂里子の記録が伝えている。彼女は1955年に結婚するが，その後彼女が産休をとったり病欠したりしている間にも，遅刻や早退や休暇は自由ではなくなっていったという。そのことを彼女は，島小学校は「公的な仕事の場所で私的な生活をとり上げることはさほど問題にされ」ない「きびしい仕事の場」になったと表現している。産後の疲労を抱えた彼女は，仕事の立ち遅れも重なり胃下垂の病気になる。[61] ここで着目したいのは，遅刻や早退の是非ではない。赤坂が島小学校の変化を「公的な仕事の場所」と「私的な生活」との分離として感受し表現している事実である。それは「授業の専門家」としての教師像を追求する過程において，ケアのかかわりという基盤が覆い隠されていったことを示唆しているのかもしれない。赤坂ばかりではなく，『島小の女教師』に掲載された女性教師の記録は，それぞれに重苦しい雰囲気をただよわせている。同僚の授業を，そしてかつての自らの授業を超えようとする焦燥が，彼女らの筆致を息苦しいものにしている。

　島小学校の教育実験は，ケアと教育の統合の可能性，あるいは私的領域と公的領域の学校教育における統合と再編の可能性を垣間見せるとともに，その難しさをも伝えている。ケアと教育の間を生きる教師や保育者は，未だその課題を生き続けているのかもしれない。

第2部

実践過程にみる問いの在所

　幼児教育を実践する人々は、常に、子どもや保護者、社会の姿形に現れる現象を捉え、自らの実践の意味を振り返りながら、未来を見据えていく。今という時間が過去から未来へとつながらないかぎり、実践はむなしい時間の浪費になるだけだからである。
　第2部では日々、実践している人々（敬称を省略させていただいている）の問いと問題解決に向けた実践を追いながら、"問い"の在所に迫る。一つは、就学前教育の意義と醍醐味を子どもの権利保障と教師の専門性に関連させて捉える。二つは就学前教育の構造と教育内容について、教育課程の基軸に流れる願い、幼年期の教育方法論への試み、表現芸術を極める研究的実践に焦点を当てる。三つに就学前教育にみる教師のライフワークに視点を当てる。教育実践は、理念と制度と人の営みとの総和であり、矛盾を抱えながら問題解決を図っていく過程である。三視点からみる問いの在所には、今後の就学前教育への課題が継承されている。

第1章

就学前教育の意義と醍醐味

1. 子どもの権利保障と教師の研修

　アリエス[1]が子ども期を発見した近世初頭から，子ども讃歌が花開いたが，それは子どもが制度化された学校に追いやられる違った意味での苦役の序章ともいえよう。就学前の幼児に注ぐ人々の目は，戦後，大きく変化している。二元行政がもたらした保育所の子ども，幼稚園の子どもという施設区分による見方もあれば，保護養育される対象，被教育対象という見方もある。また，大切な可愛い存在，お金のかかるやっかいな存在といった見方もある。"七つまでは神のうち"とした昔と違って，子どもは常に大人たちの価値的な判断を伴う目にさらされている時代である。

(1) 子どもに注ぐ目に真実が映るか

　1946年11月公布された日本国憲法は，国民主権，基本的人権の尊重，平和主義の三つを基本原理とする。国民主権は代表民主制による民主的な政治制度と政治過程が求められる。基本的人権の尊重は，一人ひとりをかけがえのない存在とする「個人の尊厳」を基礎に，市民の福祉の推進が謳われている。また，平和主義は第二次世界大戦時の反省に基づき，戦争の放棄を定めて崇高な平和への希求を説いている。明治憲法下では教育は臣民の義務とさ

れ，教育のさだめは勅令(ちょくれい)に委(ゆだ)ねられていたが，日本国憲法下では教育を人権として保障し，教育に関する事項は法律事項となっている。はたして今日，教育が人権として保障されているのであろうか。幼児教育，福祉施策の基本となる憲法の理念は次のようである。

> 第25条　すべて国民は，健康で文化的な最低限度の生活を営む権利を有する。
> ②国は，すべての生活部面について，社会福祉，社会保障及び公衆衛生の向上及び増進に努めなければならない。
> 第26条　すべて国民は，法律の定めるところにより，その能力に応じて，ひとしく教育を受ける権利を有する。
> ②すべて国民は，法律の定めるところにより，その保護する子女に普通教育を受けさせる義務を負ふ。義務教育は，これを無償とする。

戦後，保育所は厚生省（現厚生労働省）に，幼稚園は文部省（現文部科学省）にとした施策は，生活困窮者の子弟への社会福祉，つまり生存権の保障であり，幼児教育を受ける権利としての人権であった。しかし，混乱した敗戦直後の施策は，生存権を保障することにより教育権を放棄するか，教育権を享受することにより国の社会保障を放棄するかといった二者択一を迫ることになり，矛盾を抱えたまま60年余の歳月が流れたのである。

安部富士男の「子どもらに家族を持つ権利の保障を」（本書p.102参照）には，彼が学生時代から幼児教育者を目指した原点をみることができる。敗戦直後の引き裂かれた家族，食べ物もなく浮浪する子ども，体を売って生きる女性，そこに生存権，教育権の平等を謳った憲法の精神はなかなか及ばない。せめて子どもたちに安心して食べられる生活を，安らぐ家族との時間を，よりよい環境で学ぶ機会の提供をと願う安部が，戦後の時間を生きてきて，今なお社会と闘うのは子どもの人権保障である。

浮浪児問題，少年犯罪等の児童問題が山積していた時代，また大人の私物的な古い児童観が残り，縦割り行政の弊害が残る時代に，新しい児童観の樹

立と児童行政を確立するために，国民の実践活動の規範ともいうべき「児童憲章」が出されたのは1951年である。「児童は，人として尊ばれる」「児童は，社会の一員として重んぜられる」「児童は，よい環境のなかで育てられる」として世界最初に掲げた児童憲章の理念は，1989年の国連の「Convention on the Rights of the Child」（児童の権利に関する条約）により，明確に児童の権利として明文化されている。日本がこれを批准したのは1994年であるが，子どもの権利保障が法文化されることで，子どもはますます矛盾の中にあるといえよう。経済競争の論理に巻き込まれて，失業や長時間就労する不安定さが"親の教育権"や"よい環境の中で育てられる子どもの権利"を放棄せざるをえない，そんなジレンマを読みとることができる安部の労働政策改善の願いである。

　人権の平等は，まさに民主主義国家建設という戦後の日本の出発点であったはずである。世界的には，生存権と教育権の平等を保障し，3歳未満児の保育と3歳以上児の就学前教育・福祉を一元化した制度をもっている国が多い。日本は戦後60年，二元のままに不平等を制度化してきた。この二元化に限界が生じて一元化へと制度が動き出した今日，幼年教育者のみならず社会全体が"子どもの権利"に注ぐ目こそ，問いの行方を左右する重要な視点ではなかろうか。

　しかし，子どもの権利は二側面をもつ。一つはよい環境の中で愛護・養育・教育される視点であり，もう一つは子ども期を社会と分断させないで，権利に伴う責任をもつという人格性を保障する視点である。本来，この権利と責任は二分するものではないが，大人は権利と責任をもった社会的な子どもより，わが手で守ってやりたい愛らしい，あるいは意のままに支配できる子どもの方が対象として与(くみ)しやすい。保護権として強制できる大人の立場が，子どもを従属させ，責任を曖昧にし，ホルトの言葉でいえば「子どもという牢獄」[2]の時期に閉じ込めて，子どもが社会で活動したり，責任ある有益な役割を果たすことを困難にする。また親にとっても保護義務期間の長さは重荷になり保育・教育の異常な外部委託や，時には児童虐待にまで発展す

るような混乱を呈していると思われる。欧米の親が「わが子を教育する親の権利」を掲げて子どもと共同する人生の時間の大切さを学んだのに比して，昨今の日本の親子を時間的，空間的に分断する施策や情報は，人とのつながりも子どもを見る目も，子どもに学ぶ力も育ちにくくしている。子どもが見えない市民，つまり未来が見えない市民に，共通する倫理観・道徳観や文化・思想への共感性は生まれにくいといえよう。

　ややもすると養育者は自分の偏狭性で子どもを支配しやすい。大人が子どもに学ぶには，意識化する手段が必要である。安部はそれを幼稚園の様々な学習機会の中に用意している。子どものつぶやきを口頭詩として記し，そこに一人の人間，人格者を読みとる場をつくりだす。また親が主体的に学び，つながり，創造する場所(トポス)として幼稚園を位置づけ，親に手仕事の環境を提供し，相互親和的な交流によって学習内容を生みだしている。さらに，子どもの活動の姿をていねいに親に返す作業は，学校教育が犯しやすい親はかくあるべしといった伝達文化とは異なり，大人が子どもから何を学ぶか，仲間たちとどんな共通感情をつくるかといった，個々の認識を形成する過程を大切にする。そこに対話によって共通する倫理観，思想をもった社会の成員が生まれる共同体形成の方法論を捉えることができる。

(2) 子どもに学ぶ教師が育つ文化とは何か

　親や社会が子どもに学ぶ内容を意識化し，子どもの権利に思いを寄せていくことが必要なように，教師も子どもに学ぶことによって教師になれる。多くの先達は，子どもに学ぶことを教師の出発点とした。自費で国内外に研修の場を求め，自らの教育観・児童観を確認した。新しい教育試行があれば参じて見学し，教材開発がなされれば自らも開発に着手した。机や椅子，遊具，素話や歌，雑巾一つにも，幼児にふさわしい規格，内容，デザイン等を検討し，子どもが生活の主体となるように環境を整えたものである。それが仕事へのやり甲斐を生み，保育文化を育んできたといえる。こうして必要に迫られ，自発的に研鑽していた時代は，保育文化を創造する時代であったと

いえよう。

　今日，都道府県や市区町村，私立の協会等で行われる様々な研修は，創造的な個々人の問題意識や必要感から生じているのであろうか。義務として課され，教師はそれに従うことによって身分を保障されるという側面は否めず，思考や創造性が制度化され画一化する危険と裏腹にあるといえよう。公立学校の教員に対する研修の義務は，

> 【教育公務員特例法 第21条 研修】教育公務員は，その職責を遂行するために，絶えず研究と修養に努めなければならない。
> ②教育公務員の任命権者は，教育公務員の研修について，それに要する施設，研修を奨励するための方途その他研修に関する計画を樹立し，その実施に務めなければならない。

と定められ，【同第22条 研修の機会】で授業に支障のないかぎり，外部研修や長期研修機会を得ることができる。また初任者には【同第23条 初任者研修】で，採用の日から1年間の実践的な研修が，10年以上の経験者には【同第24条 10年経験者研修】で，個々の能力，適性等に応じた資質向上のための研修が義務づけられている。都道府県あるいは市区町村により，創意工夫をこらして独自なものを企画，実施するためにも，【同第25条 研修計画の体系的な樹立】が求められている。さらに，【第25条の2】で指導が不適切と認定された教諭等に対する指導改善研修が義務づけられるとともに，【地方教育行政の組織及び運営に関する法律第45条（研修）～47条】に，県費職員の研修や国や県と市町村との関係も言及されており，研究・研修が教師の資質向上にとって必要不可欠なものであることが規定されている。

　2008年度から実施される教員免許更新制度によって，研究・研修の成果や質が評価され，免許取り上げか更新かを迫られるときがくる。狭い教員社会ではエポケー（判断停止）も働かないほどに，同質化して社会的道徳的価値を見失いやすいという特徴を脱却する一つの方法論である。本来教員は，自己研鑽を旨とする仕事であり，法によって規定されることにより主体性を

失う危険性があるが，これも世界の潮流である。1999年に社会主義から民主主義に国家体制を変革したポーランドでは，学制改革で6・3・3制を取り入れるとともに，教員養成大学を5年制にして修士論文を書いて初めて幼稚園助手の入り口に立てるという。それから，契約先生，任命先生を経て，真の先生になるために14年，12の資格を取り国家試験によって認定される制度をつくっている。ロシアでも，5年に一度教員の適性試験がある。イタリアでも4年制の大学を出た教師と2年制では職種が違い，グレードアップを図るために多くの教師たちが学習し研鑽している。またアメリカでは47州が予備免許状から教員免許状に更新後，5年で150時間以上の現職研修等による更新義務が課されるとともに，免許交付要件に筆記試験を課し，優秀教員認定など行って資格の向上を図っている。フランスでも，IUFM（教員教育大学センター）でのカリキュラムを改善し，理論教育と実践教育の均衡を図り，大学との連携を強化してマスター学位につなげるとか，IUFM2学年では中等教員が幼稚園や小学校の研修，企業研修など多様な研修を実施し，正式採用後2年間は一時的にIUFMに戻って研修を受けたり正式採用後3年以内に欧州域内の交換研修を実施するなどしながら，マスター学位の取得を奨励している。日本でも教育公務員特例法第26条で，マスター取得のため3年を越えない範囲で大学院就学休業が保障されており，今後，私学教員等にも広がることが期待される。

　世界中の教師たちがよく勉強するのは，教師という職業がインテリゲンチア（知識人）として専門性を有するものでありたいと願うからである。ユネスコが1966年「教員の地位に関する勧告」を出し，保育所・幼稚園・初等および中間または中等学校のすべての教員を対象に，① 指導的諸原則，② 教育目的と教育政策，③ 教職への準備，④ 教員の継続教育，⑤ 雇用とキャリア，⑥ 教員の権利と責任，⑦ 効果的な授業と学習のための条件，⑧ 教員の給与，⑨ 社会保障など，多岐にわたって教員の地位向上を求めているのも，教師が研究・研修する権利が単に一国のものではなく世界共通のものであり，教師の地位，資質を高めることが世界平和への道であることがう

かがえる。

　宮下友美恵の「子どもに学ぶ教師たち」（本書p.108参照）は，実践研究を重ねてわかる真の子ども理解であり自己認識である。ユネスコの勧告③に「現職研修は，広範な部分が教育機関の中で，しかもチームワークを通して組織されるべきであり，また，研修計画の決定は教師自身の積極的参加を伴うべきである」とあるように，宮下の研修は，幼稚園という組織機関の中で，しかもチームワークとして組織され，教師自身の積極的参加を伴っている。それが研究が「好きです」と答える教師の力の源になっている。青虫を飼育し孵化させた経験が「あの蝶はどこにでもいるモンシロチョウではなくなり『僕たちの蝶』『私たちの蝶』に変わった」，そこに私たちの蝶と感じる子どもの志向性と，生きる軸となる自他の関係が育っていることを発見する教師がいる。また，「心の中で数えられるようになった」という子どもの言葉に自己教育していく力を見いだしている。子どもの何気ないしぐさ，言葉は意識しなければ状況に消されていく。しかし，研究テーマをもって子どもをよく見よう，つぶやきをよく聞こうという教師の意識が，組織の中で次の世代に引き継がれていくからこそ，子どもの世界が鮮明に浮き上がり，そこに子どもの生活が展開されると思われる。私たちがうっかり見過ごしてしまうような日常だが，宮下とその仲間集団の生活の一こま一こまに注ぐ目は，研究の継続によって支えられているものだろう。ユネスコの勧告が，教員養成課程，現職教育，教員の再教育課程の全課程にわたって継続教育が必要だとするのも，日本が教員免許状の有効期限を10年とする方向も，生涯学習社会においては当然のことではなかろうか。

　国公立学校が研修の体系化を押し進める一方で，私学は，研究・指定研修への法的規制はないが，公教育機関として公立に準じて研究・研修機会の国費補助がなされている。全日本私立幼稚園連合会が財団法人幼児教育研究機構を立ちあげて，現職教員研修の俯瞰図に基づき体系的な研修を実施し始めた。しかし，与えられた研修ではなく，研究即教育，実践即研究となるためには，個々に，あるいは園内に自己課題をもち，それを追求し，まとめ，発

信するツールも開かなければならない。中には研究・研修機会に恵まれない職場，あるいは研究・研修を放棄したかのごとき教師集団もある。宮下のように，研究・研修を組織内に位置づけて，見えないものが見えるようになった自分への喜びを累積していく，それが次の世代に伝わり組織体の成員の意識が向上していくといったところはまだ少ないのが現状である。幼稚園の園児数8割を占める私学が，法の規定以上の高い目標に向かって創意工夫し，教員の資質を高めていくことができたら，日本の就学前教育の質は向上するに違いない。ある園では3年経験者には英国への1年間留学，5年経験者には米国への1年間の留学といった研修制度を設けている。また，ある園には学び合う仲間づくりも学びを生かす知恵も脈々と息づいている。通年で通う教師塾や実践研究を論文としてまとめる自主的な仲間たちの学習会もある。筆者も教育課程や3年保育，園環境の充実といった園共通の課題研究とともに，1年に1本の自己研究を論文にしていくことを実践奨励して，自ら研鑽する機会をつくりだしてきた。研究が面白くない教師は，子どもを一人の研究者としてはみられない。フレネやデューイが大学だけが研究機関ではないとして幼年期の子どもであっても一人の研究者として遇したように，教師は学習のファシリテーター（支える者）として，また良質な就学前教育の情報を提供する者として研究・研修が必修であり，ライフコースに応じた自己の研究・研修プログラムを実践できることこそ本命であろう。

　よりよい環境の中で育てられる子どもの権利と，就学前教育の制度および教師の資質の高さ，幼児の教育と福祉の保障の問題は分離して語る問題ではない。安部の児童の権利を保障する社会をいかにつくりだすかに始まり，宮下の子どもと自分の内的発展をみる喜びにいたるまで，子どもに生きる者は，"子ども存在"を通して教師として，ともに生きる者としての使命，天命を悟っていくことができたらこの上ない喜びとなるのだろう。

子どもらに家族をもつ権利の保障を

安部幼稚園　安部　富士男

　子どもの権利条約は「家族はとりわけ，子どもにとって自然的環境である」とし，家族が自然的環境になるための条件整備を国に義務づけている。しかし，市場原理，競争原理優先の日本社会の中で「高度に競争主義な教育制度」（国連子どもの権利委員会の日本政府への第1次勧告）のもたらす葛藤が家庭の中にまで持ち込まれ，それらの原理に染まった親によって子どもの意見表明権は無視され，子どもは幼いうちから塾やお稽古ごとに追いやられ，家族の自然的環境としての機能は衰弱し，親子が心地良く過ごす場と時間が奪われている。子どもが悲しみや不安を背負って生きている今日，幼稚園でのいくつかのエピソードに触れ，家族が自然的環境になるための課題を考えてみたい。

〈子育て支援は労働政策の改善から〉

　私は毎朝，登園する子どもたちを門前で，子どもの目の高さに腰を屈めて待っている。「おはよう」と声をかけても，いつもは応えもせず元気に園庭に駆け込んでいくA児が，ある日，私と視線が合うとしょんぼりと寄ってきて膝に乗った。私に抱かれているうちに「お母さんが昨日の夜，泣いたの，お父さんとけんかした」とつぶやいた。私が黙って抱き締めると，突然，明るい顔になって「でも今朝，起きた時，仲良しになっていた」とうれしそうに言い，抱いていた私の両手を振り解くと，さっと立って園庭に駆けていく。その後ろ姿を見つめ，父母の悲しみや喜びに身を寄せて生きているA児をいとおしく思った。A児の言葉に子どもを保護の対象として捉えるだけではなく人生の伴侶として捉えることの大切さを実感した。

　最近の子どもは父母など身近な人に気遣いしすぎる子と無関心な子に二分

化していることが気になる。この二分化の根は同じもので，子どもから子ども時代を奪っている社会のあり方やストレスの多い生活に問題があると思う。母親にA児のつぶやいたことを話すと「いやだわ。何でも話しちゃうんだから。実は兄が登校拒否しているので『今度の日曜日，ハイキングに行こう，付き合って』と夫に声をかけたら『ゴルフだ』と言います。『また，ゴルフ』と言うと『ゴルフも仕事のうちだ』と声を荒げました。悲しくなって泣いちゃったんです。子どもの前で泣くなんて，母親失格です」と話すので「そんなことない。悲しい時は子どもの前だって泣けば良い。A君も良い体験をしたと思います」と応えると「夫は反省したみたいで，連休にはハイキングに行こうと言ってくれたんです。夫もリストラで人手が減った分，大変なようで残業が多く，体が心配です」と話していた。

コマ道場を囲んでコマ廻しを競い合っていると，S児が「園長先生，お父さん，コマも竹馬もうまい」と声をかけてきた。「お父さんは今日もお休みだって。帰ったら竹馬するんだ」と言う。生真面目で仕事一徹にみえる父親が，わが子と遊んでいる風景を想像して心和んだ。迎えにきた母親にそのことを話すと，母親は肩をすぼめて「今，リストラされて失業中。午後も仕事探しすればいいのにSが帰ると遊んでばかりいます。夫は『失業して子どもと遊ぶ楽しさがわかった。勤めていた時は子どもと話す時間もなかった』と話しています」とのことだった。S児の父は，皮肉なことに失業して初めて子どもと過ごす心地良さを実感したのである。

日本の父親の約6割は子どもが寝ているうちに仕事に出かけ床についてから帰宅している。母親の約7割が子育ての悩みを一人で抱えている。労働政策，親の働き方の改善なしに，実効性のある子育て支援は不可能であり「家族が子どもにとって自然的環境」になることはできまい。

〈家庭に「ことば」・「手仕事」の復活を〉

私の園では毎年，年長組は卵から，年中組は2齢から，年少組は3齢から蚕を飼っている。休日は，希望する子どもの家に，蚕を2,3匹ずつ手分け

して世話をしてもらう。親はわが子と桑の葉を探しながら，自分たちの住んでいる街の面白さを発見している。蚕の葉を食べる音に感動したり，蚕を見つめるわが子の姿に育ちを感じたり，蚕が嫌いだった母親も蚕が可愛いくなって子どもと蚕の絵本を読んだり，蚕が繭を作る時期になると雑材で蚕の家を作ったりする。

　家庭での経験を園で伝え合って保育の中に生かし，蚕の描画や蚕の成長を綴った絵本作りも楽しんでいる。自然的環境としての家族は，人間の自然，つまり，「ことば」・「手仕事」が豊かに息づく家庭である。家庭に「ことば」・「手仕事」を取り戻し，受容的人間関係を紡ぎ，家庭生活の中で達成感・精進感，所属感を培っていくことが必要と考え，園がその種子を地域や家庭に播く拠点となっていくよう心がけてきた。

〈子育て支援は地域に連帯の輪を築く中で〉

　現在展開されている子育て支援政策は，親たちを生活の主体者としてではなく，統治の対象として捉えている。子どもの立場からの発想を親から奪い，みかけは親の要求に応える形で，実は思考を市場原理・競争原理に沿った効率中心主義に組み替えているといえよう。

　私は子育て支援の主体者は父母と考える。そこで，園に隣接する園長宅の1階を地区センター（5部屋に区分可能）にしており，参加したくない人の参加しない自由を大切にしながらも，共通の趣味や願いをもつ親同士がそこに集い，自由に多様な活動を立ち上げられるようにしている。赤ちゃんと遊びたい親，絵本を作ってみたい親，スポーツを楽しみたい親，手芸をしたい親，お茶を飲みながらおしゃべりしたい親，自然に親しみたい親，父母会の機関誌作りに興味のある親，子どもの権利条約を学びたい親，わが子の兄姉の教科書を読みたい親，年によって様変わりするが大小様々な組織が生まれる。そこでの手つなぎの心地良さを支えに，卒園生の親の自主的な同窓会組織，卒園生と在園生の親による"美しい地球を子どもらに残す会"や親と子の芸術鑑賞会の活動も活発である。

こうした活動で，まずは親自身が自分の要求で動き，交わりを広げ，生活の主体者に育って，悩みを解決し合う力を身につけることが大切だと思う。自分たちの子育てに関する要求を出し合い，共通の想いを園だけではなく国や自治体に提起する知恵と力を蓄えていく。親が自分ならではの自律感を味わい，地域社会に子育ての知恵と力を蓄えて，子育て支援の活動を，納得できれば行政とも協力し，多様に展開することが大切だ。そこで，園の教育方針に抵触しないかぎりは，親の活動内容に干渉しないで場を提供し，親がその場を自主的に管理する体験を積み重ねるように仕向けている。自分の願いに根ざした文化的社会的活動の中で，親は交わることの心地良さを体験し，子どもの健やかな成長の保障を，わが家庭に閉ざすことなく，仲間の子育て，保育，教育への願いにつなげて考えるようになる。そこから国や自治体の保育・教育政策を動かす力が芽生えると考えるのである。

〈子どもの声に耳を傾けて〉

　台所の棚や居間の本棚の隅に紙と鉛筆等を置いて，わが子のつぶやきをそのまま記録，採集する面白さを体験した父母会有志が口頭詩集「あべっこ」を編纂している。「僕，お母さんのお腹の中にいた時のこと，みんな忘れたからもう一度お腹に入っていい」（4歳）とか，選挙候補者の「ご声援下さい」を受けて「お母さん，小父さん，『5千円下さい』って言っているよ」（4歳），「お母さんは早くしなさいって言って何時までもお化粧している」（5歳）など，子どものつぶやきに感動し学び合いながら，個々の育ちの違い，ものの見方，感じ方，考え方，表現の仕方，行動の仕方をかけがえのないものとして受けとめ自らの人生に生かす力を，子どもの可愛いらしさに心寄せやすい時期にしっかり身につけようとする実践である。赤ちゃんが泣いているとき，抱っこしてほしいのか，腹痛か，空腹か，おむつが濡れているのか，眠いのかによって泣声が違う。その違いを酌み取って母親は対応を考える。大人は泣声も含めて子どもの意見に学ぶことなしに子育て，保育はできまい。皆で子どものつぶやきを持ち寄って話し合いながら作る口頭詩集は，

地域に開かれた家庭づくり，それぞれの意見の違いを大切にする居場所づくりになってきた。詩集はまた，わが子の愛らしい行動を捉える感性や，子どもは科学者，哲学者，芸術家，生活者であると実感できる感性を，仲間と培う場となっている。子どもは安心して間違うことのできる家庭の中で，大人や仲間，兄弟姉妹を支えに間違いを克服する知恵と力を身につけ，未来の主権者として育っていく。

　自然的環境としての家族は，子どものつぶやき，意見に耳を傾けることを大切にする生活の場で創造されていくと思うのである。

〈どの子にも保育・教育への権利の保障を〉

　私立幼稚園に対する公費助成の格差は，親たちに大きな悩みをもたらしている。平成18年度東京都江戸川区では，親の所得にかかわりなく私立幼稚園の入園祝金として80,000円支給され，毎月26,000円の教育費負担軽減補助金がある。横浜市では市民税所得割135,000円を超える家庭には年額47,000円交付されるだけである。江戸川区の私立幼稚園児には入園年度は392,000円の補助金が出て，横浜の幼稚園にわが子を通わせている家庭の45％は，47,000円の補助金しか交付されない。江戸川区から転居した親が異口同音に「同じ日本でこんなに違う」と嘆くのも当然である。私立幼稚園経常費補助単価にも大きな格差がみられ，平成18年度は，園児1人あたり年額18万円以上の自治体が3県，17万円以上が9府県あるのに，15万円代が15県，14万円代が1県さらに12万円代が1県ある。障害児教育費補助の格差，学校法人立と個人立，宗教法人立との設置者間格差も大きい。教育費負担の大きさが，親の願い，人生観・教育観と子どもの個性に即して園を自由に選ぶ権利を奪っている。

　憲法はすべての国民に基本的人権を保障している。この権利はみなもっているはずである。子どもは生まれてくる時間と場所を自ら選ぶことはできない。何時，何処に生まれても，保育・教育への権利が保障されていることが大切だと思う。人間は学ぶことによって「ひとなる」存在で，「ひとなる」

権利を奪うことは基本的人権の侵害である。
　憲法に保障された教育・保育を受ける権利の公平な保障の実現が、家族が自然的環境になるための欠くことのできない条件の一つと考える。

〈子どもの意見表明権の保障を〉

　私たちは子どもたちの姿で保育を綴り、子どもの意見に寄り添って生活する心地良さを家庭に返し、家庭と園がともに子どもの意見を大切にする状況をつくるように努力している。
　ある時、数人の子どもが牧場の柵に乗って山羊の親子を見つめていた。母山羊は子育てに疲れたのかうたた寝をしている。子山羊は母親の腹を登ったり背骨を歩いたり頭から飛び降りたりして遊んでいる。T児は「赤ちゃんに遊園地作ってあげよう」とつぶやくと保育室に駆け込んだ。数日かけて設計図を作った子どもたち。クラスで話し合って遊園地を作ることを決め、梯子、一本橋、雲、滑り台、それぞれ自分のやりたいグループに参加して作業を進めた。教師は、子どもたちの要求や意見に沿って、材料を用意したり作業を支えたりアドバイスしたりした。完成した遊園地で、子どもたちは、子山羊と一緒に一本橋を渡ったり、地面に寝転んだりし、子山羊が橋から飛び降りると「赤ちゃん山羊が空を飛んだ」と大喜びである。
　こうしてつくりあげた遊園地で、子どもたちと子山羊の遊ぶ姿を家庭にも知らせ、子どもの意見を大切に生活を築く面白さ、心地良さへの共感を親と共有して、家庭が子どもの意見表明権を実現する起点になっていくことを大切にしたいと考え、折りに触れ根気強く子どもの姿を親に返している。
　日本も批准している「子どもの権利条約」、とりわけ子どもの意見表明権を大切に、子どもの視点から、学校の教育のあり方、自治体、国の教育・保育・福祉政策を改善していくことに今後も向き合っていこうと思う。

　＊安部富士男の著書は『幼児に土と太陽を』あゆみ出版1980、『遊びと労働を生かす保育』国土社1983、他多数ある。

子どもに学ぶ教師たち

静岡豊田幼稚園　宮下　友美惠

　もし私が誰かから「あなたは，研究が好きですか，それとも嫌いですか」と聞かれたら，たぶん「好きです」と答えるだろう。確かに，研究を進めるという営みは，とても根気が必要であり，体力的にも精神的にも大きなエネルギーが必要である。そして，時には研究を進める過程で「こんな研究，始めなければよかった」と思うこともある。しかし，そんな風に思いながらも，一つの研究をまとめたり，発表したりした後，しばらくすると，次はどんな研究に取り組もうかと考えるのは，研究を続けた人でなければわからない大きな喜びを，研究によって味わうことができるからだろう。

〈子どもがつくる心の軌跡〉

　私は，クラス担任をしていたときに，いくつかの研究に取り組む機会に恵まれた。それらは，園内でテーマを決めて取り組んだ研究，静岡市内にある他の幼稚園の先生方とグループをつくって一緒に取り組んだ研究，また研究指定校としての研究と様々であったが，その中で特に心に残ったエピソードを紹介したい。

　それは，文部省幼稚園教育課程指定校として，感性と表現に関する側面について研究したときのことである。私は，そのとき4歳児のすみれ組の担任をしており，子どもたちとの遊びや生活の中で心に残ったエピソードを書きとめ，その考察をすることによって「子どもたちが生活の中で様々なことに心を動かし，自分の思いを豊かに表現するためにはどうしたらよいか」ということを探っていた。

　ある日，K児が祖母の家の畑で見つけた青虫を，ケースに入れて幼稚園に持ってきた。すみれ組の子どもはその青虫に大変興味をもち，早速クラスで

育てることにした。青虫がキャベツを食べる様子を見ながら「いっぱい食べているなあ」「口がもぐもぐ動いている」「食べるとキャベツに穴が開くよ」とそれぞれ発見したことを興奮気味に話す子どもたち。そして，保育室にあった『はらぺこあおむし』の本を私が読んで聞かせると「この青虫も，蝶になるのかなあ」と想像を巡らし，青虫の成長を楽しみにする姿が見られた。私は，それまで青虫を保育の中で育てた経験がなかったので，K児たちの夢を叶えられるか不安だったが，子どもたちと一緒に図鑑で調べたり，育て方を知っている人に聞いたりして，挑戦したいと思った。子どもたちは，青虫を自分の友だちのように感じ「キャベツが家にある人は持ってきて」と呼びかけたり，青虫の形をした家をダンボールで作って，その中にケースを置きみんなで青虫の様子を見たりした。その子どもたちの言葉やしぐさの中に，青虫を大切にする思いが伝わってきて，私はとてもうれしく思った。

　大事に育てていた青虫が突然動かなくなり，それが「さなぎ」という蝶になるための準備であるとわかったときの，子どもたちの驚きや喜びはとても大きく，ついに，さなぎが蝶に変わるときは，クラスのみんながケースの中を同じ思いで見つめ，しわがたくさん寄った羽を心配したり，「がんばれ」と応援したり，「羽が広がってきた」と喜んだり，蝶が急に羽を動かしたときは「あっ，飛んだ」と歓声を上げたりしていた。そして，一人の子が「ハッピーバースデー」の歌を歌い始めると，クラスのみんながそれに合わせ，手をたたきながらの大合唱となった。私は，子どもたち一人ひとりが，蝶の誕生を心から喜び，その喜びを素直に表現して，感動をみんなで分かち合えたことが本当にうれしかった。

　この蝶を園庭にみんなで逃がしてから2週間ほどたったある日，私たちが園畑のスイカの様子を見ていると，一匹のモンシロチョウが飛んできてスイカの蔓に留まった。それを見つけたT児が「あっ，ぼくたちのちょうちょだ」と叫び，まわりにいた子どもたちも「本当だ，すみれ組の蝶だ」「どこからついてきたのかなあ」「少し大きくなったみたい」「私たちに会いたかったんだね」とうれしそうに話していた。私は，この日の子どもたちの姿か

ら，青虫をみんなで大切に育て，その成長を見守り，蝶の誕生をともに喜んだという経験が，すみれ組の子どもたちにとっては本当に大きな，かけがえのないものであったことを学んだ。そして，これらの経験によって，あの蝶はどこにでもいるモンシロチョウではなくなり「僕たちの蝶」「私たちの蝶」に変わったことを強く感じた。この世のどこかに自分たちが育て，逃がした蝶がいるということだけで，子どもたちの心はこれほどまでに豊かにそして優しくなれるのかと感じ，私自身とても心を動かされた。そして，子どもたちは，このようにして自分にとって大切なもの，特別なものをつくっていくのだということを学ばせてもらった。

　生命の誕生や生き物の変化に対面し，その不思議さや偉大さ，生きることのすばらしさを一人ひとりの子どもたちが感じ，その思いを友だち同士で共感し合ったとき，子どもたちは同じ世界に生きる喜びを感じたことだろう。この感動体験が，友だちとの絆を強め，人と人との心のつながりを深めるものになったこと，そして，その人にとって大切なもの，大切な人，大切な場所を増やしていくことが，人が生きていくうえでの大きな喜びにつながるということを，私は子どもたちから教えてもらうことができた。人が生きていくということの意味を自分自身に問いながら，生きていく喜びを子どもたちに伝えるにはどうしたらよいかということを考えていた私にとって，この経験は忘れることのできない大切な宝物となった。

〈子ども理解が保育の出発点〉

　私たち教師は，ともに生活している子どもたちを少しでも深く理解したい，その子の心に近づきたいと思いながら，日々保育をしている。しかし，そう思いながらも，自分とは違う人格をもった子どもたち一人ひとりを，どれくらい理解することができるのだろうかという問いは私の中に常にあった。私は，そう自分に問いかけながら研究に取り組み，その中で，子どもたちからたくさんのことを学ばせてもらった。

　4歳児のN児を抽出児として観察したときも，N児からいろいろなことを

教えてもらった。N児はそのころ，縄跳びに興味をもち，毎朝園庭に出ると縄跳びに挑戦していた。そして，私や他の教師に「何回跳べたか数えて」と言い，昨日よりも多く跳べたときは，うれしそうな顔で「何回跳べた」と伝えに来た。その日もN児は，縄跳びをしていたが，続けて跳んだ回数がいつもより少なかったにもかかわらず，私の所に駆け寄ってきて「先生，私，心の中で数えられるようになった」と本当にうれしそうに話しかけてきた。私は始めのうち，N児の言葉の意味がよくわからなかったが，N児と話をしているうちに，声を出して数を数えなくても，心の中で跳んだ回数を数えることができるようになったという意味であるとわかった。

　私はそれまで，N児が「昨日よりもたくさん続けて跳べるようになりたい」という目標だけをもって取り組んでいたと思っていたが，N児は続けて跳ぶ回数が多くなったことだけではなく，心の中で数を数えられるようになったことも，自分の成長として捉えていることに驚かされた。私はN児の言葉を聞いて，子どもたちが自分の成長というものをこのような形で感じ取るのだということを学び，今まで自分が気づくことができなかったN児と出会うことができたように感じた。

　研究に取り組むことで得られるものは本当にたくさんあるが，私はその中でも，一人ひとりの子どもの成長や新しい面に出会うことができる喜びはとても大きいと感じている。子どもたちは日々成長し，新しい自分を探して生活している。しかし，私たちはそのような子どもたちの成長に気づかずに過ぎてしまうことも多い。普段，つい見過ごしたり，聞き逃したりしてしまいがちな一人ひとりの子どもたちの表情や動き，言葉などを，研究をすることによって，心に留めることができるのであれば，その結果として，今まで気づくことができなかった子どもたちの新たな面に気づくことができる。子どもをよく見るということは，子どもを理解する出発点であり，教師が温かな目でよく見ようとするその積み重ねが，その子の思いに近づくための，とても大切な手段であるということがわかった。

　年長児のA児がクラスの友だちと力を合わせて大きな塔を作りあげ，そ

の塔を友だちと一緒にうれしそうにながめていたとき、A児の右手が隣にいた仲よしのB児の肩に掛けられた。二人は黙ってその塔を見ていたが、友だちの肩に掛けられたその手が、言葉以上にA児の思いを表しているように感じ、私は思わず胸が熱くなった。時間をかけて大きな塔を友だちと作りあげた充実感やその喜びを大好きな友だちと分かち合いたいという思いが、A児の一瞬の手の動きから感じられ、こんなにも友だちとの関係が育っていたのかと気づかされた。私は、普段見ているつもりでも、見えていないものがいかに多いかということを、子どもたちから教えてもらった。そして、子どもたちの何気ないしぐさの中に、その子の思いが込められていると気づいたときに、その一つひとつのしぐさが、とても尊く感じられた。

〈研究即教育〉

　今年度、私たちの幼稚園では、研究指定校として5歳児の1クラスを対象に、継続的な観察を行い、クラスの担任が心に残ったエピソードを記録し、それをもとにして子どもたちの成長の分析を進めてきた。その中で、担任のM教諭は「子どもたちからいろいろなことを学ぶことができた」と目を輝かせて語ってくれた。「抽出児を続けてみていくことによって、その子の一つひとつのあらわれや行動が、偶然ではないということに気づかされた。その子がどういう思いで、その行動にたどりついたのかといった、心の動き、心の揺れというものを理解していくことの大切さを感じ、その子のことを本当にしっかりと見ていないと、その子に応じた援助はできないということもわかった。研究をしていくことで、一人ひとりの子どもたちの成長しはじめている姿を見つけることができるようになり、その子のことを信じて見守ることができるようになってきた」と。

　2学期の終わり頃、M教諭が「私は、今、目の前にいる子どもたちが愛おしくてたまらない」と私に話してくれたとき、私はこの研究を進めてきて本当によかったと心から思った。もちろんM教諭は、これまでにも子どもたちへの愛情を強く感じて保育をしてきたと思うが、この研究を進めることに

よって，今まで以上に子どもたち一人ひとりを深く理解し，その思いに近づくことができたのではないだろうか。そして，子どもの心とM教諭の心が出会い，重なり合ったとき，子どもたちの表情やしぐさ，言葉の一つひとつがM教諭にとって，とても愛おしく感じられたのだと思う。教師と子どもたちが，互いのことを理解し，信じ，かけがえのない存在として感じることができたということが，この研究で得た最も大きな成果であったと私は思う。

　また，研究をすることによって，教師が新しい自分に出会えるということも，研究の喜びの一つだと思う。子どもたちが，自分の成長に気づき，それをうれしく思うのと同じように，私たち教師も，自分探しの旅を続け，昨日とは違う新しい自分と出会うことができたとき，そこに大きな喜びを感じる。今まで見えなかったものが見えるようになった自分，今までは何気なく通り過ぎてしまったことに心をとめ，感動することができるようになった自分，自分を支えてくれているまわりの人の力に気づくことができた自分。私たちは，新しい自分に出会いながら，少しずつ自分の心の幅を広げ，心のひだを増やしていくことができる。教師が子どもとともに育つということは，そういうことかもしれない。

　研究を続けるということは，とても大変なことではあるけれど，研究に取り組む中で子どもたちから学び，人間的に大きく，そして魅力的になっていく先生たちの姿に触れることは，園長として本当にうれしいし，そのような先生たちと一緒に仕事ができることに誇りを感じている。私は，このすばらしい仲間と，子どもたちの成長や互いの成長をともに喜び合いながら，教育者としての道を一歩ずつ進んでいきたいと思っている。

　＊豊田幼稚園には，文部科学省指定「教育内容に関する自己評価についての研究」自主研究「一人一人に応じたきめ細かな指導を行うためティーム保育の在り方について」など研究紀要が多くある。

2. 就学前教育で培うもの

　遊び暮らす時期の子どもの生活が，教育学の対象となるのか。これは，1876年に初めて幼稚園が設立された当時からの問いである。江戸時代，武芸や学問を学ぶ藩校や寺子屋では，遊びの時期が過ぎた数え7つを一つの節目として読み書き計算，習い事を始めているが，多くの「子育ての書」にみるようにしつけや健康，徳性の教育は衝動の強い早い時期から始めることとされている。130年たった今日，就学前教育で培うものに対する共通認識は醸成されているのであろうか。

　東京女子師範学校附属幼稚園規則にみる教育目的は，「天賦ノ知覚ヲ開達シ」「固有ノ心思ヲ啓発シ」「身体ノ健全ヲ滋補シ」「交際ノ情誼ヲ暁知シ」「善良ノ言行ヲ慣熟セシムル」という5視点である。その後，開設される幼稚園の目的は東京女子師範にならっているのでほぼ，同じであるが，1883年開設の共立幼稚園から「天賦ノ才美ヲ養成」と変わってきている。公立幼稚園のさきがけとなった東京の深川幼稚園のように，「忠孝人倫ノ道ヲ本旨トシ」「家庭ノ教育ヲ稗ケ」「学校ノ教育ノ基ヲナス」[3]と付け加えられた地域性が強いものもみられる。

　いずれにしろ「天賦の知覚」「天賦の才美」は，生得的な感覚や才能を開くことであり，健康と心思，交友，善良の言行などの意欲，態度といった徳性を培うことが，就学前教育の本道として掲げられている。明治時代の末から大正時代に議論された幼稚園不要論も，山松がいうように就学前教育が徳性の涵養を超えてリテラシーを内容とする学校化への弊害にあり，今日においても法的には就学前教育が陶冶する徳性の涵養は変わっていない。しかし，現実はそうであるとはいえない問題を孕んでいる。

(1) 本物との出会いが道徳性を陶冶するか

　日本が取り入れた新教育の源流は，ルソーに始まる。彼は，各年齢段階の教育内容，方法について，嬰児期の教育の主要なものは身体養護・訓練，感

覚形成と，社会関係の萌芽に伴う言語形成であり，幼少年期は，忍耐力，幸福感，道徳性，感覚的理性・感覚訓練だとする。そして児童後期は，知育であり，大事なことは「子どもに学問を教えることが問題ではなく，－中略－学問を学ぶための方法を教えることが問題なのだ。これこそ確かに，あらゆるよい教育の基本原理である」[4]として，教育は真実を教えることではなく真実を見いだすためにどうするかを教えるという知的理性の陶冶をあげている。これが青少年期の道徳教育，宗教教育による人類愛につながり，青年期の市民教育につながるとするのである。

ペスタロッチの直観教授論がルソーの影響を受けつつ実践によってルソーを超えたのは，人間の本質を感覚精神的，精神的・道徳的存在とみたことにある。人間の本質を知的能力，道徳的能力，技能力の三つに置き，人間は本性に基づいてこの三つの能力を使おうとするからこそ，教育はこの本性の法則性に従う自己発展，自己活動への援助であるとする。そのためには現実という世界が基礎陶冶を促す内容をもつことが望まれる。それが「私たちは名前の知識を通して事物の知識へ子どもを導くのか，それとも事物の知識を通して名前の知識へ子どもを導くのか，そのいずれかである。後のやり方がわたしのやり方だ」[5]として，事物の本質である数，形，語を認識の基礎点とする。

ペスタロッチに学んだフレーベルは，「内面的な法則即ち神的なものを自覚と自己の決断とをもって純粋完全に造出することに向かって自覚的，試行的，知覚的存在としての人間を刺激し取り扱うこと，及びそのための道と手段とを提供することが，人間の教育である」[6]として，幼児期の人間が陶冶する内容を，身体の運動や感覚器官を通した生命の認識や内面的世界の感情，外界の事物の本質と特性を言葉で表すとともに事物の時間的，空間的関係とならんで事物相互間の関係を言い表す力（数，形，大きさ等の性質，空間の知識，力の本質，素材（物質）の作用，色，リズム，音，形態などの認識）などとする。それは，自己を統一する主体は，まず自己活動によって外界との関係を学んでいくことが基礎だからである。

徳性を培うといってもその内実は様々である。小林研介（本書p.120参照）は，父子二代で築いてきた歴史を振り返りながら，縁あって呑竜寺の庭先に庵を営む中根東里の『新瓦』が，ペスタロッチとは異なる直観主義（放尿時の母親の津々の声が尿の形状を直観させる等，生活に即した直観）の幼児教育論であったことに呑竜教育の原点の一つを置いている。また，薄幸の子どもの守り仏として地域社会に根を下ろした呑竜住職の「いのち」への問いを源流としている。いのちを軸とした宗教思想の実践は，福祉の概念が輸入される以前から，日本の仏教文化に根を下ろしたものである。果樹園や竹藪，芝地などの自然環境は本物で，教材教具や美術品，視聴覚機器も超一流となれば，本物に出会う幼児の直観は磨かれる。また，畳の部屋やキッチン，月見台など，日本文化が漂う雰囲気も本物なら，男女両性の教師を擁し，保護者や地域の人々も自由に参加するという人々も本物である。ややもすると就学前教育は，女子どもの集う美しき園といった衣を着せて言葉，装飾，生活文化，環境を幼稚化する特徴をもちやすい。

しかし，小林はあくまで人間が育つ場は本物であることを主眼とする。ペスタロッチが，環境は所与のものとみてその環境の中での相互作用を通して人間性が発展もするし腐敗・堕落もするが，もう一方で人間は社会的環境を改善し人間性を発展させる力があるとするように，子どもは事物を感知し，事物の本質と非本質を区別する。自然環境やキッチンや月見台も，絵本や図鑑の中にあるものではなく幼児の安全に配慮した本物が望ましいのである。事物の本質を感知するセンスが，人間性を発展させ特性を陶冶する力になるといえよう。

本物にこだわるのは，小林だけではない。鮎澤伊江（本書p.126参照）も戦後の荒れすさんだ街や人間の現実をみてきただけに，"人間として生きるしつけ"に，本物との出会いを用意している。無着成恭とのつながり，そこにある教育の真実が子どもの心を育てる。子どもが本物を求めて移動する空間は，結城の町から広がって幼児の体力の限界を超えるのではないかと思われるほどだが，子どもは事物の本質，本物を直観で見分けるからこそ，幼児期

に嘘のない環境を提供したいのであろう。本物の生活や音楽や絵画，表現芸術に出会ったとき，子どもの直観が心情を揺さぶるのである。腐敗・堕落の元凶となる紛(まが)いものがあふれる環境は，幼児期に培う意志や志向性を曖昧にしてしまうのではなかろうか。

(2) 陶冶内容を哲学する視点は何か

小林，鮎澤に共通する教育の特質は，地域ぐるみで文化伝統をつくりだすという点である。戦後，多くの学校機関が塀の中に文化をつくってきたのではなかろうか。その学校観を問い直す視点である。福沢諭吉は「学問とはただむつかしき字を知り，解し難き古文を読み，和歌を楽しみ，詩を作るなど，世上の実なき文学を言うにあらず－中略－人間普通日用に近き実学なり」[7]として，日用に近き実学によって独立の気力を培うとした。彼は「独立とは，自分にて自分の身を支配し，他に依りすがる心なきをいう」[8]として，身体，知恵，情欲，至誠の心，意志を自由自在に取り扱い，一身の独立をなすことを学問の意義としている。学問することは，幼児だけでなく，教師も保護者も地域の人々も，日用に近き実学において生きることを学ぶことといえよう。

とくに幼年期の教育は，日用つまり生活世界という見える現実の中で，事物の本質や全体のつながりを学ぶ総合的・全体的なもので，日用から部分を取り出して学習しても，子どもに一つの世界観を形成することはできない。小林が実践する銭湯や焼鳥屋に子どもを連れていく宿泊行事も，親が集って自己活動する経験も，幼稚園をふるさとにする意図も，旧来の学校観からみたら非学校的活動である。しかし，子どもの日用が学校によって分断されるのではなく，地域のネットワークの中に学校があり日用があると考えると，塀の中に文化をつくりだしてきた学校の限界が発生するのは当然である。鮎澤の実践も，歴史が刻んだ園外保育のイベントに，ライオンキングという新たな物語が生まれ，それが保護者や社会と共通の感覚を生みだしている。そこに彼女が陶冶させたい経験内容が生まれ，双方の思想が交流する場の生成

をみることができる。

　デューイは「社会とは，共通の線に沿い，共通の精神において，また共通の目的に関連して働きつつあるが故に結合されている，一定数の人々ということである」と定義し，「この共通の必要及び目的が，思想の交換の場の増大並びに共感の統一の増進を要求する」[9]からこそ，社会が進歩するのであって，学校から共通の生産的な活動という要素が欠けたら社会の中の学校ではなくなるとしている。そして人間は，欲求の満足やフラストレーションを材料として組織された「夢の世界に生きている」[10]ため，物語，伝説に伴うドラマ化を統一し，物語やパントマイムで再現する。その物語が社会の規範という遺産になりパントマイムが儀式に発展するという。哲学の起源も，この"遺産や儀式への問い"と"存在と宇宙の形而上学"を基礎とした思考・知識の方法を開発するという，二つの精神的産物の調和にあったとする。教育も，同様のことがいえるのではなかろうか。就学前教育という夢の世界に生きながら，発生する物語や伝説に伴うドラマ化を統一し再現する。その物語が園の規範になり伝統になり行事という儀式になる。しかし，一方で遺産や儀式への問いが，人間存在の意味や高い道徳的社会的価値を求めて新たな思考や知識を開発するから，歴史が築かれ，幼児に培われる経験内容がみえるといえよう。

(3) ゼロという無限への挑戦から転換を図れるか

　百年の伝統は，規範や伝統，遺産や儀式の累積である。小島芳（本書p.132参照）の実践は，百年近い園の物語や伝説をゼロにするところから出発する。つまり，人間は常に新しいものを求める衝動があり，どんな組織も物語や伝説が形骸化して，何のためにあるかといった道徳的社会的価値への問いが失われる危機がいつか訪れるのが世の常である。

　保護者が積もる遺産や儀式で，生々しない幼稚園と感じて，近隣の新しいものを求めた結果の園児減少であろうか。たとえ，その新しいものが子どもにとって望ましくないとしても，新しさが人間を引きつける。百年のヨロイ

は新しさを生みだすには重いのであろう。みどりの森幼稚園は，物語や伝説をゼロにすることで哲学的視点が復活し，新しさがつくられている。一人ひとりの幼児に立ち返り幼児のうちに建設する教育の基本軸を確認したところから出発しているだけに，教師自身がもつ垢を篩う作業がものをいう。つまり小島のいう篩とは，児童に立ち返る哲学的視点であり，児童によって児童のうちに建設される生活を新たに創造する問いである。再建時の，カリキュラムをもたないというルールも，新たな物語や伝説の始まりである。明文化したカリキュラムをもたないということは，子どもとともに時間を過ごす中で内面にある教師の計画を吟味しつつ打ち立てられる生活ということであり，そのつど思考していく新しさ，偶然性が驚きや喜びに変わる。そこに思考する視点が生まれる。

　しかし，偶然性を生かす知恵も再建時の時間をともに生きた者にはゼロにして思考する基本があるが，時間がたち人が変わるたびに物語は形骸化する。つまり，生活から思考し哲学することで調和を保つうちはよいが，原点を問う哲学的な問いは意識しないと日常から失われやすく，惰性という病に侵されるのではなかろうか。教育実践は，教師だけでなく保護者や地域の人々，そして子どもも共同して当為（あるべきもの）と存在（あるもの）の間に橋をかけていく道のりである。人々の共同によって実践の継続性と価値をつくりだしていく過程である。理念や目標などの当為がなくては教育的物語の方向は定まらず，子ども存在抜きには，活動も陶冶される内容も生まれない，まさにデューイのいう"共通の必要及び目的"があっての実践であり，物語る思想の交流によって意味や共同感情を形成していく営みである。

　小林や鮎澤は，一度つくりあげた橋でつないだ道を，建物や遊び環境，行事，人形劇文化の担い手など，新たに塗り替えて物語の鮮度をよくしていく中で，原点を常に問い続けることで生きる。小島が百年近い伝統をゼロにして次に向かう課題は，掲げた自由の概念を子どもの姿を通して語り継ぐ物語の再創造であろうか。そこに次の百年への道が開かれると思われる。

わたしの幼稚園考

呑竜幼稚園　小林　研介

　私の幼稚園には新聞がある。年度末に1回発行されるもので，今年で20回の発行を数える。園の創生期に何回か出されたので実際はもう少し発行の回数は多いのだがそれらは残っていないので通算何号かはわからない。ここではその園新聞に述べられたことをたどりながら私自身が求めた幼稚園像を振り返ることとする。

〈建学の精神〉

　当園は創立52年である。私の年齢と同じであるので当然創立したのは私ではない。創立者はいかなる想いだったのか。15号（平成13年）の当学園理事長，小林龍雄の「48年の歳月の流れ」を見ると「戦争は終わったものの昭和20年代は戦争の被害がいたるところで見受けられた。食料や衣服の不足は言うまでもないが，巷には傷痍軍人の痛々しい姿や浮浪児があふれ，子どもの遊び場もない。だが私たちは日本の未来を子どもたちに見い出そうとした。宝竜寺（現在の幼稚園の母体となった寺で幼稚園は寺の境内地にある）の第4代住職に子育てで有名な呑竜上人（江戸初期の僧侶）が居られた。生命尊重の精神を生かすには呑竜様のお堂を子どもたちに開放して，子どもたちの集まるものにしたいとの思いから昭和28年に幼稚園の前身の呑竜愛育会が結成され会員の子弟を集めて幼児保育の場が提供されることになった」。

　これは昭和28年幼稚園の前身である無認可保育施設の誕生時の話である。翌年園舎をお堂の隣に一棟建て，加えて認可幼稚園として創立される。補助金など全くない時代である。建学の精神は「生命尊重」であり，20周年の時に作られた園歌のなかで「たったひとつのいのちを生かせ」と歌われ続けている。また同氏は，第7号（平成5年）の「40年の時の流れの中で」で

「今考えれば，私が子どもの問題を仕事とするようになったことについて二つの理由があるような気がする。私は昭和3年宝竜寺の住職であった小林在龍の次男に生まれた。－中略－江戸時代に寺の境内に知松庵という私塾を営む中根東里という陽明学者がおり，先生の主著『新瓦』は幼児教育について述べたものと高く評価されていることを知った。教育学者小西重直博士は「西洋においていまだ研究されざる別種の直感主義」と評してペスタロッチに対比させている。また宝竜寺4代住職であった呑竜上人は当時の間引きの悪習を生命尊重の仏教主義から強く批判し，寺米を炊き出し薄幸の子どもを救うなど子どもの守り仏としてあがめられた聖人であった。－中略－この二人の偉人に結びつけられていたように思えるのである」と述べている。

　私立幼稚園はその建学の精神がそれぞれ存在するが，設立時の精神を知り，しかもそれをそれぞれの時代の中で具現化することが必要であることは言うまでもない。江戸時代の命とはまさに「生きのびること」そのものであったが，現代に生きる子の「いのち」とは何か。この根源的な問いかけから始まったと言ってもよい。しかしこのことは常に前面にでるはずもなく，私はもっぱら一人ひとりの子どもが自己充実し輝ける保育内容・方法を求めてきたと思う。

〈幼稚園とは何か〉

　再刊1号（昭和62年）にて　私は「呑竜からの提言Ⅰ」という文章を書いている。「教育は毎日の実践である。－中略－だから教育者は多くを語ることは必要ないかもしれない。実践こそが本務であり，子どもたちの育ちこそが評価される唯一のものだろう。しかしあえて当園としての提言をしていく意味は別のところにある。それは新聞の社説のような主張ではない。実践の結果発表でもない。自分たちの教育の意味を考えていくことなのである」と述べ「この街を園庭にしよう！そして街の人々を保育者にしよう！」と提言し，宿泊保育にて街の銭湯を使い，隣の焼鳥屋で帰りに焼鳥を1本食べるといった実践を書いている。「宿泊保育のような時にはなるべく沢山の生活体

験をさせたいと考えている。銭湯は当然のことながら教育施設ではない。焼鳥屋もしかりである。しかし幼児期の社会に対する関心や公共のマナーやルール，生活の技能，人とのふれあいなどを満たしてくれる可能性のある場所である。－中略－地域社会や自然のもつ教育力をもう一度見直さなくてはならないと思う。子どもたちの住むのはこの街であり，保育者は市民であるはずである」。

この考えは8号（平成6年）で「幼稚園はもっと面白くなれる」という言い方に変わっている。「子どもが来るところが幼稚園だと思っている人がいます。それはそうなのですが，幼稚園がそれだけでは少しもったいないと思うのです。子どもが来れば親も来る。お兄ちゃんにお姉ちゃん，妹，弟それにおじ・おばばも来てもいい。ロック歌手（実際爆風スランプというグループがテレビ番組で来園した）に大道芸人も寄ってくれたらまたいい。幼稚園にはピアノや－中略－好きに使える部屋もある。すし屋の父さんも歯医者さんもいてお友達になりたい。－中略－今，幼稚園のやるべきことは分業化された教育でなくて先住民がその種族を担う子どもを育てるようなトータルな教育なのです。農耕があり，狩がある。そして文化の伝承とまつりがなくてはならない。－中略－今，幼稚園は地域の子育てセンターになれと言われていますが，その一歩は『もっと面白くなることさ』と言い切りたい」。要は幼児教育は子どもが触れる全てのものや人・自然・街がするものだという主張であった。小さな幼稚園の中で，そして先生だけでは子どもは育たないのではということが繰り返しの主張であった。

私はこの頃よく「楽しくなければ幼稚園じゃない」という言葉を使い，子どもの主体的な活動の源泉が条件抜きの楽しさや知的好奇心にあることを訴えていたが，同時に「親も楽しい幼稚園」というキャッチフレーズで保護者の方も幼稚園で楽しんでもらいたいというメッセージも出していた。それは楽しむことにより親子の繋がりを確認し，ともに成長し合うことであり，保護者同士のネットワークづくりの場でもある。それも幼稚園の機能ではないか。例をあげればきりがないが，毎年恒例となった運動会のテーマに沿っ

た，仮装での親の企画からの参加，保護者の研修旅行，独自の保護者会通信，読み聞かせクラブにガーデニングクラブ。お母さんがランチを作るママランチなど幼稚園に親が来ない日がないくらいである。その姿を子どもたちが垣間見ているのはいうまでもない。

〈夢を開示する〉

　6号（平成4年）では，「21世紀の幼稚園」と題して9年後を想定し園の施設面でのイメージを以下のように語っている。「お堂の保育室は呑竜幼稚園の象徴として外側はあの雰囲気を残しながらも内装はすっかりと近代的に改装されています。その周りの保育室はゆったりとしてスペースと木の感触を大切にして美しく新築されています。一部屋ずつが個性をもち違う顔をもっています。何処からでも外に出ることのできる中庭や竹やぶにと繋がります。桃や梨，栗にびわ，キューイに葡萄と果樹がつづき四季折々の味覚や花を楽しめます。部屋には子どもの絵や作品は勿論，内外の作家の絵や彫刻が置かれています。楽器，画材，絵本，遊具全てのものが部屋ごとにある収納庫に美しく置かれながらも，子ども達の意思で取り出せます。ハイビジョンやコンピューターなどのハイテク機器も豊富です。園庭は今より少し広くなり芝生の部分もあります。－中略－先生は今より増えてさらにきめのこまやかな子どもへの対応がとれ，男性保育者ももっといます。休日は更に増え，母親は勿論父親の子育て参加は当たり前のこととなっています。保護者の部屋もでき，お茶を飲みながら自主的なサークルや井戸端会議ができます。子育て相談室は今までのまま，さらに子ども情報室を開設し，医学情報から子ども用品情報まで集めて気楽に利用できます。－中略－パリやニューヨーク，また京都の幼稚園と姉妹園になり交流があります。外国人の保育者も研修でいます。さらに呑竜幼稚園付属小学校の設立の準備に入り，幼稚園付属の小学校ならではの連続性を目指します」。

　当園は平成14年にお堂の教室も含め新築されるにいたっているが，パリ・ニューヨークの姉妹園・小学校の設立準備を除きほぼ現実のものになっ

ている。新園舎は25年にわたり国内外の幼児教育施設の視察を繰り返し，良いところはできるだけ取り入れて作った。しかも旧園舎の良さを損なうことなく私なりのイメージを，当園の保育内容を知り尽くした元保護者の建築家とともに設計したものである。「環境による教育」を行うべき幼稚園における園舎・園庭への配慮は当然のことであるが，とくに幼稚園は学校の小さくなったものではなく，家を大きくしたものであることを重視した。ゆえに畳の部屋もキッチンも，はたまた月見台もあるべきなのである。

〈ふるさととしての幼稚園〉

さて14号（平成12年）では「幼稚園がふるさとのようになるために」という文を載せ，幼稚園の対象児を拡大していく方向性を示した。「私は長い間卒園式の日にこの子どもたちが楽しい幼稚園時代を過ごしてくれたかなと複雑な気持ちで送りだしてきました。そしていつの頃からかもし楽しかったならばこの園に子どもたちがもっと戻ってくるようにならないかと考えるようになりました。そこでまず始めたことが同窓会の開催でした。－中略－その次に始めたことがサッカークラブでした。－中略－そしてもうひとつ。自然をいっぱい楽しもうというネーチャークラブが2年前にできました。自然の中には不思議な世界がたくさんあり，ある意味ではそこは実験室のようなものです。ですからそのクラブはネーチャー＆サイエンスクラブと言います。6年生までの会員が自分の興味で活動を選び参加することができます。－中略－同窓会は別としてもサッカー・ネーチャークラブとも幼稚園以外の子どもたちも参加できます。幼稚園というところは卒園してからも子供たちにとって集まってきたくなるような魅力的な場所を目指してのことなのです。ちょっとエキサイティングでちょっと遊び心でなつかしくて，つまりふるさとのような場所でありたいと思ったからです」。土曜・日曜日にも幼稚園が世の中と結びつき何ができるかを今後も模索していきたいと思う。

最後に17号（平成15年）にて「幼稚園というところ」という文で幼稚園を考えている。私とすると幼稚園というものにいろいろな価値を付け加えて

きたが，もう一度原点に戻るという意味合いもあった内容である。

「幼稚園というところは子どもの歌声がいつも聞こえるところになるべきです。勿論その子どもの顔には笑みが満ち溢れていなくてはならない。集う全ての人々に信じあう眼差しがあり，言葉を超えた連帯感も必要です。なによりも，子どもたちの成長を見られることの喜びが幼稚園にはあります。『先生見ていて！』『先生できるよ！』そんな声に振り返り，一人ひとりをしっかり認めてあげるとき，子どもたちの中に生きる自信が生まれます。幼稚園というところは，穏やかな春の日差しが一番似合うところです。早く早くとせかされず，時間がゆっくりと子どものペースで流れるところ。そして希望色の菜の花が咲き誇る，そんな園庭がいいなと思います。

今世界には暗い事件が起こっています。どうして人はそんなにも争うのかと思うような時であっても幼稚園というところはそれらのことと無縁であって欲しい。小さな子どもに人を恨むようなことを教えてはならない。

幼稚園というところは皆が信頼で繋がっているところです。親と子。子と先生。そして親と先生の揺るぎなき信頼があって子どもたちは初めて動き出せるのです。愛されている。見守られている。お弁当を作ってもらえる。呼んだら自分のためにすぐに駆け寄ってくれる人がいる。信頼の絆は多い方がいい。トレーニングで筋肉繊維が増えるように幼稚園で信頼の絆を増やしたい。そして何よりも幼稚園というところには夢がなくてはいけません。大きくなったら花屋さん。ケーキ屋さん。サッカー選手に宇宙飛行士。大人にはうらやましいくらいの夢がいっぱい。一人ずつの夢がどうぞかないますように，そんな願いを込めて子どもたちに接する先生がいるところが幼稚園なのです」。

＊小林研介には実践者ならではの視点で書いた『お母さんに知ってほしい幼稚園の四季』鈴木出版1989，『幼稚園で進める環境教育』明治図書出版1996，『保育者の仕事自己チェックリスト』世界文化社2000などの共著がある。

子どもの真実に目を向けて

結城 富士見幼稚園　鮎澤 伊江

〈幼稚園をつくった根っこにある信念〉

　私は昭和17年，浅草山谷で生まれた。戦後の山谷は，生活圏としての秩序もなく大変な場所だった。家は豆腐屋なので毎朝，早起きの両親を見て育った。昭和24年，私が小学校1年生になったころは，浮浪者が上野の山からドヤ街に連れてこられ山谷はスラム化していた。宗教家やアリの町のマリアさん，ゼノ神父などが身寄りのない浮浪者を救うために一生懸命活動していた。焼け出された中学校の一部にも，家を失った家族がベニヤ板で仕切りをして生活していた。仮設住宅から登校する同級生もいた。またシケモク（たばこの吸い殻）を拾って家計の足しにする子どももたくさんいた。日雇いの生活から立ち直れず，冬に凍死してしまう人々もたくさん目にした。平成7年にカンボジアへ無着成恭先生（やまびこ学校などにみる生活綴り方教育の実践者）とボランティアに行ったとき，自分の幼いころ育った町の風景が鮮明に思いだされ，今の自分の原点を再確認したものである。

　さて，戦後のどさくさの中，中学生になった私は，この山谷の人たちに何か手を差しのべたいと心を痛めた。私の通った蓬莱中学校の音楽室の窓から下を見ると，仕事にあぶれた大人たちが学校の塀に隠れて互いにヒロポン（麻薬）を打っていた。中学校の前が連れ込み宿で，夜は客引きの女性が私の家の前にも立っていた。とても心が痛み思い悩んだ日々が続いた。

　「一人でもこの山谷の地に来ない人間づくりをしたい」高校2年生のときに決心をした。小さいうちに親子に人間として生きるしつけをする必要があると思い立ち，いろいろ考えた末にたどりついたのが幼児教育であった。

〈チャレンジ保育〉

　できるかぎり悔いのない保育を目指したいと思った。そして人間が人間を教育するということは、人の何倍もの努力が必要であることを肝に銘じた。それは今でもまったく変わっていない。あの先生なら頼れる、何かやってくれるという信頼関係の上に教育が成り立つこと、それをやり続けることが自分の道であると思っている。

　自分で幼稚園をつくるには、いろいろな経験が必要である。私は公私立幼稚園の教員、保育所の保育士、事務員、バスの運転手など一通り経験をして、33歳で結城の町に富士見幼稚園を立ち上げた。昭和52年の設立時に先生と子どもたちで東京遠足をしたことがある。わが子を送りだした親たちは「上野動物園のどの辺りを歩いているのか、不忍池に落ちないか、アメ屋横丁で迷子にならないか」と心配で何も手につかなかったようだった。夕方、結城駅に着いたときチーズケーキを焼いてきた親、花束を持って迎えてくれた親などがいた。そのとき、これくらい子どものことを思ってくれる親たちなら、子どもは山谷のドヤの住人にはならないと思った。

　このような親の理解があって30年、今では横浜山下公園元町260kmの遠足、福島県たかつえスキー場の雪すべり遠足、新幹線で南ヶ丘牧場へ、成田の無着道場で講話と精進料理をいただいた足で航空博物館へ、葛西臨海公園、水上バス浅草公園～浅草六区三社祭りなど、担任が連れていきたいところへはどこでも、研究と下見を兼ねて出かけ、子どもたちも一年間で短、長距離含めて15回以上は園外に体験教育に出かける。

　「何でもみてやろう、やってやろう」という担任の心意気は高く、平成17年9月には劇団四季の「ライオンキング」を観に子どもたちを連れていった。芝の浜離宮で食事をしていざ入場。田舎の子どもたちが最新の照明や音楽、出し物などについていけるか、一般客に迷惑がかからないか心配だったが、そんな心配は無用で、大人よりも感度よく楽しむことができたように思う。園に戻ると早速最初の動物が側転する動きをまね、翌日から側転が大流

行したのである。CDを流すとほとんどの子どもがライオンキングのテーマ曲を鼻歌まじりに歌い，全員が「また行きたい」と言う。

〈幼稚園と町の文化づくり〉

　ある日，子どもたちがライオンキングの絵を描きたいというので，画材を用意すると子どもたちは伸び伸びと大きなスケールで表現する。本物は心に焼き付くといつも思う。早速総選挙後いらなくなった選挙掲示板を調達して地元の結城市民情報センターで絵画展「ライオンキング見てきたよ展」を開催し，市報にも掲載して告知していただき，教育委員会の後援も頂戴して，子どもたちの発表の場を用意した。もちろん，同じ絵は一枚もない。ミュージカルの大舞台などめったに見られない地方の子どもだからこそ，こういう活動は思い切ってやるべきだ。その結果として生まれる心地よい充実感が保育者の自信につながり，また子どもたちと何かを一諸にしようという夢につながる。何かを始めることで，仕掛けることで，子どもも保育者も大きく飛躍できるといつも思う。ライオンキングを通して，体験は自分を完成させる一助になることを改めて実感した。

　昭和54年，結城市より国鉄（現JR東日本）を介して，スハフ42型客車一両を市より貸与してもらい，内部を人形劇場として改造した。市民や近郊の人々に人形劇を観ていただくことで，幼稚園を子ども文化の拠点にしたいと考えたのである。この活動は園児や一般の方々の喜ぶ姿に励まされて25年間休むことなく続いている。当初は先生方も徹夜で準備作業をし，部活動なみの力の入れようであったが，今は卒業した子どもたちが人形劇団キッズを立ち上げ活動している。人形劇の活動は，保育にたいへん役立つ。舞台を踏むことにより，教師は人前に出ることに自信をつけ，語りの間の取り方，発声，音楽的センスなど，日々の保育に必要なことを人形劇を通して学んでいくのである。紙芝居一つ読むにも，人形劇を演じて得た力は生かされ，日本語のリズム，抑揚，方言などが美しく子どもの中に染み込んでいく。国語の基礎となる，聞く，話すという基本が教師にあれば，子どももリズム，抑

揚，方言などの言葉の豊かさを獲得していく。わが園の先生は，子どもが喜ぶ役者なのかもしれない。はじめは先生方の負担になるのではないかと危惧もしたが，子どもたちの生活に密着したテーマの芝居ほど子どもを楽しませる生活表現はない。表現の基礎がしっかりした教師は，わが園で育つとの自負をもってこの活動を続けていきたいと願っている。

今，「おもちゃ大博物館」をつくる計画を立てている。親と子がおもちゃを通して楽しめる居場所づくりである。これは当然，保育の活動にも役立ち，保育者のアイデア箱にもなる。また人形劇の小道具などにも役立ち，それを作って遊びたいという子どものヒントになるアイデア館としての役割を果たしてくれるのではないかと思う。私は14歳から郷土玩具を集め始めた。理科が好きだったので初めて父の実家である新潟に行ったとき，起き上がりこぼしの三角だるまを買ってもらい，とても感動して帰ってきたとき以来である。あれから，おもちゃを集めるのが趣味になり，「おもちゃ童具玩具館」を園内に建ててしまった。それを「おもちゃ大博物館」として多くの人々の居場所にしたいのである。親子が一緒に遊んだ思い出こそ親子をつなぐもので，お金では代えられない子どもへの遺産であると思うからだ。

さて，無着道場に行くきっかけは，子どもに地蔵画を描かせたのが縁で，無着先生がたびたび訪ねてきて下さるようになってからである。「お寺はまさしく生きているうちに行け」というのは年齢に関係なく，小さいときから自分の心をみるために行くものだと思う。

無着先生はゆっくり子どもと語る。「今日はどんなもの食べたの」「ごはん！」「ごはん，そうね，お米の命をもらったね」「たまごやき！」「そう，にわとりの命をもらったね。人間は他の生き物の命をもらって生きている。だから無駄にしてはいけないよ」「このコップの水が飲めるよね。でも乱暴に扱ってコップが割れちゃったらもう命がなくなるね。だから物は大切に扱うんだよ」という話を聞いた子どもたちは，家に帰ると親に見聞きした話を聞かせる。「食べ物を食べるときは，命をいただきますと言うんだよ」と。わが子の話から，両親も子どものころ「ごはんを残すと目がつぶれる」と言

われたことを思いだすそうである。親や社会が子どもを教育するが、子どももまた親を教育する。お互いの学び合いが生まれるところに、本当の教育的作用がある。

あっという間に60歳を過ぎた。私の使命への自覚は山谷から始まり、結城の地で実践し、今に至っている。山谷の町も敗戦後のドヤ街とは大きく変わった。17歳のあのとき、「一人でもこの山谷の地に来ない人間づくりをしたい」として幼児教育を目指し、人間の根っこづくりに邁進しているがこれでいいということはない。しかし、60歳を過ぎたからみえてくるものもあり、毎日が新たな発見に包まれる。子どもの先を歩く者としては、お手本になるように孫譲り文化を絶やすことなく、私の知っている文化を保育者に伝え、園児にその先を委ねる。常にプレゼントを用意し、イベントを仕掛けるから毎日が生き生きするし保育も生き返る。子どもが仕掛けの上を行くのを応用してまた投げ返す毎日の楽しさ、それが教育なのだ。そして園舎内は「子どもにとっての仕事場」であるというのが私がたどり着いた環境論である。生活の場であるとともにすぐれた教材がいつでも手に入るように心がけている。いちいち探したり買いに行ったのではお金も時間ももったいない。ひらめいたときすぐ実行に移すことができる、ゆとりある環境が一人ひとりのアイデアを実現すると考える。

〈教育の立て直し〉

国家の立て直しは、家庭が基本である。家庭や家族という最小単位の中でもまれて、根っこをしっかり張りつめてから社会に目を向ける。その基礎となるべき家庭や家族の崩壊は、教育以前の問題である。人間が人間としての値打ちを失わないようにするために、大人たちは子どもに勉強を強いる前に人間としての心の教育が必要だと思うのは、私だけではあるまい。そのためにも手本となる大人自身の生き方を見直さなければ、大国日本どころか、心を失った人々の顔だけが集まるドヤ街を発生させる。私は、幼いころ目に焼き付いた大人たちのうつろな目、無数の凍死者を再び出したくはないと強く

思う。

　世界中が平等にならないかぎり戦争は起こる。兄弟姉妹に差別があるかぎりけんかは起こる。分け合える心こそ，足りる心である。無着先生の詩に「わけあえば　足りるはずです　木の芽生え」がある。芽生えのときにその心を育てないと，大人になってからでは遅い。なぜ，今の小中学校，高等学校では，心の教育が難しいのだろうか。それは芽生えのときをないがしろにしたら大木にはならない，花は咲かないように，芽生えの時期に子どもの分け合い足りる心を育てていないからではなかろうか。教育は，将来の大人としての精神論が語れないかぎり，その子どもがまた親になっても人間としての礎ができないという悪循環を繰り返すだけである。日本人として誇れる孫譲りの文化をつくり，子どもが親になってそれを次の子どもに伝える循環をつくることそのものが実践である。

　私たち現場の人間，教育者は，こうした理論と実践を実行することこそ使命である。私は，いつも子どものための日々の実践者でありたいと思う。

＊鮎澤伊江の人形劇活動については，絵本『メルヘン列車出発進行』鈴木出版2005にまとめられている。園の敷地内に，客車劇場を置き「人形劇つむぎ座」のオーナーを30年以上続ける。また，五本木プレイパークを主宰，玩具童具館館長，蒲公英庵主（茶道）など，多彩な活動を展開している。

　さらに，毎年教育実践をまとめて応募し，研究費を生みだして研究活動を継続している。独立行政法人福祉医療機構助成事業論文「三世代交流地域子育て文化継続事業報告書」小学館入選，「私の保育記録」読売プルデンシャル福祉文化賞受賞，ソニー幼児教育支援プログラム努力園などがある。

ゼロにして見えたこと

仙台 みどりの森幼稚園 小島 芳

　2000年4月みどりの森幼稚園は誕生した。前身であるみどり幼稚園の閉園から4年後「再園」という形での再出発であった。みどり幼稚園は，向かいの小学校に弟妹を連れてきている子どもが多く，これでは勉強に身も入らないだろうと，近所のお寺のご住職が中心となり地域の方々の寄進により大正15年に誕生した。仙台市でも一番古い，いうなれば「子どもの場所」だった。長い年月の間に紆余曲折を経て法人立の幼稚園となったが，園児数の減少から，平成12年に閉園した。その後はどこかの法人に寄付することを考えている時に，歴史ある園をなんとか残してほしいという地域の声を受け，再園の運びとなったのである。「再園」とは耳慣れない言葉であるが，これは他に休園した幼稚園をまた再び開くなどといった例はなかったため，なんと表現してよいかわからず，県の担当者がつけた苦肉の策だった。

〈なぜいやなのかの問い〉

　法人としては前の業務や資産もすべて引き継いでいるので，間違いなく「再園」であるが，理事会のメンバーはすべて入れ替わり，書類や規定も一から作り直した。みどりの森幼稚園としては，みどり幼稚園時代の園児は卒園しており，職員も退職していたので，すべてがゼロからの出発となった。何がどこにあるかわからない廃墟のような園舎の中から，必要な書類をそろえ直すような作業にさえも相当時間を取られた。

　しかしそんな"すべてをリセット"できた園だからこそ，なんでもできるし，何もしなくても良いのだ。若輩ながら園長を引き受けた私が，まずはじめに思ったことは「かつて勤めてきた園でやってきたことで，いやだったことは絶対にしない」ということだった。私自身同じ仙台市内の私立幼稚園に

12年勤めた経験で,「なんでこんなことをするのか?」と疑問に思ったことが多々あった。しかし先輩教員に「今までやってきたから」とか「子どもが喜ぶから」とそれ以上の答えはなかった。先輩教員にしても,さしたる根拠があってのことではなくて,特に考えもせずにやっていることが数多くあったように思う。しかしみどりの森幼稚園を立ち上げる時には「今までやってきた」ということをゼロにすることができた。一つひとつのすべての事柄を,新しく集った仲間たちとはじめから検証し,「子どもの育ちに必要なこと」という篩にかけることにした。

〈保育文化という重いヨロイ〉

 そうやりながら一つひとつを篩にかけていく過程でみえてきたことは「幼稚園はこうあるべき」というヨロイを被った今の幼稚園教育の姿だった。そのヨロイは窮屈で苦しく子どもも,教師も,親も,ともに着づらさを感じているにもかかわらず,脱ぐことのできないヨロイではないか。そしてこの重いヨロイははたして現在の子どもに合うものなのだろうか。

 20年前に私が勤め始めた時とは,子どもは変わっていないかもしれないが,子どもを取り巻く環境は明らかに,大きく変わってきている。けれどもヨロイのサイズはちっとも変わっていない。そのため,子どもたちは窮屈なヨロイに声にならない悲鳴を上げているのではないか。悲鳴を上げる子どもたちに「昔から同じヨロイを着せてきたけど,悲鳴を上げる子なんていなかった。親が甘やかしてしつけもしないから窮屈と感じるだけ。我慢していれば直に身に合うようになるから」と,言い聞かせているように思うのだ。教師もまた「教師とはこうでなくてはならない。こうあるべきだ」という思い込みの強い,窮屈なヨロイを着ている。肩は凝るし,緊張するし,子どもの目線に立つことができなくても,脱ぐことができないでいる。その結果「子どもが悪い,親が悪い,行政が悪い」と誰かのせいにばかりしてしまってはいないだろうか。

〈エポケーの復活〉

　もう絶対にヨロイは着ない。そこからみどりの森は出発することにした。しかし、ヨロイを脱ぐことは思いのほか大変だった。一緒に立ち上げのために集まった仲間たちもみんなそれぞれ幼稚園勤務経験者ばかりで、どれがヨロイで、どれがヨロイでないかをなかなか区別できない。そこで、すべて一から話し合って決めた。話し合いの土台はやはりゼロにした時の篩だ。"子どもの育ちに必要なこと"ということから考えた。出た答えは「遊び」だった。とにかくとことん遊ばせよう。そのために必要なことを考え、必要でないことは潔くやめよう。そう考えてまた一つひとつふるう作業を続けた。クラスの構成、保育室のしつらえ、行事、先生の呼び方、先生の服装、子どもへの言葉がけのしかた、するタイミング。園内のルールづくりについては、すべて一つひとつ子どもと一緒に考えることにした。また、幼稚園の世界でしか通用しないことはしないことに決めた。壁面構成や、同僚教員を先生と呼ぶこともそのひとつだ。皆"立ち上げにかかわる"という意気込みをもっていたのも良かったが、一番良かったのは皆も今までの自分の保育に何かしらの疑問を感じていたことだった。すべて自分の意見や主義を優先させるのではない。話し合い、他の人の気持ちを受け止め、揺れながらも一番いい道を模索しながら進む、こうだと最初から決め付けた決断をしないという、今も変わらないみどりの森らしい道をつくることができた。

　今、みどりの森の子どもたちは園に来るとひたすらに遊ぶ。遊んで、お腹がすいたらご飯を食べて、また遊ぶ。遊びが何よりも優先されるために行事は最低限に絞った。入園式はお餅つきをして帰る。運動会もしない。散歩はするが仰々しい遠足には行かない。遊びを助けるための道具として「絵本と自然とわらべうた」を大切にしているが、それとて遊ぶこと以上のものではなく、子どもの育ちに必要な道具の一つだと思っている。

〈大人たちが乗り越える課題〉

　しかしみどりの森を立ち上げる時に、一つだけルールをつくることにした。それはカリキュラムを持たないこと。今の子どもの姿を見てすべて日常の生活をどう過ごすかを決めていく。子どもがやりたくなれば明日発表会を行うかもしれないし、やりたい気持ちがもてなければ、ずっと発表会など、行われないというものだ。これはある意味で失敗もしたが、成功もした。
　失敗は、カリキュラムを持たないということは、見通しを立てることもできず毎日なんとなく、なし崩しに進むような漠然とした不安が教師にいつもあることで、かえって何かしなくてはという思いをもつようになってしまう。子どもの様子を見ながら毎日の保育の方向を定めていくというのはもたなければいけない柔軟性であるとは思うが、みどりの森のように集ったばかりの仲間たちの中では、そうでなくとも毎日が模索の連続だから、やはり目安になるものがどうしても必要ということになり、二年目からは少しずつくりはじめた。「遊ぶ」ことの手助け程度のまだまだ形にもならぬものではあるが、現在はカリキュラムを持っている。
　成功した点は、初めにそのことを保護者にも園の主義として、強くうたったため、何かをやめることがとても容易なことである。大きな行事でも、保護者のバザーでも、今年やったからといって、必ずしも来年もやるとは思わないでくれ、その時の子どもの様子や、教員の状態で、その時の一番を目指すと言ってあるので、保護者もそのことを了解してくれている。みどりの森では、昨年同様などということはありえないというのが大前提になっているので、すぐにゼロに戻ることができる。
　みどりの森の思い出の一つとまで言われた自慢の給食のカレーも、小麦粉アレルギーの子どもの入園を機会にやめてしまった。その子どもの保護者は小麦粉を使う日には、子どもを休ませると言ったが、仲間を休ませてまで優先しなければならないことなどみどりの森ではありえない。そこで、自家製パン作りも、小麦粉粘土も、園のニワトリが産んだ卵で作る自慢のホットケ

ーキも，クリスマスのクッキー作りも，みんなやめた。少し残念という声も聞こえたけれど，ほとんどの親はみどりの森らしいと，かえってそのことを誇りにすると言ってくれた。

　みどりの森は「誰にでも居心地の良い場所」を目指して始まり，今も目指し続けている。誰にでも……というのはある意味とても難しいことだと思う。A児にとって居心地が良くても，B児には居心地が悪いということもあるからだ。一斉保育という言葉の「一斉」はみどりの森にはない。それぞれ子どもが違うのであれば，心地よさもそれぞれによって違うと考えるからだ。一斉にするということには，個別の心地よさは加味されない。それはみどりの森の誰にでも……の主義に反するのだ。

　幼児教育はその個別の心地よさを大切にすることから始まるのではないかと思っている。本当の意味で，一人ひとりを大切にする。子どもが，自分自身が愛され大切にされていることを実感し，自尊心を芽生えさせ，自分を愛するように他人も愛することができるようになる。このことが，子どもが幼児期に身につけなければいけないもっとも大切なことではないだろうか。愛され，認められ，友だちや，先生といい時間を過ごす。友だちとけんかもするけれど，また仲直りをする。自分の存在を大切にされた子は他人も尊重できる。毎日満足いくまで，全身全霊を使って遊び，そこに集う大人が子どものすべてを認め，受け入れることで，子どもたちは「自分の生きる意味」と「他人が生きている意味」を見いだしていく。それこそが誰にとっても居心地の良い場所の構築なのではないだろうか。そのために，時に親を叱咤したりもする。小学校に乗り込んでいくこともある。私たちは最初の篩で「子どもの育ちに必要なことしかしない」という目で篩いをかけたのである。子どもの育ちに必要と思ったらなんでもやる。やれると思っている。

〈自由という教育の領分〉

　みどりの森にはしょっちゅう小学生が遊びにくる。朝からお弁当を持って来て，勝手に遊んで，勝手にお弁当を食べて，勝手に帰っていく。最初「明

日休みだから遊ばせて」と言われた時は「小学生ばかりが遊んで，幼稚園の子が萎縮してしまうのでは」という意見もでた。けれども「遊びに来たいというのは何かをみどりの森に求めているからではないのか」という思いから，受け入れてみた。やってみるとそんな心配は杞憂に終わった。みんなそれぞれ幼稚園児の先輩として素敵に役割をこなしてくれる。時にズル休みだったり，不登校の子だったりするが，みどりの森の中では関係ない。揺れながらもだした結論だったが，そうやってみんなが来てくれるうちはきっと居心地の良い場なのだと自己点検できるいい機会になっている。

　自由な遊びを中心にしているというと，すぐに放任という言葉がついて回る。しかし，自分が自由にするということは他人の自由も尊重するということだと思っている。わがまま勝手に振る舞うということは，他人のことを尊重していない。それは本当の意味での自由ではないのである。みどりの森の教育目標の一つに「他人がいやがることはしない。自分がして欲しいことを他人にしてあげる」ということがある。これが，みどりの森の保育を考える根っこのルールになっている。このルールが守れなければ，自由は放任となり，「誰にとっても居心地の良い場所」は消失してしまう。

　重いヨロイを脱いでたどり着いた居心地の良い場所。それが，本当にいつも子どもたちにも大人たちにも居心地の良い場所であり続けるように，ヨロイを着ていないか，居心地の悪い子はいないかと考え続けていくことが課題だと思っている。それなのに，再園から6年たつといつのまにか「伝統」のヨロイを身につけてしまう瞬間がある。また，みどりの森らしさにこだわるヨロイが身についてしまうこともある。そんな時は最初に篩にかけたことを思いだして「なあに始めはみんなゼロだったんだから」といつもゼロの地点に戻りながら，地面をしっかり踏みしめて，一歩一歩，歩いている。

　＊幼稚園の食育から生活や遊びを見直し，その意味を問いなおしたものに，磯部裕子監修『「食」から広がる保育の世界—みどりの森幼稚園の食日記—』ひとなる書房2007がある。

第2章

就学前教育の構造化と教育内容の模索

1. 教育課程の構造がみえるか

　就学前教育のカリキュラム構造は，恩物を中心として時間割を組んだ幼稚園教育始まりの時代から，東基吉や和田實の生活と遊びを中心とした構造，倉橋の系統的保育案の構造，そして戦後，梅根悟の「保育要領」批判に始まる様々な構造論争[1]ののち，多様化して今日に至っている。しかし，幼稚園等の教育課程は"当為と存在"の関連を図ることが困難で，活動を羅列するだけであったり，領域別の内容を押さえたりしていて，教育の過程が構造化されにくい。自己評価・第三者評価が導入される段階になっても，いまだ教育課程を構造化できないという現場の悩みは，どこに起因するのだろうか。

　ブルーナーは，「学習の成否は，（学習者と教える人との間の）合同で注視すること，共同で何かしてみること，両者の間の社会的関係を大切にすること，学習しようとしている主題を正しく適切にとりあげられる対話の世界をつくりだすかどうかにかかっている」[2]として，教育課程が教師に向けられたものであり，知識に関する構造主義的な見解と，知る過程に関する直観主義的アプローチが分離したものではないとする。つまり，適切な学習によって一般的転移（ある学習課題の習得の成果が他の諸活動に生かされる）が得られ

るのは，構造を学習することによって物事の関連の学習につながるからであり，直感的思考と分析的思考は相互補足的な性格をもち，いずれかが有効ということではない。そして「直観は自分が使える分析の道具に依存しないで，問題または事態の意味を把握する行為」で「すばやく仮説を生みだし，その価値はわからなくてもそのまえに，諸観念の結合を思い当たらせる」[3]もので，直観の正誤は分析的，帰納的思考によって決定されるとして，構造の大切さを主張する。

(1) 見失った原点にあるもの

篠原助市は「自然の理性化」として幼児期からの教育学を構想し，① 直観主義を主張する人々が認識過程を分離した教育構造を構想したり，② 主知主義を主張する人々が直観主義を廃した教育構造を描いたりする区分に，それらを融合するもう一つの視座を提供している。今日の教育課程が，教育目標やねらい，内容，指導の重点といった抽象的な言葉を，順次性に基づいて組織するだけでは構造にはならない。ウッズ・ホール会議で議論されたような「教育課程の順次性」「教具（環境）」「学習の動機づけ」「学習と思考における直観の役割」「学習における認知過程」が構造化された教育計画の模索が必要ではなかろうか。

実践現場は，経験則によって活動展開するだけで，動機づけを促す環境や，直観の役割，認知過程といった経験内容・陶冶内容の構造をつくりにくい。その原因の一つは，"遊びを中心とした生活"が漠然としているうえ，遊びの教育的意義が曖昧で自然発生的な遊びを教育計画化する難しさにある。二つに情緒的な教育界の性格である。子どもを教師の計画にはめてはいけないといった恐れが，構想し計画することをためらわせる。三つにねらいと内容という抽象的な言葉を並べた教育の構造は飾り物であって使えないという問題である。それが経験則を優位に押し上げ，方法が口承伝達されていく保育文化を生みだしている。教育課程構造の明文化やメソードを開発する思考が成熟していないところに，まだ幼児教育界の歴史の浅さがあるといっ

ても過言ではないだろう。

　高江洲功の幼児園開設までのいきさつ（本書p.145参照）には，自らの生い立ちと遊び観に基づいた教育の構造化過程への原点がみられる。父子が行動を共にする幸せな時間，日暮れまで仲間と遊ぶ創造的な日々。求めるユートピアがなければ自分でつくるという幼い頃からの遊びで得た自信は，まさに学習と思考，直観と認知を統合させて得た力である。また沖縄の地でアメリカ統治から本土復帰という大転換を通して得た彼の知の構造でもあろうか。彼が子どもたちに残してやろうする財産は，沖縄の自然の中での遊びの世界であり，自分で自分の人生をつくる力である。国の幼保二元行政が地域の実態に合わないなら一元化して幼児園と呼称する。内地の教育課程基準がどうの，アメリカ統治下の学校幼稚園がどうのという制度上のことではない。自らの体に染み込んだ大切なものを教育課程の基準にして教育をつくりあげる原点が読みとれる。フレーベルもフレネやトルストイ，タゴールも，あるいは福沢諭吉や澤柳政太郎ら多くの教育を創業した者には，自らの中に教育を構築する夢と知の構造がある。本来，教育課程は国の基準があるから生まれるというより，個々人の内にわき上がる思いがあって内容が生まれ，それを国の基準に照らして確認するものであろう。高江洲のこだわりに，多くの人々が忘れているその原点をみることができる。

　彼のこだわりの二つ目に食事がある。設置者として子どもの食に責任をもつ以上，地元の食文化の中で子どもを育てることに徹する。食材も地元のものを使い，手作りの郷土料理を心がけ，食器も本物の陶器というこだわりは保育の根幹をなす。彼が食にこだわったのは伝承される文化にある。学校教育が家庭から弁当を持参させている場合は，集団の場で食べるという文化を指導するわけだが，園が食を提供する場合は子どもの心身の発達，食文化の伝承という未来への責任が伴う。遊びとともに感覚器官が発達する乳幼児期の食はおろそかにできないという覚悟がなければ，昼食など親から安易に請け負うべきではないだろう。昼食はカステラパンだけで牛乳もサラダもない，給食センターの冷めた弁当で残飯がいっぱい出るといったこと自体，文

化の腐敗であり環境破壊である。就学前教育が、親から昼食を請け負う意味や責任をどう考え、教育課程につなげるかも課題なのである。

彼の三つ目のこだわりが統合保育である。障害児と健常児がともに生活する暮らしは、教職員の採用から教育課程までを関連させて考える問題である。命の安全への配慮と障害に応じた個別指導、個々の特性に応じた保育は、障害児在籍の有無に関係なくどんな場合にも必要なのであるが、障害児を受け入れた場合は、さらに専門の知識や経験がないと対応できない課題も多い。今日からみれば当然の議論の対象も、時代を先取りした者にとっては労苦の多い課題であったろう。

保育士との対立は、彼の保育理念の深層に及ぶ。高江洲はデューイのように、体験を通して自ら学ぶ中に知恵・認識が発達することを基軸とする。それでは「保育ができない」という保育士のいう保育とは何だろうか。折り紙や製作などの文化を伝達したいのか、日々決まった予定で生活したいのか、あるいはすでに子どもや保育士が遊ぶことを中心とした保育を喜びとしないのか、すり合わせができないうちに職員が退職するといった軋轢が発生している。そこに多くの園が抱える、テーマに向き合って議論し教育の構造をつくりだす難しさがある。幼保の制度的区分や健常児、障害児の区別、従来の保育文化への固執を越えて、人間として育ち合う場を地域の自然・文化・伝統と融合させたところに、高江洲が描いた知の構造が生まれ、それはまたいつでも基本に戻れる柔軟なものだといえよう。

(2) 教育の求同性と求異性の対立から脱却できるか

同じ学校でありながら就学前教育が一般の人々だけでなく、小中学校の教師たちにもわからないといわれるのは、教育の目的と構造の違いにある。井内聖の指摘する"幼稚園の存在意義とカリキュラム"の問い（本書p.151参照）は、義務教育諸学校や社会の人々だけでなく、当の幼児教育者たちも知りたいところではなかろうか。世間から「三つ子の魂百まで」と幼児教育の重要性が叫ばれても、義務教育ではないため私学は経営難に見舞われる。理

念や信念などのきれい事ではやっていけないのが本音ではなかろうか。

　井内が根本を問う「何のために」は，教育課程のねらいや内容，陶冶内容への問いであり，「どのように」がスコープ（知識・活動などの範囲）とシークエンス（順次性）として構造化される。小中学校の教育課程を編成している者には，この構造化・組織化は教科構造とその内容に置き換えるという認識がある。井内のように中学校教員から校種変更し，自ら編成してみる教育課程は，問いの連続する作業であろう。こうした問いが，常態化して「何のために」を問うことを忘れた職場に新しい風を吹かせる。教師が"明日は何をする"から，活動によって"子どもがどんなことを身につけるのか"と意識転換するだけで構造の基本が変わる。活動を通して直観的思考と認知内容への思考とをつなげる教育への転換である。

　「『幼稚園はただ遊んでいるだけではない』と胸を張って言える教師がどれくらいいるか」という井内の問いは，社会全体が就学前教育に向ける問いであり，それに論理的な構造を通した答えを見いだせない幼児教育界のジレンマである。せいぜい"幼児教育は根っこを耕す教育で，根は表に見えないけれど，木を支え葉を茂らせ，花を咲かせる"といった情緒的説明で終わってしまう。木を支える身体や心とは何か，葉を茂らせ花を咲かせる情意体知はどう形成されるのか，その原理や構造の論理が語れないかぎり世間は就学前教育を初等教育とは認めてくれない。今日，世間の人々が幼稚園等の教育内容より送迎バスと給食と長時間預かり，習い事のサービス提供の有無といった教育体の付帯サービス機能に目がいくだけなのも，ここに起因するのではなかろうか。確かに，幼稚園だけでなく教育産業は，サービス業に分類される以外にその分野を見いだせない。しかし，教育サービスは，保護者に向けた付帯サービスを主とするものではない。それを学校と保護者の共同作業として全体の中に含みつつも，子ども自身が主体の核となる意志や志向性，積極的な自由への革新と自覚・責任を形成するための助成サービスである。そこに教育課程や教育方法の論理が必要なわけで，保護者に向けた付帯サービスが教育の本道より勝ったときは，まさに教育が"死んでいる"状態になる

といえよう。幼児が生活し遊んでいるからこそ，より深い認識や心情・意欲・態度が形成される教育の構造が求められる。

　義務教育機関のように体系的な教育内容を組織して教授方法も達成度評価の視点も一つ，という求同性を前提とする教育を教育として認識している人々は，教育の求異性に慣れていない。生活科や総合学習も就学前教育と同様，児童自ら目的やテーマをもち研究法を学習する求異性を前提としているが，教師は同じテーマ，目的，方法，達成度を目指して"みんな一緒"を求めたくなるのであろう。就学前教育と小学校教育の接続の問題が浮上するたびに，違いを共通理解するところで終わってしまいやすい原因の一つがここにある。1985年から始まったお茶の水女子大学附属幼稚園・小学校連携の先導試行[4]は，今日，幼稚園・小学校・中学校をつなぐ教育の構造化への試みとして，様々な視点を提供している。学びの構造モデル[5]では，「〈認知〉〈身体感覚〉〈情動〉が不可分のものとして学びを構成する要素」となり，これに，参加・共同・創造の様相を螺旋構造として重ねることで，接続期カリキュラムを構築している。ブルーナーのいう「学習と思考における直観の役割」「学習における認知過程」を融合させる一つの実践であろう。

　日本の教育課程基準が遊びを中心とした総合的な指導を掲げるように，就学前教育は，遊びを基本としている国が多い。中心的な教育内容を遊びとしているイギリスでは，遊びの構造化として遊具・教具の活用，日常の生活活動，宗教・行事とともに，言語教育，数教育，音楽・絵画・造形，社会的経験，健康・体育といった構成がされている。同じく遊びを掲げ自由な人間を育てることを目的とするフランスでは，「身体・動作・行動」「音声による表現」「造形による表現」「絵・像による表現」「話し言葉と書き言葉」「認識の発達」を領域としている。世界で唯一乳児期からの統一カリキュラムをもつロシアでは，① 思想性，生活との結合，② 教育の主導的役割，③ 教材の系統性と順序性，④ 発達段階との対応，⑤ 教育と訓練の統一，⑥ 子どもの活動中心，の基本原則のうえに，ア 教育の目標，子どもの身体・整理・心理的特徴，イ 日課，社会きまり，社会や自然界の言葉，ウ 労働―家事的

な労働,自然界と労働,制作,エ 遊び―意義,種類,遊びの時と場所,オ 課業―社会事象とことば,自然界と言葉,ことばの発達,教材に用いる文学作品,算数の基礎,美術,組み立て,音楽,教材音楽作品,体育,カ 祝祭日とレクリエーション行事[6]が規定されている。いずれの国も,遊びを捉える視点は具体性を有している。しかし,これらを構造化して教育課程に編成し,実施するのは難しいのであろう。イギリスではブレア政権下で3歳から5歳までの幼児教育が義務教育の基礎段階(ファウンデーション・ステージ)として制度化されたことを契機に,座学によるリテラシー学習に傾き,今再び遊びの中から学習の基礎を培うカリキュラムを模索している。日本も学校教育法第22条の目的が60年ぶりに改正となり「幼稚園は,義務教育及びその後の教育の基礎を培うもの」が謳われた。義務教育の基礎段階の教育が,一人ひとりの特性に応じ,生活に統一することを忘れて求同性に走ったら,本来の幼年期の教育から逸脱する。

かつて梅根は,実践課程,問題解決課程,基礎課程の3層に経済生活の豊富化,政治の民主化,健康の増進,情操(文化)の浄化の4領域で就学前教育を構成した。日本の「幼稚園教育要領」の5領域から各園が構造化する学びの課程をどうつくりあげるかが,次の時代の課題である。同じ教員免許を有していながら,学校としての認識に差異があり,教師仲間として認められていないと感じる井内のような問題意識をもった人々から,新しい教育課程構造化へのチャレンジが始まるのではなかろうか。

地元文化を活かした保育所づくり

童夢幼児園・保育園　高江洲 功

　童夢幼児園・保育園は昭和62年8月に開園した。開園以来のこだわりは「地元の文化を活かした保育」である。文化はその地域の長い生活の中で生まれ育まれた歴史的な経緯があり，地元の共有財産である。本園は地元に継承されてきた遊びの文化や食の文化などを保育の基本として「様々な遊びや運動・体験を通して心身ともに健康な子を育てる保育」を実践している。本園開設の経緯から今日にいたるまでを紐解いてみたい。

〈人生を支える幼い日の遊び〉

　私は1956年，那覇市繁多川(はんたがわ)に6人兄弟の長男として1男5女の5番目に生まれた。待望の長男誕生に両親や祖父母は「天にも届く喜びだった」とのことである。繁多川は那覇市の郊外に位置し，北に首里，西の眼下には那覇市街と東シナ海を望む高台にあって，地の利を生かした野菜作りが盛んである。私の家も農家であった。父はたいそう私を可愛がり，いつもモッコ（天秤棒）に担いで畑に連れて行った。父が農作業をする間は私の時間である。まわりの野菜や草花，土，虫などが私の遊び相手であり，楽しいひとときであった。作業が終わるとモッコに積まれた野菜の上に再び座らされ担がれて帰る，それが日課であった。幼児から児童期になると私の関心は友だちとの遊びに移り，遊びを求めて行動範囲を広げていった。その頃はまわりのすべてが遊ぶ環境になった。遊びに「物」が必要であれば適当なものを見つけて手作りした。広さが必要であれば自分たちで整地した。野球をするために広場も作り，S野球場と呼んで球を追った。遊びの道具と環境づくりは自分たちに必然であった。「無尽蔵にある遊びの環境に興味は尽きず，遊びがどんどん変化・拡大する」そのような育ちであった。

1982年に結婚。すぐに長男を授かった。設計所に勤めていた私は入社3年目を迎え少しずつ仕事を任される立場にあり，さらに海洋博覧会後の景気の継続と日本復帰特別処置による公共工事の増大で建築業は活況であり，徹夜に続く徹夜の忙しい日々が続いた。息子の誕生は私の幼い頃の父や友だちとの楽しかった遊びの記憶を目覚めさせた。私も「息子と遊びたい。自然の中で思いっきり遊ばせたい。自分が学んできた遊びの喜びや楽しみをすべて伝えたい」その思いは渇望にも似て抑えることができないほど日増しに大きくなった。しかしできなかった。

　息子は3歳に成長した。集団遊びが必要な年齢だ。自分の学びから妻に一つの条件を出して保育所を当たってもらった。その条件とは，「遊びを基本とした保育所であること。園内に遊びの施設や遊具がなくても良い。保育士が子どもの遊びの必要性と意味を理解し，自然の中で楽しく豊かに遊ばせてくれる保育所を探してほしい」というものである。吉報を待っていた。しかし「見つからない」との返事であった。愕然とした。諦めきれずに再度お願いした。遊びの内容で納得しなかったが，園長先生にお願いをして入園させていただいた。

〈遊びを基本とした保育〉

　本土復帰前，沖縄は米国の統治下にあった。故に本土に比べて福祉事業や福祉施策は大きく遅れていた。復帰に伴いそれらは急速に整備・充足されたが十分ではなく，特に保育施設の整備は未だ途上にあって，絶対的な施設数の不足は子どもたちの育つ環境を狭めていた。息子と遊べない私。納得する集団遊びをさせてくれる保育所もない。どうしたらいいのか。自問が続いた。

　答えはすぐに浮かんだ。"なければ自分の理想とする保育所を建てよう"まさに遊びから学んだ単純な発想であった。「遊びたい環境があって，遊びたい自分がいるならば，遊ぶ道具（手段）は自分で作れば良い。よし建てよう」迷いはなかった。若干29歳であった。「自分が何かを必要とするとき，

それは必ず与えられる。お前も必要とされる人間になれ」若くして亡くなった父の教えである。「保育所を建てる」と決めてから完成にいたるまで何の障害もなかった。家族の快諾と協力，自分が設計士であったこと，代々が農家で土地があり，銀行（農協）が全額融資を承諾したこと，建築業に勤める友人から「俺が安く建てる。任せろ」と申し出があったこと，父の教え通りに必要なときに必要な環境が整いすべてが順調に運んだ。

　1987年8月の開園に向けて7月に保育士と職員を採用した。そこで保育運営の具体的な話し合いと開園にいたる作業を進めた。職員に話したことは私の育ちである。「私は自然の中で友だちと一緒にたくさん遊び，それを通して多くを学んできた。その経験を大きな財産と思っている。保育や保育運営については全く知らないが，子どもたちを自然の中で思いきり遊ばせて自ら学ぶ保育を実践したい。力を貸してほしい」と。

　遊びを基本とした保育は決まった。しかしながら"無限に広がる遊びに対して保育所での遊びの意味と目的を相互に共通理解する"必要があり，議論を重ねた。保育実践の学びとして埼玉県のさくら・さくらんぼ保育園を訪ねた。園長先生のお人柄と保育内容，すばらしい環境でのびのびと育つ子どもたちに感動であった。突然頭上から「オーイ」と声がした。正面の木からであった。高さ10メートルほどに子どもがいて枝の間から顔を出して私たちを呼んでいる。驚いた。同じ敷地にポプラと呼ばれている建物があり訪ねた。障害児の保育施設であった。部屋には，男の先生と子どもたち，数名の保護者がおられ，外でも子どもたちが山羊の世話をしていた。先生に保育のことをいろいろと伺った。突然に「悩んでいることがある」と話された。「子どもたちのためにプールを造ってあげたい。人手はあるが予算がない。それで悩んでいる」とのことであった。子どもの遊びの環境づくりに前向きに取り組んでいる保育士がいる。うれしかった。自分から協力を申し出て保育園のまわりに多く自生する竹をプールの側面補強に利用した簡易プールとパーゴラ（日除け）のスケッチを手渡してお礼を申し上げて別れた。さくら・さくらんぼ保育園の訪問は大変勉強になったが，沖縄とは異質の環境と

遊びの内容に馴染めなかった。

　遊びは地域の文化である。北海道には北海道の遊び文化があり，東京には東京の遊び文化がある。沖縄然り。他所の保育に合わせることはない。「私は地元にこだわった保育と子どもたちが夢中で遊べる環境を提供しよう。遊びが子どもたちの創意と工夫を養う力になる。その保育を実践しよう」さくら・さくらんぼ保育園を訪れた後に園の保育目標が明確になった。

　開園作業を具体的に進める中で問題が生じた。保育運営では"遊びと保育のバランス"が必要である。私は保育と保育運営に関して全くの素人であり，指導的な力はない。逆に保育士から教わる立場である。遊びを強いることは可能であるが，保育を知らない者が保育の全部を強いるにはどうしても無理がある。その間で大きく悩んだ。答えは「自分の遊びからの学び」にあった。「遊びに発展や拡大があれば，それができるように方法（手段）を変えれば良い」のだ。園長は保育目標の基本を主導し，保育運営は保育士に任せることにした。1987年8月1日，園児6名で開園式を迎えた。小さな式典であったが私の心は喜びに溢れ，子どもたちとの遊びの展開に大きく夢が膨らんでいた。

〈遊びに発展や拡大を生みだす過程〉

　翌日から保育が始まった。子どもたちと一緒に私が幼い頃に遊んだ場所に行った。自然は当時とあまり変わらない。同じ風，同じ匂い，同じ日差し，同じ蝉の鳴き声がある。あの頃は，生き物，草，木々，石ころ，まわりのすべてが遊びの環境であり，誰もが自分の遊びを見つけて，または友だち同士で夢中になって遊んだ。飽きることはなかった。私は幼い頃の自分に帰っていた。だが，一緒に来た子どもたちは違っていた。遊べないのである。自然の中で何をして良いのかわからず，遊びを見つけることができない。自然を嫌がる子もいた。借りてきた猫のようにみんなおとなしい。促されてしばらくは遊んでも，すぐに飽きてしまう。遊びが続かないのだ。

　「自ら遊びを見つけだし，発展させ創意工夫につなげる自主的な遊び」に

は遠いものがあった。どうすればよいのか？ 悩んだ。子どもたちが態度で教えた。みんな土や虫を嫌がり避けている。「そうだ！ 子どもたちは土や虫と遊んだことがないのだ。自然で遊ぶ楽しさを知らないのだ。遊べないことは遊んでいなかったことに原因があるのだ」。子どもたちの無言の答えであった。要因がわかれば解決は簡単である。第一段階として自然と接することから始めた。山に登り，川で遊び，海で遊び，木に登り，虫を捕まえて飼った。やがて少しずつ子どもたちに変化が現れた。中庭の土の中を「ぬた場」のように転げる子どもたち。近くの洗濯用の井戸では一斉に飛び込んでメダカを追った。捕ったメダカを持って，ずぶ濡れになりながら歩いて保育園に帰った。中庭や運動場の芝は3か月ともたずすべてひっくり返されてでこぼこになった。子どもたちの遊びを求めて山・海・川どこにでも出かけた。子どもたちの目が輝いてきた。それを継続する中で，遊び（運動）と生活，食事，休息のサイクルが出来上がり，保育がシステム化された。「豪快な遊びをさせる保育園がある」と噂が広がった。保護者も子どもたちの遊びに飢えていたのである。1年目に100名。3年目で240名の定員に達した。それでも入園希望者が途切れることはなかった。

〈食育と統合保育〉

　こだわりの第二が「食事」である。食文化も素晴らしい地元の文化である。私たちが生活する土壌で十分な陽を浴びて育ち，エネルギーに満ちた食材をいただく。これこそ，地元に適った食事である。食事やおやつはすべて手作りとして郷土料理を大事にした。開園当初から食器もすべて陶器を使用した。幸い，遊び（運動）による子どもたちの食欲の高まりは，郷土料理への移行をスムーズにした。

　こだわりの第三が，健常児・障害児・アレルギー児の統合保育である。開園当初からその姿勢はあったが入園児がなかった。開園から数年したある年に在園児の保護者から手紙をいただいた。「次男がダウン症で生まれました。でも，子どもは宝です。園で他の子どもたちと同じように思いっきり遊ばせ

て，伸び伸びと大きく育てたいのです。預かっていただけないでしょうか」切実な内容であった。早速，職員会を開いて話し合った。私の「受け入れたい」気持ちとは反対に保育士からは不安が率直にだされた。「本当は保育をしたい。でも，大事な乳・幼児期に適切な指導ができなければ伸びる可能性を抑えることに繋がらないか。それが一番不安です」との意見であった。同様な意見が相次いだ。その問題は保護者が保育と並行して専門治療を受けさせることにより解決した。また偶然にもすぐに障害児保育の経験がある保育士の採用希望があり，即決した。

〈保育とは何か〉

　今日までの保育実践の中で発生した問題を述べる。一番大きな問題は開園後すぐに保育士との対立が生じたことである。冒頭のように様々な遊び，運動，体験を通して自ら学ぶ保育を強く唱え実践する私。時間があればすぐに子どもの遊びにつなげる私に保育の現場から「保育ができない」と強い問題提起があった。「遊びと保育のバランス」については開園前から何度も話し合いをもったが，現実の問題として発生した。結局相互理解にたどり着かないまま突然大半の保育士が一度に辞めた。園が経営の危機に陥り，自分の責任と無力を強く感じた。切羽詰まった私に家族の協力があり，前に長男がお世話になった保育園の普天間美佐子園長が助けに来られた。ある日，先生に「ありがとうございます。助けていただいて本当に感謝しています。でも，私の保育園は大型園ですので，もしかすると先生の保育園にご迷惑をおかけするかもしれません。それを思うと恐縮いたします」と話した。先生は「子どもたちが幸せであれば良いのです」と，優しく答えられた。子どもを第一に考えてくださる先生に本当の保育士をみた思いであった。涙が溢れて止まらなかった。それからは「保育の基本は園長。運営は保育士にまかせる」をさらに発展させて今日に至っている。保育に迷いがあれば子どもが教える。答えは子どもと自分の中にある。解決は最初（基本）に戻ってやり直せば良いのだと。

中等教育から幼児教育へ

恵庭幼稚園　井内 聖

〈幼稚園を学校たらしめるもの〉

　公立中学の教員を9年間勤め，自分の「学校」をもちたいという気持ちから私立幼稚園への転身を決めた。「どうやったら学校をつくれるのか」「そもそも学校とは何か」それが今もなお抱いている問いであり，課題である。
　「どうやったら学校をつくれるのか」これは何も学校法人としての認可や資金面のことではない。形式的には学校と謳っていても教育の内容や教師の質など同じ教育者として首を傾げてしまう学校もある。それでもなお，学校が学校として一般的に認められているのは，小中学校においてはスタイルは異なれど一様な学校文化をもち，教科を中心とする一様なカリキュラムを有しているからである。
　翻って幼稚園はというと教科がない。当然，教科書もない。一単位の授業時間がないのだから，一日の組み立ては園ごとに大きく異なる。当然，園が目指す方向性やスタイルも無数にあり，結果として学校でありながら学校としての一様性を保つことは難しい。そう考えるならば，小中学校が全国どこへ行っても同じような学校文化を有しているのは，教科カリキュラムを中心に成立しているからという逆説的な見方もできるのではないだろうか。
　では，幼稚園を学校たらしめるためには何が必要なのか。幼稚園とは何のための学校なのか。この問いは非常に難しい。中学教師の頃は，簡単だった。というのも，私自身の肩書きに答えが載っているからである。社会科教師。私は中学校では社会科を教える教師であり，社会科を教えるために学校は存在し，子どもたちは社会科を学ぶために学校に通っている。もちろん，学校は塾とは異なるためそれだけでないことは承知しているが，それが間違

いではないことも免許状が示している。では、教科がない幼稚園ではどうか。そう考えたとき、幼稚園の存在意義とカリキュラムについて目がいったのは必然的な流れだろう。

〈カリキュラム作成にあたって〉

恵庭幼稚園は、平成19年度で開園50年を迎える、市内で最も歴史のあるお寺の幼稚園である。北海道の開拓時代、恵庭の大安寺に寺子屋が創設され、それがのちの恵庭小学校となった。幼稚園は、市内初の幼児教育施設として住職が昭和33年に創設。以後、市内の幼児教育をリードする幼稚園であった。しかし、それも昭和の話で私が着任した平成17年当時は、カリキュラムから保育スタイルまで何を目指し、どの方向に進んでいくのかとてもみえづらい幼稚園であった。

私立幼稚園は、私立という性格上、経営最低限の園児を集めなければならない。そこには、園の理念、信念だけではままならない状況のときもある。おそらく、当園はその紆余曲折の時代を経る中で保護者や時代の流れに迎合し、カリキュラムの歪みが生じたまま現在に至ったのではないかと思われる。

「何のためにこれをやるのか」「これをやることによって子どもたちにどういった育ちと学びがあるのか」そういった根本がみえず、「右脳教育が流行っているから〇〇」「健康にいいから〇〇」「〇〇をやっているから〇〇発表会」と保育内容から行事にいたるまで、表面上の取り組みが多く、園としてすべてのカリキュラムに共通する柱が感じられなかった。これは、保育環境においてもそうだった。壁面の可愛らしい飾りや自然の営みを感じない園庭の遊具と空間。それらの環境にどのような意図があり、どのようなねらいを達成しようというのか感じられなかった。

改革は大胆に行ってこそ緩やかな結果をもたらすという私自身の信念のもと、まず環境の見直しから手をつけることにした。「可愛らしさを前面にだすことによって子どもたちに何が育つのか」「楽しい遊具というだけでなく、

この遊具によって子どもたちのどんな発達や感覚が養われるのか」「子どもたちは教室，園舎，園庭で何を感じ，何を学び育っていくのか」これらの疑問を教師たちに投げかけ「なんのために」「では，どうすればよいか」を突き詰めていった。一番多く使った言葉は「なんのために」だった。可愛らしい壁面や例年通りの行事にも意味はある。その意味のためにやっているのであれば，現状のままでよいことになる。そこで，その意味から疑うことにした。「これをやることで，どんな子どもが育つのか」「育った子どもの姿は私たちの願う子どもの姿なのか」「そもそも，恵庭幼稚園ではどんな子どもを育てたいのか」

　結局当園では，知識すり込みの座学に流されず，かといって放任の遊びだけでもない，健康な体と豊かな遊びや生活経験を培う教育をベースに首都圏の研究推進校に学び，カリキュラムを作成していった。

　作成にあたっては前述にあるように恵庭幼稚園ではどんな子どもを育てていくかという根本を問う視点と一日の流れをどのように組み立てていくかという実践的な視点の両面から取り組み，一日→一週間→一か月→一年と徐々に捉えるスパンを長くして考えていくようにした。とはいえ，この作業は容易ではなく今もまだ思考と試行の毎日である。

　このカリキュラム作成の過程でもう一つ力を入れたのが教師の意識改革である。従前のスタイルを良しとし，しかもそのスタイルで大きな問題もなかった状況の中，カリキュラムや環境の見直しの必要性と目指すべき方向への意義を理解してもらわなければならなかったからだ。幸い，当園は若い先生方が多く大きな摩擦は生じなかったが，それでも教師の意識が変わり，新しい考え方が浸透するまでには時間と労力を要した。

　ここでも多用した言葉は「なんのために」であった。先生方全員で一冊の本を読み合わせしてディスカッションを重ね，研究会や研修に先生方を積極的に派遣し，自分も同行して先行研究園を視察するなどして理論と実践を一緒に学んでいった。日々の保育では，学んだことをどんどん実践で試し「なんのためにこれをするのか」を常に考えてもらうようにした。準備が足りな

かったり思うように保育が流れなかったりなど失敗はでてきたものの，目的をもって取り組んだ失敗は教師自身の大きな財産となったようだ。ある時，職員室でこんな言葉を耳にした。「やっていくうちに何となくイメージしてきたものが見えてきた。子どもの動きや見え方も変わってきた」。明日の保育はどうするかと考えるだけでなく，明日の保育で子どもたちにどんなことを身につけさせようかというところまで意識が回るようになってきたのである。教師の動きや子どもたちへの声かけの仕方も変わってきた。

　こうして，実践者である教師の意識改革は，単なる意識改革にとどまらず教師の力量向上に大きく寄与し，結果として教育の質を大幅に高めることとなった。

〈学校文化の違い〉

　幼稚園現場に入って半年ほど過ぎたある日，中学教師時代の同期の集まりがあり顔を出した。その中には小学校の先生も多くいて話を交わしたが，そこであることに気がついた。それは，幼稚園と小中学校の学校文化を醸成する意識の違いである。

　「幼稚園って毎日何やってるの」「幼稚園と保育園って違うの」そういった質問が当たり前のように小学校の教師から出てきた。「今，幼稚園も生き残り大変なんでしょう。恵庭幼稚園は何かやっているの」会議の場ではないので，簡単に話をしてその場を過ごしたが，小学校の教師から見ても幼稚園の認識はそれぐらいのものかと実感したものだった。

　一般的に小中学校の教師は教科があるため子どもたちにこんな力をつけさせたい，こんなことを学んでほしいという意識をもっている。それは教科だけでなく道徳的側面からも同様の意識があるだろう。一方，幼稚園の教師は保育という言葉にもあるように面倒を見る，可愛がる，一緒に楽しむという意識の方が前面に出ているように感じる。「学校で何やってるの」と聞かれれば生徒なら「勉強している」，教師なら「勉強を教えている」と答えるだろう。では，幼稚園ならどうか。すべてのことを遊びを通してとあるのだか

ら園児も教師も「遊んでいる」と答えることになるだろう。もちろん，ただ遊んでいるわけではないのだが，字面通りに取ると「ただ遊んでいる」ように取られてしまう。そして幼稚園教師の側も「ただ遊んでいるのではない」と胸を張って言える教師がどれくらいいるだろうか。

　同じ教員免許を有していながら，学校としての認識や教師としての意識に違いがあり，小中学校の教師からは同僚と認められていない実態がここにある。

　こういった違いは，何も意識だけのことではない。同期の仲間との話の中で教材研究や教科の話になった。「どうやったら全員が理解できる授業を展開できるか」ここでも，幼稚園との違いを感じたのであった。

　小中学校は教科カリキュラムの特性上，求同性を前提として子どもたちに教えている。求同性とは，たとえば1＋1＝2を教えたとき，それを学んだ子ども全員が1＋1＝2を理解することを求めるということである。求同性の場合，評価は理解できたかということになり到達度による絶対評価が可能になる。

　これに対し，幼稚園は求同性ではなく求異性を前提としている。求異性とは，小中学校における生活科や総合がそれにあたり，何をテーマに学ぶかは子どもを主体に組み立てられ，取り組んだ結果，何を学んだかはその子どもによって異なっていてよいというものである。こうなると評価は到達度では表すことができない。評価項目や尺度がその子どもによって異なるからである。小中学校の生活科や総合での評価は記述が基本となっている。幼稚園もこれと同じであろう。子どもが主体的に活動し遊びを展開していく中で何を感じ，何を学び取っていくかはその子によって異なる。それを求同性のもと評価するのは無理なことだ。

　小中学校が求同性を前提に教科カリキュラムを編成し，幼稚園は求異性を前提にカリキュラムを編成する。前提となる評価や取り組み方が違う中で，連携を取るのはとても難しいだろう。それは，小中学校の教師がいまだに生活科や総合で困惑している現状が物語っているのではないだろうか。

〈中等教育から幼児教育へ〉

　カリキュラムの見直しに取り組みつつ、幼稚園で毎日子どもたちと接していて、ふとわいてくる思いがある。それは、この子たちが中学生になったとき、どんな生徒になるのだろうかというものだ。中学教師の9年間、年々生徒たちの人間力の弱さを感じていた。人間関係の希薄さ、自立心の脆弱さ、集団への強い依存心、規範意識の低下、"自己チュー"の一言では片付けられないほどの自我の増大、思いやりの欠如など。

　確かに学校を学校たらしめる教科カリキュラムの面では、様々な研究がなされ、どうすれば子どもたちに豊かな感性と創造力、確かな学力が育まれるかという議論がなされ実践もされている。しかし、それで子どもたちの生きる力が逞しくなってきているという実感はない。

　幼稚園にてカリキュラムの編成や保育のあり方などを見直していくうちに、自分はどういった子どもを育てたいのかという問いと同時に学びと育ちだけでは片付けられない教育の部分もあるのではないかと自問してしまう。すべてを学校で抱えるわけではない。それでも元中学教師として目の前の子どもたちが楽しい中学校生活を送るためにはどうすればよいのか考えてしまう。すべての子どもたちが幸せな幼年期、少年期を過ごして大人になる日を夢見て、まだまだ自問の日々は続く。

　　＊井内聖の恵庭幼稚園教育課程編成は、2007年に全体が構造化される予定だが、http://www.eniwa-youchien.com/　に内容の一端を見ることができる。彼が実践から理論構築した研究は、教育研究全道集会での「自治的諸活動と生徒指導」の提言、北海道石狩教育研究所の国際理解研究部の授業研究と提案、中学社会科部会でのプロジェクト先行研究推進など多岐にわたる。

2. 幼年期の教育方法論への問い

教育の独自性は，理念を具現化する教育の方法に現れる。理念が方法を生みだし，方法が理念を確認する。フレネ学校が印刷機を教室に持ち込んで，子どもの詩や作文を教材としたり共同組合で生活をつくりだしたりしていくように[7]，シュタイナー学校がフォルメンとオイリュトミーとエポックを授業に組み入れているように[8]，あるいはドルトンスクールがハウスとアサインメントとラボを柱に自由と協同の教育原理を実現しているように[9]，理念は教育方法と切り離せない。しかし，教育の方法に対する論理をもって実践している教師がどれほどいるのだろうか。

(1) 生活や遊びの指導の総合性が論理づけられるか

就学前教育の方法は多様で，大きくは子どもの自然な発達に軸を置いたロマン主義の消極的教育の方法論と，文化伝達に軸を置いた伝統的な教授を主流とした方法論，そして認知発達研究を土台とした構成論に軸をおいた方法論が特徴的である。現行の幼稚園教育要領はロマン主義を色濃く残しているものであり「幼児期にふさわしい生活の展開」「遊びを通しての総合的な指導」「一人ひとりの発達の特性に応じた指導」が重視事項とされている。これらの指導は具体的にどのような方法原理に基づくのであろうか。

かつて日本の幼児教育論を構築した和田實[10]は，幼稚園は「生活と遊び」を基本とし，教育方法は誘導的方法と教授的方法，訓育をあげている。誘導的方法では，日常生活，遊戯，文学，音楽，美術，文芸（文学以外は遊戯の形式に表れる）などの教材を独立させず総合的に指導する際，幼児の，興味の追求性，暗示模倣性，感情の伝染性，習慣性，対抗好争性を利用し養育的気分をもって感化誘導することとし，教授的方法では，① 実物提示，示範式教授，叙述的説明，② 問答，応答，③ 受賞，科罰を念頭において行うこと，訓育は，最初に必ず成功させ，次に反復練習させ，努力を継続するために激励するといった意欲，動機，自己活動をあげている。

指導の基本を生活や遊びに置くのは，フレーベルの思想に源流がある。フレーベルは「遊戯は，この時期の人間の発達の，最高の段階である。−中略−遊戯は，内面的なものの自主的な表現，内面的なものそのものの表現にほかならない」[11]として，遊びという自己活動が，自我を芽生えさせ，意志や志向性を育むうえに意味があるとする。倉橋はこれを"生活を，生活で，生活へ"として，現実の生活を生活という教育の方法によって，よりよい生活へと高めていく方法論に道徳性の陶冶を置いている。
　大伴栄子（本書p.163参照）は，その生活や遊びという教育方法から幼児が陶冶する経験の質を見極める理論的根拠としてピアジェの構成論に注目している。生活や遊びによる指導の総合性は，漠然としており，また，生活や遊び自体，たいへん恣意的なものである。それを教育的価値に高めるためには，幼児の姿を通して育つ力を捉えなければならないからであろう。
　構成論とは，ピアジェ理論の中心的なテーマである「知識だけでなく知能それ自体も子どもが能動的（活動的）に構成していくもの」[12]だとする考えを基にしている。ロマン主義者が基にした生物的成熟や，伝統的な教育観に基づいた外的に教授される知識学習では得られない，「個人が自分の経験を『読みとる』ことによって知識を段階的に再構成する『哲学者，科学者，詩人』として子どもをとらえる」[13]立場である。大伴が注目した，象徴的思考とアニミズム，自己中心性は，ピアジェ理論の中核をなすものである。それが，「生活や遊び」を教育的価値へと高める理論的根拠になると考えるのであろう。大伴に，ごっこの中で知識を自分でつくりだしていく子どもの愉快さ，アニミズムが生物・無生物の区別なく事物を感じる力をつくり，夢を生みだすこと，そして自己中心性があるからこそ脱自己中心性へと向かう自我，といった論理の軸があるから，生活や遊びの価値，幼児の陶冶内容がみえると思われる。子どもが自ら経験を組織して知識をつくる存在だという信頼がなかったら，銀杏の実からこれほどの学習内容は生まれまい。20年以上続く銀杏献金が，毎年一人ひとりの子どもに新しい知識を生みだしているという確信があるから継続できるのである。また子どもが考えるカラスの撃

退策をすべて試みたり、そば屋とのつながりをつくったりするドラマも、子どもの知識が生まれ、自ら知を構成する場面として生きている。

　生活や遊びを中心とした総合的な指導を標榜している幼稚園は多いが、それが知識を生みだしていると語れる視点をもっている者は少ないのではなかろうか。かたくなにロマン主義を軸とした生活や遊びという方法論と育つ情意側面を主張し、その教育方法によって育つ心情、意欲、態度が、認識の力によって支えられていることとを分離してしまうのである。そこに、生活に統一する就学前教育の方法論的な弱点があるといえよう。

(2) プロジェクト法の醍醐味に再挑戦できるか

　和田は「生活や遊び」という教育方法は、自らの経験を組織し構成するテーマが必要であると考えている。テーマは、バラバラである個々の経験の組織化、知識の生成に意味をもつだけでなく、生活の中で仲間と共通するテーマが生まれることによって、共通感情や相互作用によって構成される思考の柔軟さを培う。

　子どもの興味や関心を核としたテーマを探求していくプロジェクト法が導入されたのは、座学ではなく、労作教育や動的教育法によって子どもの自己活動に重点をおいた幼年教育が実践された頃からである。及川平治は、ア 静的教育を改めて動的（機能的）教育となす、イ 教育の主体（児童）に対する事実を重んず、ウ 真理そのものを与うるよりも真理の探求法を授く、ことを主張する[14]。そして動的教育の概念として、

① 自己活動－児童をして成長せしめ、高等なる発展を遂げしめ、彼の需要を満足せしめ、価値あるものを支配しうるに至らしむる力の根元は、児童自体に存するものである。この力は終生、自己活動として発現するものである、

② 動的の意義－児童は筋肉にて考う＝児童は筋肉にて学ぶ、

③ 動的教育の論理的基礎－衝突・努力（問題解決過程）、

④ 動的教育の心理的基礎－脳髄の運動領域を練習する必要、

に置いている。これはデューイの「為すことによって学ぶ」思想の実践でもある。

こうした動的な探求法・研究法を学ぶ学習方法として、プロジェクト法を実践した森川正雄が、10の原理をあげた中で

"5.環境への順応の教育は心身上の一定の作業を営むことにより成立する，

6.作業の題材は児童の実際生活と密接に関係あるものでなければならない，

7.児童は実際生活と関係ある時のみ興味を興し解決する意志を起こす，

8.興味と意志によって活動を為すとき児童は全自我を投出する，

9.題材は社会的生活に価値あるものを選ぶ，

10.プロジェクト法の根本原理は一定の目的と計画との下に事実を問題として児童に解決させる"[15]

として、問題解決学習が身体も知識も全我も没頭させる意志的活動であり、デューイの実践から受け継いだ幼年期の教育法の特徴でもあることを強調している。

戦後の日本の教育体制をつくりあげた米国中央教育局もプロジェクト法に触れ、その注意書には、

① 題材を正当に選択すること（教師は只幼児の言うがままでなく、注意して観察を加えていれば自由発表の事項からプロジェクト法として用いるに足る題材を発見できる），

② 幼児が若干経験や知識があり、さらに多くを学べるもの，

③ 幼児の能力に応じ具体的に実現できるもの，

④ 社会的価値のあるもの，

⑤ 幼児が分担し協同しておこなうもの，

と書かれているところにも、情意面と認識形成をつなぐ就学前教育の方法論としての位置づけをみることができる。

5歳児から小学校低学年により多く取り入れられていたこのプロジェクト法が批判され、「生活や遊び」の教育方法が再び漠然とするのは、小学校的

色彩が色濃く出た1956年の幼稚園教育要領告示後である。小学校でも1958年の学習指導要領改訂により生活単元学習が廃止され，系統的な知育が強化されているので，ここが教育潮流の転換点とみることができる。「単元」が子どもの興味，題材に基づいた身近な生活にあるものではなく，教師の側に置かれていく。たとえば6月，教師が「梅雨」をテーマに雨の歌を歌う，梅雨の時期の生き物を知る，雨の壁面製作や身体表現をするというように，まとまりが幼児の興味関心・自己組織化とずれて，教授が強化された結果の衰退である。

　赤石元子の"田んぼプロジェクト""アヒル池プロジェクト"（本書p.169参照）は，5歳児の生活から生まれたテーマであり，労作を伴う探求的・協同的学習である。子どもの夢を実現するために，教師だけでなく地域の人々が力を貸す。彼女はそれを生活と遊びをつなぐプロジェクトとして位置づけ，為すことによって学ぶ協同学習の場とする。自然はカラスの襲来，害虫の発生など様々な問題を発生させる。そのつど，問題解決の試行過程に多くの知識が生まれ，知識が意欲を支えていることがわかる。日本古来からの稲作技術の獲得は，歴史理解や食糧問題につながるであろう。時間経過に伴う稲の生長は，知識体系を自らの中に打ち立てる。訪れる虫や鳥，雨風や春から秋への移り変わりは，自然の生態系に対する認識を形成する。田んぼのある暮らしの総体が，経験，つまりクオリアとして脳裏に位置づくことだろう。まさにプロジェクト学習の醍醐味である。

　生活の必然によって織りなされる経験こそ，デューイがいう教育的経験である。「子どもたちは活動する瞬間，自らを個性化する。かれらは一群ではなくなり－中略－個性的な人間になる」[16]のは，自己課題や願いがあってそれを実現するために問題解決を図ったとき，わかったと自得する教育的経験があるからである。赤石が取り組むのは自然相手の労作である。フレーベル，ケルシェンシュタイナーやフェリエールらが，作業学校・活動学校を目指したように，タゴールが自給自足の生活を教育に位置づけたように，勤労に連なる労作には，自然に自らを映し，問題解決を図る教育的経験が豊富に

ある。児童が自ら問題解決過程を歩むことによって知識を構成し，意志や志向性を陶冶することこそ，プロジェクト法の目的ではなかろうか。1998年改訂された学習指導要領では"生きる力"が掲げられ，学校5日制の完全実施と「総合的な学習の時間」が創設されて今日に至っている。学力観の転換は，教育内容，教育方法を吟味する。今こそ，"生活や遊びによる総合的な指導"を標榜する幼稚園等が，その方法原理から教育的経験，つまり認識によって支えられる心情，意欲，態度といった情意面を語る力が求められている。

教育を生活化する面白さと課題

東洋英和幼稚園　大伴　栄子

　幼年期の子どもの発達は未分化であり，統合されていないため大きな可能性をもつ。子どもは周囲の興味ある出来事を自分の視野に入れたり過去の出来事を現在と結びつけたりして経験を組織する途上であり，行動は即座的である。私が学生時代からJ・ピアジェ理論に関心をもったのは，幼児期の発達特徴を独特な視点から見いだしていたからである。

　その一つは象徴的思考の発達，二つにアニミズム，三つに自己中心性である。彼の研究が，小学校の教育とは異なる幼年期の教育を展開する基礎になっていることは当時，大変興味深く，また学びを重ねる中で，子どもは自分で知識をつくりだすという彼の構成論は，幼年期に限らず，どの時期の教育においても学びの基本となるメカニズムであると確信するようになった。現場の教師として子どもとともに過ごし，大学で教鞭をとり，再び園長として現場に戻って日々感じることは，子どもとともに生活する喜びであり，幼年教育の面白さである。

　そして，今，私は幼年教育は子どもの園での自然な活動の姿や思いに教育的糸口を見いだし，タイミングよく適切な援助や指導をして生活を教育へと高めたり，教育的内容を日常の生活や遊びの中に取り込んで，教育を生活化していくのだと考えている。そこが学童期以降の教育課程とは異なる幼年教育の特色で，生涯学習につながる礎がここにあると思うのである。

〈ごっこと象徴的思考〉

　昔も今も，子どもはごっこが大好きである。お母さん，お店屋さん，お医者さん，警察官，犬や猫や怪獣と，様々な役になり演じて遊ぶ。ピアジェによれば，幼年期の子どもの思考は前操作期にあり，その特色は象徴的であ

る。ごっこに夢中になれるのはそのためである。子どもは見たことや経験したことを遊びに再現して、身近な社会事象についての理解を深め、また、子どもであるがゆえに実社会ではできないことを遊びの中で実現し、満足感を得ている。ごっこは子どもの自然発生的な遊びで楽しく多様な価値がある活動なので、私は心ゆくまで遊べるように、たっぷりとした時間と空間、そして、適切な道具や材料を提供してやりたいと願い、子どもの言葉に聞き耳を立てる。

　私の園がある東京六本木は、50階以上の高層ビルが林立し、ファッションや外国文化、IT文化の最先端で、子どもの見聞きする生活にも文化が影響する。レストランごっこでウエイトレスになった子どもは、お客が来ると「なん名様ですか？お名前は？」と言って、ウエイティングリストに何やら妙な字を書き込んでいる。マーケットのレジ係の子どもは、自分たちで作った商品のバーコードを読み取り、「お支払いはカードですか？」と尋ねている。同じ地域に住みながら大人は、お店屋さんといえば八百屋、花屋など個人の店舗を想定したり、売り買いにはお金が必要と思うが、子どものごっこは限定社会を象徴化している。日常生活で得た情報を組み立て、役になって街での一こまを再現しながら、友だちと会話し、物を製作し、象徴機能をフルに活用している姿をみると、子どもの学習力の高さに感心せずにはいられない。

〈アニミズムと夢〉

　園庭にある都の保護樹木に指定されている銀杏の大木が、葉を落としたのを見た4歳学級の子どもが、マフラーを作りたいと言いだした。一人で作るのは大変だし、どんな材料にすればよいかと相談を受けた教師は、クラスのみんなに話してみることを提案した。子どもから毛糸で編む、布で作る、紙でもよいなど様々な意見が出たが、結局、太い毛糸を長く切ってそれに短い毛糸を結び付けていくことになった。これならどの子にもできる作業である。遊び時間に子どもが自由にかかわり、約1週間かけて完成した。それを

木のどこに巻きつけるか，高いところは届かないので先生が手を伸ばす，肩車してもらう，椅子の上に乗る，梯子を使う等の意見が飛び交った。子どものやりたいことと自分たちでできること，それを調整するのは教師の役目である。寒い冬の朝，みんなそろって銀杏の木の下に集まり，担任教師と私がめいっぱい手を伸ばして，マフラーを太い幹に巻きつけた。優しい気持ちと達成感に満たされたときだった。

　クラスが一つの思いを共有するときに，アニミズムは大きな働きを担う。ピアジェはこの時期の子どもは，アニミズム的傾向をもつといっている。周囲の物はみな，それがたとえ無生物であっても，自分と同じように感じていると思うのである。大好きな人形を赤ん坊のように大切に扱ったり，草花や虫に話しかけたり，木や紙で作った動物に食べ物を与えたりする。客観的な思考ができるようになることが発達であるから，早くアニミズムから脱却するよう指導するほうがよいと考える人たちもいるが，私は十分にこの時期を過ごすことを主張してきた。他者への思い，労わり，優しさは，アニミズムから発展すると思うからである。また，幼児期のアニミズムは，大人になっても夢を描く動力になる。現実の生活では実現不可能なことが多いが，夢をもち続けるときに，空想やアニミズムが深く関係し，内なる精神の調和を図って，より豊かな人間性へと導かれると思うからである。

〈自己中心性からの脱却過程〉

　自己中心性も幼児期の特徴である。しかし，子どもは自己中心的でありながら決して自分の立場のみにとどまっているのではない。集団の中で日々，それを脱却していく存在である。カードゲーム「家族あわせ」は，4枚一組である種類の家族（たとえば，鳥，魚，犬，馬，人）を作るゲームである。始めにカードを配り，最初の人が誰かに自分の欲しいカード，たとえば犬をくださいと言って始める。言われた人が犬のカードを持っていれば，それを渡さなければならない。要求したカードが手に入らないときは，「持っていません」と言った人に順番が移る。ゲームは全部のカードが4枚一組の家族に

なって前に置かれるまで続き、一番多くの家族を集めた人が勝者となる。

最初子どもは、好きなカードを要求するが、しだいに手元に多く所有するカードを集めると勝てることがわかるようになる。また、一度断られると、その人は持っていないと理解できるようになる。さらに、友だちが断られたのを見て、断った子どもはそのカードを持っていないと覚えていたり、要求した子どもがそのカードを持っていると推測したりできるようになる。理解や推測は、経験の累積である。そして、子ども自身がルールをつくっていき、誰が一番に始めるかを決める時は、順番に、未経験の者がいないかなど気配りする。ゲームに加わりたい人が多くなったときも「見ている人になって順番を待つ」や「2人で一組になる」等子どもは自分たちで解決する。もちろん、1人の子どもがいつまでも自分の思うように支配したり、子どもだけで解決できずゲームが成り立たないときには、教師の介入が必要である。しかし、大人のルールを守らせるために子どもにゲームをさせるのではないので基本的には子どもに任せればよいと思う。私は、子どもはゲームに勝つために知恵を絞って遊ぶ中で、いろいろな観点を考慮に入れることや楽しく遊ぶために自分たちでルールをつくることを彼らから学んだ。

〈生活を教育化する醍醐味〉

園生活には多くの出会いあり、それらは様々な学習の機会となる。特に自然との出会いは、都会の子どもにとって重要である。前述の大銀杏は夏には涼しい木陰を作り、秋には落ち葉で金の絨毯を敷きつめ、臭い銀杏の実を落としてくれる。子どもはその実を箸でつかみ、ていねいに種を出す。手にビニール袋をはめて、自然洗剤で洗って乾かす。乾いた銀杏は庭に持ちだした七輪（しちりん）と焙烙（ほうろく）を用いて炒って1粒あるいは2粒ずつ食べる。初めての味に驚く子どもがいるが、たいていの子どもはお芋のようでおいしいと大喜びする。こんなにおいしいのだから、家の人にもお裾分けしようと、5粒あるいは10粒ずつ袋詰めして持ち帰る。次に、遊び時間にフィルムカップ1杯分ずつ袋に詰め、袋に自分たちが描いた小さなカードを貼

りリボンをかける。出来上がった銀杏の袋詰めは，保護者や学院内の方々に持っていっていただき，献金していただく。最近は集められた献金をバングラデシュに学校を建てるために捧げている。「銀杏献金」と名づけられたこの活動は二十数年間続いている当園の伝統的な活動である。子どもはこの活動を通して，自然の恵みを知り，それを分かち合うことを経験する。その作業の過程では数を数えること，手先を使うこと，何日もかけてていねいに物事に取り組むことを学ぶのである。

　初冬になると全員がチューリップの球根を植えて世話をする。しかし，カラスが球根を掘り返してしまうので，どうしたものか話し合った。良案が浮かばず，子どもが家に持ち帰って大人からもらってきたカラスの撃退策の知恵は，「近くの木に光る物をぶら下げる」「花壇に網をかける」「大きな音を鳴らす」「案山子を立てる」等，カラスの嫌がることであった。一方，子どもの考えは，「持っていかないでと札を立てる」「カラスが遊べるように，偽物の球根を作って側に置く」「遊ぶのはこちらとわかるように，カラスの絵を描いて離れた場所にぶら下げる」等カラスに好意的なものであった。教師と子どもは撃退策の一つひとつを検討してすべて行った。大人の観点からはばかばかしいと思うことにも，時間をかけて作業した。そして，ある朝，偽物の球根が庭のあちらこちらに散らばっているのを見たときは，教師はびっくり仰天し，子どもたちは「やった!」と大喜びした。

　さらに，子どもは様々な人と出会う。教師やその他の職員，そして，仲間とその保護者，さらに，園の周辺の人々。それらの人々とどのように交わってきたのかは，その後の社会とのかかわり方に大きな影響を与える。私は，一人ひとりの出会いからていねいで親密な関係を築きたいと考えている。

　近所に卒園生の家庭が経営しているそば屋がある。彼女は今，大学生であるが卒園後ずっと大量のかまぼこ板を届けてくれる。ていねいに洗って干す作業は，時間と場所を要する手間のかかる仕事で，忙しい家業の合間に行うのはさぞ大変なことだろう。かまぼこ板はサイズがそろっており，のこぎりで切ったり，釘を打ったりしやすい材質なので，当園の保育の特色の一つと

いってもよい大工仕事の恰好の材料になっている。子どもはまず作りたい物の形を考えて，必要な数のかまぼこ板を確保する。ボンドでつけて，乾いたら釘打ちをし，開閉するふたやドアを付けたければ，蝶番（ちょうつがい）を用いる。それにペンキで彩色すれば，家や乗り物，すてきな宝箱や携帯電話になる。子どもは遊び時間に自分のペースで数日をかけて熱心に作りあげている。

　教師は，そば屋さんが労力を費やしてくれることを子どもに話して聞かせる。子どもはクリスマスプレゼントを作り，そば屋に必ず持って行く。そして毎年のように，「みんなで食べに行きたい」という声が子どもの中からあがるので，事情が許せば出かけることにしている。開店直後の空いた時間帯に1クラスずつお邪魔する。刻みのりの代わりにかまぼこを載せていただく。そばもかまぼこも格別の味がして，そば屋さんの温かさが子どもに染み込んでいく。周囲の人々に思われ支えられていることを知り，親しみをもって感謝することを，幼年期にぜひとも経験させたいと思う。それには日ごろから教師自身がどのような思いでまわりの人たちとかかわっているかが問われることになる。

　まさに，生活は教育である。それも，文字の読み書き，計算といった学校知を学ぶ前の，人間として生きるための知恵，知識や技術，物や人との関係を身体を通して獲得する貴重な時間である。生活を教育化する醍醐味は，園生活中で偶発的に起こる出来事と伝統として先輩から後輩へと引き継がれていく遊びや生活の内容に子どもと教師が真剣に取り組み，思いもよらない過程を潜り抜けていくことだと今つくづく思うのである。

　　＊ピアジェ理論については，大伴栄子が共訳したR. デブリーズ，L. コールバーグ『ピアジェ理論と幼児教育の実践』（上）（下）北大路書房1992，R. デブリーズ，B. ザン『子どもたちとつくりだす道徳的なクラス―構成論による保育実践―』大学教育出版2002がある。

遊びと生活をつなぐプロジェクト

東京学芸大学附属幼稚園　赤石　元子

〈遊びと生活を紡ぐ5歳児〉

　この冬は冷え込み，2月初旬，幼稚園の庭では10センチ以上もの霜柱が庭の土を持ちあげた。幼児が霜柱を取ろうとすると，なんと地面がバリバリとはがれてきた。「地球を持ち上げた！」と，凍った地面を数人で夢中ではがしていく。霜が溶けてくると，土をこね，シャベルで泥を掘り始める。「バリバリがべちょべちょになった」「代掻きみたい」「ひーちゃん（飼育アヒル）を入れてあげよう」と，やがてアヒル池の造成工事となっていく。「水運ぶから手伝って」と声をかけ合って5人の幼児がたらいで水を運ぶ。アヒルを捕まえて池に入れて様子を見ている。「羽が光ってる」「どろんこの水なのに汚れない。不思議だね」「よかったな，池ができて」など言い合いながら，またせっせと池を掘る。子どもの「代掻きみたい」「アヒルの池をつくろう」の言葉に，ここ2年間，幼児と地域の人と保護者と学生と作業をともにした「田んぼプロジェクト」の経験が蘇る。

　「アヒル池」をつくろうとしている5歳児は，前年5歳児が田んぼで米を育てる姿を見ている。そして年長になった4月からは，「耕す」「代掻き」「田植え」「草取り」「稲刈り」「脱穀」「もみすり」「餅つき」など，季節とともに協働作業を重ねてきた。地域の方の知恵と力をお借りして，自らの身体を動かし，生産的な作業を大人とともにした。その経験が，今日の遊びを生みだす力につながっているように思う。田んぼでの「代掻き」の感触を蘇らせ，アヒルが田んぼに入ってしまい苗が倒れ困ったときのことを思いだし，「アヒルのために池をつくろう」としたのだ。季節の暮らしを体で感じて遊び，次々と自分たちで遊びを展開する5歳児。「アヒルの池をつくろう」と

いう目的を共有し，探求的・協働的に遊びをつくりだしている。仲間意識が遊びへの意欲を高めている。遊びのテーマは生活経験の中から生まれ，遊びによってまた生活も広がっていく。遊びと生活をダイナミックに絡ませていく5歳児の姿である。

　今，動物小屋の前の庭にはでこぼこのアヒル池の窪地ができている。これはとても面白い遊びだが，また困ったことにも直面している。ここは3歳児の非難通路でもあり，大ブロックを使って遊ぶ場所でもある。折り合いをつけなくてはならないこともあり，環境を工夫するチャンスでもある。遊びと生活を紡ぎ，アヒル池をつくり始めた5歳児の夢を実現できないだろうか。それは，教師の保育構想にかかっている。偶発的な池つくりをやめるのか，本格的にアヒル池に取り組むのか，従来行っていた他の生活や遊びも尊重できるのか，池ができると遊びや生活はどう変わるのか，教師は何を願ってつくるのか等々，子どもの池つくりの発想は，教師に様々な問いを投げかけてくる。

〈就学前教育としての3歳児から5歳児への育ち〉

　このような5歳児の姿は，3歳から育まれた力の集積であり，また遊びと生活をつなぐ「田んぼプロジェクト」の影響が大きいと考えている。

(i) 育てたい力を主体性と協同性の両面から考える

　幼稚園生活の始まりの頃は，幼児が安心して過ごせるように，私たちは一人ひとりの幼児がありのままに自分をだす姿を受け入れることに心を注いできた。教師に抱きとめられ，一緒に遊ぶことによって，幼児の不安な心はしだいに開かれ，興味をもった遊びに自分からかかわるようになっていく。3歳児では，教師とのつながりや遊びを通して，自分は受けとめられているという安心感と自己主張する姿を支えた。排泄や身支度や後始末など生活に必要なことがらを，私たちの援助を受けて自分で「する」ことにも力を入れてきた。幼児が落ち着いて自ら遊びだすようになると，豊かな体験ができるように，発達に応じて様々な教材を準備し多様な活動を工夫した。4歳児で

は，様々なものや場所から刺激を受けて遊び，「する」ことによって身体の感覚が開かれていく体験を重視してきた。自分は今ここに「ある」という自己の存在感や，「する」という身体の感覚が，幼児の成長を支えると考えるからである。5歳児では，3歳児から育んできた力をもとに，自分のしたいことを実現していくだけではなく，生活の中の問題や困難をも自分たちのテーマとして，考え，試し，力を出し合って乗り越えていく力を育てたいと考える。

　幼児期に育てたい力は，主体性と協同性の両面から押さえることが必要だと思う。その両面が絡み合ったときに，保育はダイナミックに展開する。幼稚園生活で育まれた主体性と協同性が存分に発揮できるように，私たちには一人ひとりの幼児理解に基づき，発達を見通して保育を構想し，企画・コーディネイトする力が求められている。教師の主体性が問われている。

(ⅱ) 遊びと生活をつなぐプロジェクト

　幼児教育の本質は，「遊びや生活の中の学び」にある。私はこれまでも遊びを中心とした保育を構想し，幼児が夢中になって遊ぶ中で互いに育ち合い学び合う姿を育てたいと実践してきた。そのとき，いつも私の心にあるのは，子どもの遊びを支えるのは，その土台となる生活であり，遊びと生活をつなぐ取り組みによって，幼児の遊びも生活も豊かになるのではないかということである。遊びのテーマは生活の中から生まれる。幼稚園では，「遊びをつくる」ことと同様に「生活をつくる」ことが重要なのではないか。特に近年，幼児を取り巻く環境の変化により，遊びを豊かにしていくためには，その背景となる生活を取り戻すことが必要だと強く思う。

　生活の中で学ぶ子どもの姿を今一度見つめ直し，遊びと生活とをつなぐ保育をつくりたい。健康な心と体，豊かな遊びと生活体験を培う就学前教育のあり方を考えるとき，遊びや生活と学びをつなぐプロジェクト型の保育は，幼児期から児童期への教育をつなぐカリキュラムになるのではないだろうか。

〈「田んぼプロジェクト」の実践〉

　昨年の田んぼつくりは，子どもの遊びから生まれたものではない。「米を育てて餅つきをしよう」という子どもと教師の生活の中から生まれたプロジェクトである。「することによって学ぶ」「生活の中の一つのテーマについて，子どもが時間をかけ，協働して，生き生きと追求していく」姿を目指した遊びと生活をつなぐプロジェクトである。

(i) 実践の過程で出会った困難

　取り組みの過程での困難をあげればきりがない。1年目は特に大変だった。まず，誰もが初心者である。田んぼのつくり方，世話の仕方，水の管理，道具の使い方など，とにかく行動しながら知っていった。先生は，地域のおじさんやおばさん，新潟出身の卒園生のお父さんである。毎回教わって，準備をし，作業をともにしていただいた。新潟のおじいさんから餅米の苗を送っていただいた。地域の方は，初めて田んぼをつくるときの重機や「千歯扱き」という足踏み式の伝統農具まで提供してくださり，苗の植え方やカマの使い方を，子どもの手をとり足をとり教えてくださった。子どもは一人ではできないこと，教えられ支えられていることを体で学ぶ体験であった。大人にとっても同様である。子どもは幼稚園だけで育つのではない。地域社会の共同体のつながりの中で育てられる。幼稚園だからこそ，人がつながってできる取り組みでもある。今必要な幼児期の教育は，子どもを取り巻く生活や地域に目を向け，生活全体を豊かにしていくためにどうしたらいいかをともに考え，実践していくことではないだろうか。

　カラスや雀，アヒルにはひやひやした。ある朝，苗が倒れ，田んぼの中に怪しい足跡。大事な私たちの田んぼへの侵入者は誰なのか。アヒルの足跡ではない。猫かカラスかもぐらか，子どもたちは戦々恐々としてまわりの状況をよく見て調べている。防犯カメラがその真相を捉えていた。明け方，田んぼに舞い降りて水を飲んで跳び去るカラスが写っていたのだ。さっそく私たちは防鳥ネットを張る作業にとりかかった。子どもたちは案山子を作って稲

を守った。写真屋さんは，バリ島で見つけた風で動く木のおもちゃを田んぼの支柱に取り付けてくれた。風が吹くとカラコロといい音がする。カラスは逃げていくかとそっと見守った。みんなの知恵と働きがあり，稲は無事に育っていった。

　夏になり，どうも稲の生長がよくない。よく観察してみると葉が丸まっている。中をあけ，図鑑で調べるとイネットムシの害虫だ。大変だ，稲がやられてしまう。近所のおばさんに相談すると，農協で木酢酸液を買い噴霧器をもって駆けつけてくれた。消毒の仕方を教えてもらい，教員は夕方までかかって一匹一匹駆除した。どんなに手間暇かかるものか身にしみて体験した出来事だった。担任はこの出来事をカメラに収めて子どもに伝えた。秋，台風の時には，夜も稲が心配だった。翌朝，稲穂のたれている稲を心配したが，やがてしっかりと頭を持ち上げてきた。「強いね，風にも雨にも負けなかったね」とみんなほっとした。

　困った状況は，よく見て何とか工夫しようとする態度を生む。稲への思いは困難を乗り越える原動力となる。米つくりでは度重なる困難に出会うたびに，知恵と力を合わせて乗り越える体験が幼児や教師の心と体を育てる。大変だが楽しかった。これからも，継続という困難が伴うだろう。

(ⅱ) 水辺に集まる子どもの生活と遊び

　「田んぼプロジェクト」で体験した感動は幼児の心や体に刻まれる。「代掻き」のぐちゅぐちゅの感触。これは後の池つくりに表れている。「田植え」を体験すると，その後，幼児たちは砂場に草を植え，田植えごっこをして遊んでいた。小さな苗がきれいに並んでいる光景や，やがて稲が大きくなり風にそよぐ光景を毎日教室のロッカー越しに見ていた。夏休みには，稲の穂先に小さな白い花が咲き，動物当番にきた幼児からの連絡で何人かが見に来た。「クリスマスのベルみたい」とじっと見つめていたN児。稲穂が頭を垂らす頃には，金色の野原を思わせる光景が広がった。田んぼとその周辺に集って遊ぶ子どもの情景を目にすることが多くなった。

　子どもたちは田んぼのまわりでよく群れて遊んでいた。水の中ではいつの

まにかアメンボや小さな生き物がやってきた。大学生が水質調査をしてくれたので，幼児もよく水の中を覗いていた。トンボが飛び交い，周囲の草にはコオロギやバッタが生息している。子どもたちは田んぼのまわりで虫取りに興じていた。手のひらほどもある土ガエルもよく見つけてきた。田んぼは子どもと生き物の出会いの場となり，遊びを生みだす場になっていた。修了文集の思い出に，田んぼや稲刈りの様子を描いた幼児もいた。そこには子どもの確かな経験を捉えることができる。

〈新たなプロジェクトへの挑戦〉

　今，大学では，「学芸の森プロジェクト」が進んでいる。園の西側の雑木林に「子どもの水辺・プレイランド」をつくり，キャンパスの自然を学術的・教育的環境にしようとする試みである。水車が回り，小川をつくる計画もある。蛍の飛び交う水辺をつくりたいという夢も語られている。

　幼稚園の「田んぼ」も「アヒル池」も「学芸の森」となる。幼稚園の子どもだけでなく保育所の子どもも，地域の小学生も，この森に集い，心と体を存分に動かして遊び，様々な事柄を学び合うだろう。学生は，子どもとかかわりながら，未来の教育者として多くの学びを得るであろう。大人も，ゆったりとした時の流れを感じ，森の木々と水の流れに囲まれて元気を取り戻すだろう。そんな暮らしの場にしたいと思うのである。

　夢の実現には困難が伴う。新たな保育構想を打ち出し，計画し，準備し，ともに解決に向かう道はスムーズにはいかない。この困難は活動を妨げるものではなく，むしろ子どもの遊びと生活を広げていく挑戦であると，「田んぼプロジェクト」の実践を通して感じている。

　　　＊プロジェクト学習に関しては，学芸大学附属幼稚園紀要「学びをつむぐ生活づくり」2007を参照。赤石元子の保育については，文部省推奨，岩波保育ビデオシリーズ「わすれてできる」にその一端がみられる。

3. 生活に根づく表現芸術

　教育における芸術論争は久しい。初等教育が音楽や造形，詩や作文，身体パフォーマンスなどの表現を組織する意味は何であろうか。1989年の幼稚園教育要領改訂で領域「音楽リズム」と「絵画製作」が領域「表現」に変わってから，表現に重きを置いて音楽や絵画等を教授する幼稚園等があるかと思えば，子どもの生活や遊びに重点を置いているが，そこに歌や絵画，リズムや身体表現，詩や言葉による子どもの表現がほとんどみられないといったところもある。表現がこれほど二極化する要因は，子どもたちが生きている日常生活が表現文化を伝承しなくなり，教育においても表現芸術が学校生活から遊離して教室の中に閉じこめられたことに起因する。それは学制発布以降の洋楽，洋画，洋舞を習う中に芸術教育があると錯覚させた教育の遺産でもあろうか。

(1) 生活に根づく表現芸術が実践されているか

　伝統的な教授により表現技術を開発しようとする幼稚園等では，運動会の鼓笛演奏や発表会の音楽や劇表現，展覧会の作品づくりのために相当の時間を割いて訓練し，保護者の満足が得られる図式を何十年も続けており，国の教育課程基準が改訂になっても変わってはいない。かといって，かつて日常にあったわらべうたや詩などの音楽，子どもの玩具，生活の道具の造形美，行動様式にある所作振る舞いの形式美，伝承された儀式，祭りの唄や舞の総合芸術など，幼児が憧憬する文化が身近な生活環境にないため，自然的教育のままでは，何も生まれてこない。また，教師自身，学校の教科音楽や図画工作の授業を受け，大学等の養成課程でピアノや造形のレッスンを受けてきても，日常生活の中で表現者としての自分を意識的に形成しているわけではない。自らも表現者として養成されない教師が，子どもの表現欲求を刺激し，感化する存在となるには困難が伴う。音や色や空間や言葉の表現文化が

乏しい中で悪戦苦闘しているのが現実であろう。

　フレーベルは，人間の努力は「内界の安息と生命へ向う努力か，それとも外界の事物，外界の存在の認識と摂取へ向う努力か，あるいは最後に内心の直接的表現へ向う努力かである」[17]とする。そして芸術が数（悟性）と接している面と，言語界（理性）に接している面と，自然や宗教に接する面を有し，内界そのものの芸術表現は，音か，線や面や現象の色か，量かのどちらかで「音だけによる表現としての芸術は音楽であり，主として唱歌である。色だけによる視覚のための表現としての芸術は絵画である。量の構成や形成による空間上の表現としての芸術は造形である」[18]と定義する（さらに，図画は線による表現，絵画は面による表現，造形は立体的空間表現と規定）。

　それが人間発達の幼児の段階にすでに表れているので，芸術的精神は，早い時期，少なくとも少年期には育てられることが必要とする。「唱歌や図画や絵画や造形は，必然的に，一般的な人間の全面的発達を図る」[19]もので「表現の究極最高の目標は純粋な人間表現である」[20]のであって，内面的な芸術の天職もなしに芸術家になろうとすることから人間を守ってくれるとする。つまり，人は生得的に表現衝動をもっており，表現する手段を獲得することによって内面をよりよく表すことができる。表現手段は芸術家養成のためではなく，すべての人間の純粋な生の表現のためなのである。学校教育の実際的教科として早い時期から表現・芸術を扱う意味がここにある。

　トルストイも，ロシアの初等教育を構想する際，上流階級の芸術が民衆の芸術から離れて宮廷芸術，職業芸術に堕落したことを批判し，「芸術を定義するためには，何よりも先ず，これを快感の手段と見ないことにして，人間の生活の一つの条件として考えなければならない。そう考えれば，われわれは芸術が人間同士の一つの手段だと見ないわけには行かない」[21]とする。そして，「一度味わった心持を自分の中に呼び起こして，それを自分の中に呼び起こした後で，運動や線や色や音やことばで表される形にしてその心持を伝えて，他の人も同じ心持を味わうようにするところに，芸術の働きがある。芸術とは，一人の人が意識的に何か外に見えるしるしを使って自分の味

わった心持を他の人に伝えて，他の人がその心持に感染してそれを感じるようになるという人間のはたらきだ」[22]と定義する。本当の芸術は，生活の営みに取り入れられた新しい心持ちの感染（トルストイのいう感染は，「他の影響を受けてその風に染まること」の意）であり，民衆出のすべての人が芸術活動をできるようにするためには「小学校で読み書きと一緒に音楽と絵画（唱歌と図画）を習う」[23]ようにすることとして，自ら学校をつくってこれを実践している。

　フレーベルの視点に立つと純粋な人間表現であるが，トルストイの視点に立つと心持ちの感染こそ芸術の意義ということになる。就学前教育が子どもの表現を重視するのは，このどちらかではなくどちらもであるが，現行の「幼稚園教育要領」では，心持ちを味わい，心持ちに感染して感じるといった視点より，表現する力に重点が置かれている。

　小林宗作が，唱歌や唱歌遊戯中心の日本の幼稚園に，総合リズム教育を導入してから90年がたつ。彼は，大自然の中で生活し，子どもが見たことや聴いたこと，触れたり味わったり嗅いだりしたことを敏感に感じ取って，その心持ちを表現する，その表現するリズムが他者と響き合うところに，芸術の基礎があるとして，総合リズム教育を実践したのである。幼い頃から，小林の愛弟子たちの指導を受けてきた山下郁子（本書p.181参照）は，商業芸術・職業芸術の隆盛がかえって心持ちを失わせていることを子どもの姿から感じ取っている。ピアノやバレエ，絵画教室など，どんなに習い事に通っても，あるいは幼稚園でそれらを教授しても，生活の営みと異なる空間に芸術があるかぎり子どもの表現は死んでしまう。非日常としての習い事が繁盛すればするほど，大人社会の職業芸術が幼年期の子どもの芸術的表現活動を訓練に変えてしまうのである。

　有馬大五郎は，音楽教育は一般教育の一分野で「音楽学校と一般普通教育の音楽科，言葉を換えれば個人教育とクラス教室とにハッキリ分けて迷わないこと」[24]として，初等教育における音楽を指導する者は，「芸術家，学者と肩をならべてそれらと密接なる関係のもとに，自己の内容を豊富にし」[25]

歌を中心に音楽を愉しむとともに，卑しいもの，下劣なもの，貴いものに対する識見がほしいとする。初等教育の中にありながら，自らの領分を越えて技術に走ってしまう危険が，芸術という言葉に潜んでいるからであろうか。山下は，表情も身体運動も開発されていない子どもたちに向き合いながら，本来，子どもが内にもつリズムを生活の中で拓いている。リズムは共振である。教師のリズムが乱れていると子どもに響かない。そんなとき，宗作の言葉を思い浮かべて純粋な人間表現，心持ちの表現を伝えたいと思うのであろうが，教育における教師の芸術観は固く，個性の表れや遊びがない。「芸術とは何か」とトルストイが投げかけた問いは，百年後の今再び，社会に，あるいは教育界に投げかける問いになっているのではなかろうか。

(2) 表現者としてともに暮らす教師がいるか

就学前教育の場で専門講師による芸術科目の個人教授が行われるのも，純粋な人間表現を越え，心持ちが伝わりあう関係を越えて，組織的，系統的な表現技術を高めることを目的にするからである。詩作は児童に立脚した生活詩運動によって子どもの内発的表現が記録され，そこから美的な表現を受け止める手法が確立している。また大正時代に盛んだった動きを材料とする舞踊芸術も石井漠が「子供らしいリズムによる子供自身のもっている動きが総てである－中略－舞踊の本質に帰れ，舞踊の本質に出発せよ」[26]として，大人のような鑑賞舞踊，娯楽舞踊ではなく，子ども自身が子どものために行う遊びとして主張したため，言葉に振りをつける表情遊戯ではなくリズム表現として遊ばれていることが多い。しかし，音楽，絵画，造形になるとまた日常から離れやすい。音楽だけでなく，教育における図画，工作も，「芸術教育」か「生活芸術」かの論争は絶えないのである。

柴田沼夫（本書p.187参照）は，色や形や音，匂いや空気，味，人々の表情や言葉づかいなど，子どもが暮らす環境に本物を用意する。芸術は生活と深く結びついており，生活が本物であれば子どもは環境に敏感に反応し，子どもの心象に映しだす記憶を鮮明にするからである。私たちが絵画表現を難し

いと感じるのは，写真と違って脳裏に記憶した外界は，感覚の働きや心持ちによって常に変化し，それを二次元の世界に描きだすには相当な意志の働きが必要になるからである。没頭する活動が愉しいとか，表現して他者に自分の内面を伝えたいといった表現衝動がわかないかぎり，我意は描く像を色や形に表すよう手足に命じてくれない。だからこそ，柴田は自ら子どもと一緒にアトリエや街頭で描く。教師や子どもは彼が描く姿，描く過程を見，描いた絵が飾られている環境で過ごす。それが子どもの鑑賞眼を養い，表現衝動を刺激して描く人に変えていくのであろう。

　本物は物理的環境だけではない。子どもを感化する力は，本物の人間から生まれる。柴田は，イタリアのレッジョ・エミリア市の幼稚園が，世界教育エキシビジョンで注目されると教員を連れてイタリアに赴く。そして自らの実践を振り返り，レッジョ・エミリアに学ぶとともに自園の良さや特徴を確認する。アトリエの環境や画材が研究されているのも，一つのことに徹する彼の一途さのなせる技である。サンタクロースになるにもライセンスを取る，ぬいぐるみで演じるにも練習をする，自ら自学自習して専門的技術を磨いて本物になる努力をする。子どもの傍らにいる者として本物の自分をつくることが，本質を見極める子どもたちと暮らすということなのだろう。子どもは本物に出会い，五感で感じてイメージする世界ができ，身近にモデルとなる表現者がいるから独創的な絵を描く。雨や空気の匂いなど，大人では描けないテーマである。またトルストイが芸術は人間の生活の一つの条件というように，柴田は子どもとよく会話をするので子どもも彼が好きになり，絵が好きになるのである。描こうとする対象の色や形，量感，奥行き，視座の違いなど，自在に感じたままに描ける子どもは，ものの本質をしっかり脳裏に記憶している。芸術的な環境に芸術的な生活が生まれる。あるいは，環境が美的，芸術的であれば，生活も美的，芸術的になる。そこに自然な表現者たちの暮らしが生まれる。

　デューイは，子どもたちの表現的衝動，言い換えれば芸術的衝動は，「コミュニケーションの本能と構成的本能から生ずる。芸術的本能は，これらの

二つの本能の洗練・純化であり，完全な表現である。構成を適切ならしめ，じゅうぶんな，自由な，そして屈伸性のあるものとし，それに社会的な動機，つまり人に告げようとするなにものかを与えてみよ。すなわちそこに芸術作品が現れるであろう」[27]という。社会的な動機と構成本能を源泉として，五感を通して感じる心を育てるには，本物と出会うほかに自分の時間をつくれる自由裁量の有無も関係する。柴田の園はオープンスペースでのティーム保育，5歳児のプロジェクト学習など，指導方法に開放的な広がりがあるので，子どもの自由度が高い。しかし，その自由は，開放だけではなく自らに向き合い律する厳しいものでもある。園外スケッチの後，1週間ほどの時間をかけて描く一人ひとりの作品には，わが世界を描く楽しさとともに自らに向き合う厳しさが垣間見られる。

このように幼年期の表現芸術には，それぞれの分野が開発される環境，生活が必要である。日本にはその生活環境がないままに，教科訓練として音楽や図画などを教えられる子どもたちがどれほどいることであろうか。日本の美術館や博物館，音楽ホールや演劇舞台，町並み，伝統文化などが，幼年期の子どもを遠ざける歴史が長いのも，生活芸術への無関心さではなかろうか。村や町の伝承文化が失われた時代は，子どもを本物の文化から遠ざけるのでなく，直観力の優れた子どもたちだからこそ，どっぷりと表現者の世界や伝統文化にひたらせてやりたいと思う。そして，就学前教育には，日本人のアイデンティティにつながる生活の中の表現芸術，つまり風呂敷や着物，季節の料理，襖，障子，あるいは生活道具，調度品に始まる衣食住の中にある美や，伝統芸能など人々が伝承し創作している過程に触れる機会がほしいと思うのである。

それは同時に，幼年教育に携わる者に求められるセンスであり，表現者の世界や伝統文化に浸って楽しさを味わうだけでなく，演劇に，伝承芸能に，生活の中の表現芸術に自ら参加して，豊かな表現者として子どもの傍らに居ることではなかろうか。

はじめにリズムありきの奥深さ

国立音楽大学附属幼稚園　山下　郁子

〈リズムを意識した頃〉

　子どもはいつでも表現者である。空を見上げれば雲の流れと同じように動き、紙で作った腕輪をつけるとフィギュアスケートの選手になり舞い始める。またある時は青色の絵の具を紙いっぱいに塗り、「プールだよ。ジャボーンとはいるとつめたいよ」と語りだす。私は、幼児がこのように見たもの、感じたことを自分らしく表現する姿に出会うたびに、心の中をありのままに出すには単に思いだけでは足りず、表すための身体、筋肉、神経機能の発達を見逃すことができないことに気づく。そして生き生きと表現している子どもの動きには、必ず躍動感がありよいリズムがある。というより躍動感やリズムが、生き生きしさを生むということだろう。私は自分が常に子どもとよいリズムを共有できる表現者でありたいと思って25年間、この仕事に取り組んできた。

　私の保育の中心には小林宗作*のリトミックがある。宗作はダルクローズ**の音楽教育法を日本に初めて紹介し、自ら幼児の生活の中に飛び込んで研究を重ね、日本の子どもたちに合った「総合リズム教育」を考案した人

＊　小林宗作（1893-1963）　黒柳徹子『窓ぎわのトットちゃん』の校長先生である。2度のヨーロッパ留学でダルクローズの教育思想を吸収し、日本リトミック協会を設立。日本の子どものために「総合リズム教育」を考案する。昭和12年「トモエ学園」を設立し、幼児、児童、幼稚園教員養成の教育を目指した。

＊＊　エミール・ジャック・ダルクローズ（1865-1950）　ウィーン生まれの音楽家である。従来の音楽教育がテクニック重視であることに疑問をもち、心身のリズム運動によって精神と肉体との調和をはかり、感性、想像力を高めていこうとするEurythmics（リトミック）を考案した。

であり、わが園の創設者である。私自身も小学生のときに、宗作のリトミック教育に触れ、ピアノの音や教師の合図に耳を傾け、リズミカルな流れに乗って動く心地よさと、機敏に反応するための集中と緊張の快感を味わい、あっという間に授業が終わったことを覚えている。リトミックとは音楽教育から生まれた言葉であるが、絵画、書、演劇などあらゆる芸術、人間教育の根底に流れるものであることを身をもって体験し、私も宗作と同じように全人的教育という初等教育の目的の中にリトミックを取り入れたいと思ってやってきた。

〈リズムが崩れる不安定さ〉

　人間の中の呼吸や鼓動もリズムに支配されている。呼吸は活動をしている時は息を吸って吐いてと2拍子になり、休息をしている時は吸って吐いて吐いてと3拍子になっている。私は、2拍子や3拍子は作られたものではなく私たちの身体の中にある自然な拍子であり、子どもが自ら作り口ずさむ歌もほとんどが2拍子もしくは3拍子であることを、保育の道に入って改めて子どもから学んだとき、保育もまたリズムだと思った。

　子どもたちにとって基本的な生活習慣を身につけることは、自分に信頼を寄せる確かな自分をつくることができる、はじめの一歩である。決まった時間に起きる、身支度をする、朝食を摂るなど自分でできることが増え、習慣づいていくことで生活の流れにリズムが生まれ、心地よく感じることができるようになっていく。逆にこの生活のリズムが崩れると不快になり、不規則で不健康になってしまう。私たちは、生活の中で緊張と弛緩を繰り返すことで心身ともに安定し、生き生きと毎日を送れるようになる。保育の中で、たとえば室内から屋外へと環境を変えることも静から動へのリズムであり、活動し休息するのもリズムだといえるのではないか。

　しかし入園してくる子どもの中には、生後まだ3年しかたっていないのに、生得的にもって生まれたリズムが崩れている子どもたちがいる。紙おむつの普及が原因なのか、弟妹がいないため排泄の自立の必要度が薄いのか、

お尻が濡れても不快に感じられず、一人で用を足そうとする意志が弱い。偏食であったり朝食を摂らずに登園したりしてくるので、顔色が悪く覇気がない。また、歩いたり走ったり身体を動かす経験が少なく、遊んでいても寝転がったり、すぐに座り込んだりしてしまう。丹田（臍の下わずかの所。精気の集まる所といわれ、昔から丹田を鍛えることが安定した身体、リズム、精神につながるとされる）が安定しないのだろう。椅子に腰掛けるときも背もたれに寄りかかり、自分の力で身体を支える姿勢がとりにくい。このような子どもが最近、特に増えてきているように思う。

あるとき、入園以来大声で泣くことも地団駄を踏むこともないが、目にうっすら涙を浮かべ、保育室には入らずカバンを肩からかけたままうつむいているT児と出会った。声をかけると、ようやくすり足のように2、3歩進みまた固まる。首や目もほとんど動かさないのでほかの子どもの姿も目に入らないようだ。登園してからカバンを置くまでに1時間はかかる。ようやく身支度を終えても同じ場所に立ったまま動かず、言葉もほとんど出てこない。このような状態が1学期中続いたが、毎日声をかけ肩に手をかけていた。ある日、私が身体に触れて追いかける振りをすると数歩逃げる。さらに追うと走って逃げる。それを繰り返すうちに徐々に表情が出てきて、逃げながら砂場のまわりを走るようになった。そうなると自分から絵を描いたり、空き箱で汽車を作ったり自分の思いが行動となって表れてきた。私たちは子どもの心の中を目で見ることはできないが、身体の動きを目で見ることができるので、身体をほぐすことを試したり、自分で身体を動かさずにはいられない状況を生みだしたりすることで、動き出した心、動き出したリズムを見ることができる。

〈子どもの心を受け止めるリズミカルな教師の動き〉

私はリズムよい生活を信条として仕事をしている。子どもと歌うとき心と音でキャッチボールをするように、子ども一人ひとりのテンポや音程に耳を傾け、子どもの歌いたい思いを受け止めながらともに歌う。そうすると互い

に響き合う心地よさを感じることができる。子どもとの応答も同じである。よいリズムで行えば子どもの思いをしっかり受け止め、話のやりとりの間が楽しく、一方の思い込みでなく互いを理解することができるようになる。

　子どもたちは実に鋭く敏感に教師の振る舞いを見て、感じている。私たちの園では、新入園児が入園して間もない6月に、園の創立を祝って全園児でミュージカルを行う。3歳児は担任の教師とウサギやネズミ役、あるいは子ども役など、日常のわらべうたなどで遊んだ役になって登場するのだが、歩き方や腰の曲げ方など担任とそっくりな動きをする。子どもが教師の動きをまねるということではなく、自然と教師の動きに影響されるのである。身近な教師の身のこなし、歩き方、話し方のリズムが子どもの心に残り、子どもたちにとってもっとも取り入れやすい環境となる。子どもに伝わるのはそこにリズムがあるからである。だからこそ私はリズムある動きを大切に子どもとともに生活をしてきた。

　私自身、生活や身体のリズムの乱れに気づき、よいリズムへと修正することで生活に活気が出て元気になっていくことを実感している。またリズムが乱れると、仕事の能率も上がらなくなる。短い時間に集中し、めりはりをつけて仕事をしていくことで、色々な問題にも柔軟に対応できるようになると思っている。保育は一人ですることばかりでなく、チームで行うことが多いので相手の動きを見て、自分はどのように動けばよいかを即座に判断したり、相手の呼吸を感じタイミングよく援助をしたりするなど、リズムのよい動きが要求される仕事である。相手のリズムと自分のリズムが響いたとき、いい仕事ができ、喜びも大きい。

　宗作は『幼な児の為のリズムと教育』の序説の中でリトミックについて心と身体の関係を次のように述べている。

　「人間の体は、すばらしく精巧な機械組織です。心はその運転手です。機械の具合が悪いと運転手が悩みます。ピアノの演奏や舞踊、絵や書が下手だということは、即ち体が思う様にならないか、或いは心に理解がないということです。リトミックは体の機械組織をさらに精巧にする為の遊戯です。リ

トミックは心に運転術を教える遊戯です。リトミックは心と身体にリズムを理解させる遊戯です」と。

幼児期に経験するリトミックが，自分の身体と心を理解する遊びであり，自らを安全かつ創造的に運転できる力を培う基本にあるという言葉が，折々に思いだされる。

〈リトミック教育の難しさ〉

幼児期にリトミックを遊ぶことで自分の心と身体が自由に動くようになり，思いのままに自分を出し切ることができるようになるので，後輩たちにも伝えていきたいと思うが，宗作のリトミックを教育の中に根づかせるのは難しい。

一つには実践できる教師が育たないことにある。宗作は子どもは自然界から本当のことを学び，子ども自ら心を動かし感動をもてるようにすることで，音楽，科学，文学，数学など興味関心が広がり芸術家にならずとも芸術を感じることのできる人間を育てたいと考えていた。しかし，音楽教育から生まれたこのリトミックは，音楽を理解するための手段として，あるいは体育として位置づけられてきてしまった。本当は幼稚園や小学校の教師が彼の理念を理解し，保育や授業の自然な流れの中で行うことに意味があるのだが，ピアノを使ったり，リズム反応をしたり，踊ったり歌ったりすることが難関となり，音楽教師の仕事として生活と分離していったのではないかと思う。幼年期の子どもの表現が，生活と切り離された芸術として，歌うこと，動くこと，聞くことが分離したといえよう。

子どもたちと生活をともにし，子どもたちの興味や関心を一番身近に感じることができる教師が感性を磨いて指導することで，生活に根づいたリトミックができると思う。しかし，これをどのように後輩たちに伝えていけばよいのか悩みは尽きない。なぜならリトミックの指導法をまねることはできても，リトミックの構造を理解し保育に生かすことが難しいのである。子どもの姿から何を感じ，何を体験してほしいのか，ねらいをもって行えば方法は

自分流でよいと思う。しかしこの自分流を創りだすには、リズミカルな心と身体がなければできないのである。

　もう一つにはリトミックをすることを目的にしてしまう危うさがある。私は若いとき先輩の先生方の指導を見て学んだ。始めはまねるのが精一杯であったが、子どもたちの反応のよさに驚きながら、いろいろな方法を自分なりに試していった。それがおもしろくなり、教材はより高度なものへとエスカレートしていった。園児では難しいと思われる幾何学リズムを運動会に取り入れたり、身体カノンをオペレッタに取り入れたりした。しかしそれは音楽表現が子どもの心と離れ、教師主導の演出になっていってしまったことを意味する。子どもから湧き出る表現を大切にすること、それを規則性のある音楽と響き合わせることこそ宗作の総合リズム教育の根底にあることだと気づいたとき、もう一度原点に帰る必要を感じたのである。

　「子どもは先生の計画の中にはめてはいけない、自然の中へ放りだしておけ、先生の計画より子どもの夢の方がよっぽど大きいよ」これは宗作がトモエ学園当時、保母に伝えた言葉である。

〈今後の総合リズム教育と音楽教育〉

　今、幼稚園や保育所の音楽環境は、テレビなどから聞こえる長いヒットソングを大音量で流したり、一斉に楽器を弾く練習をしたり、歌や鼓笛の訓練をしたりと多種多様である。しかし、幼児期の音楽は子ども一人ひとりの中にあるリズムに合わせ、自然界のもつリズムを生かし、自然に身体が躍動し、言葉がメロディーになり、生活そのものが歌であり音楽であるようにしていくことである。取りだしたリトミックや音楽ではなく、全人教育の一視点として、私は総合リズム教育を実践したいし、日本の子どもの生活に根づく音楽環境を模索し続けたいと思っている。

　＊山下郁子の研究は、国立音楽大学附属幼稚園紀要「3歳児のリズムの獲得」2003、「総合リズム教育の理論と実践」2005などがある。

子どもの夢が踊る環境

健伸幼稚園　柴田 炤夫

〈すてきなステージで本物に触れる〉

　子どもだから本物に触れる。そして子どもの輝きをいろいろな人に知ってほしい。幼稚園では経験できない都会の生活の色彩，生活の音と匂いと空気，一流の大人が演出するデパートのウィンドーやイルミネーション，言葉づかいや表情に触れることは，子どもの心にあこがれのイメージを育てる。

　卒園式が近づく2月，年長児は四つ切り画用紙と画板をラックで引いて電車，地下鉄に乗りグループごとに浅草，東京タワー，銀座，東京駅，早稲田大学に出かけた。90人の年長児を前に事前に下見した場所のビデオや写真でプレゼンテーションをする。ティーム保育で5歳児の自治による自己活動を試行して10年，その生活が伝承されるようになってきて子どもたちは，園外スケッチの場所選択にも真剣である。

　私は，懐かしさもあって銀座グループと下町を走るチンチン電車で早稲田大学へのコースを志願した。私鉄，JR，地下鉄を乗り継いで1時間余，早稲田大学大隈講堂（1926年建設）の前で30人の子どもたちが画板を広げると学生たちが集まってくる。「ホーッ」「大したもんだね」「私よりも上手だわ」の褒め言葉にのって，子どもたちは大胆にのびのびと描きだす。大学は警備員をつけてくれたり広報部の学生が構内を案内してくれたり，記念撮影のサービスもあり，さらにホテル経営や生涯学習センター，レストラン等と，21世紀の早稲田大学の目指す方向の一端に触れた気がした。学校が内に閉じこもっているだけでは社会から遊離する。私の実践と共通する考えである。

　銀座4丁目の10人余のスケッチグループは，商店街のどこでも大歓迎，歌舞伎座ではセリ上がりの舞台を見せていただき，三越では昼食場所を，日

産では展示車の試乗をさせていただいた。150円を握って木村屋でパンの買い物，店長自ら一人ひとりに応対してくれた。「どうしてみんなはあんこが嫌いなの」「しつこいから」「ほう，しつこい」さすがは銀座の老舗，メモを片手に将来の消費者をモニター。子供服ファミリアでも湯茶の接待の間，支店長は子どもの目線，動線を追っている。品のよい大人の応対を受ける，これも園内だけでは経験できない本物との出会いである。

　日産ギャラリーのコーナーをお借りして和光の時計塔（1932年建設）を描く。画用紙もコンテ用に3種類，クレヨンと絵の具で仕上げるために別の画用紙も用意する。イメージができた子どもたちは一気に見事な描線で建物や人，車を描いていく。「何年生，へえ幼稚園なの」「いつもここで描いているの」「絵の学校なの」「どうしてこんなに描けるんだろう」「見てみて，この子の絵，上手」街行く人々の褒め言葉にのって子どもの作品は伸びやかになっていく。「褒められることは注目されること，その舞台が本物で，さらに一流であればあるほど人間は輝き，技能は磨かれる」早稲田大学も銀座も一流の舞台，子どもは本物のリズムにのるのである。

　幼稚園に帰ってから1週間ほど，子どもは絵と向き合って完成させていく。園のアトリエは，ポルトガル製の敷石を詰めたガラスの部屋，多様な画材が用意された中でそれぞれのグループの子どもがイーゼルを使用して画家になる。すごいことに子どもは互いの良い所を褒め合う。街の人々の言葉が残っているのだろうか。私も子どもと一緒に描くことにしている。子どもは私の描く絵から何かを学び，私も子どもから学ぶことが多くある。子どもが帰った後，ホールでスタッフ全員と一人ひとりの作品を見る。子どもたちの不思議な世界に驚き感銘する時間である。

〈幼児教育への道のり〉

　私は母子家庭で育った。戦後間もないころは"向こう三軒両隣"で家族のようなものだっただけに，母子家庭で育って不憫という感覚は，私にもまわりにもほとんどなかったように思う。他人の家に預けられるときも不憫さは

感じなかったが，子どもながらに一宿一飯の配慮はしていた。中学ではスポーツ万能の番長，高校では文学誌に投稿する文学青年であった。小学校5年生のとき，押入にあった旧仮名遣いの徳富蘆花『思い出の記』を読みふけった。母子家庭で育った主人公が新聞記者となり良き伴侶と良き家庭に恵まれるというロマン文学に自分の人生を重ねた。ルソー，トルストイ，蘆花，武者小路，志賀直哉らの自然派のロマンは，私の「夢チャレンジ」，幼児教育実践への設計図になった。大学卒業後，東京オリンピック景気にわく広告代理店に勤務し，「可能性というロマンのステージ」を実感しながら様々な企業の経営戦略を学んだ。広い世界に根を張る野性的・動物的なアンテナも鍛えられたと思う。そして幼稚園の経営戦略は，保護者よりも子どもへのアピールにあるというのが私の持論になった。

　芸術教育研究所の多田信作氏との出会いが，幼稚園教育への夢を広げた。脱サラして昼は幼稚園や保育所の体操の教師，夜は芸術教育研究所で研究生として実践研究を学び，劇のシナリオを書いて上演し，夏は秋川自然公園の子ども村村長になり，学生たちも一緒に2か月間7千人の幼児と生活をした。この「緑と太陽を子どもたちへ」の活動が注目されて，幼稚園設立の機会が訪れるのである。今にして思えば企業での経験も，子どものガキ大将になって過ごした時間も貴重なものである。

〈雨にも風にも色と匂いがある〉

　幼児期から児童期は，自分軸（アイデンティティー）が形成される大切な時期で，見る，聞く，触れる経験から脳の前頭前野にイメージが育つ。そして他人の心に映しだされる自分をイメージして行動する心が育つ。自分が友だちの心にどう映り思われているのか，自分はどうしたらいいのか，相手を思いやる心の判断力がつく時期だと確信している。それだけに常識ある大人との心のやりとりが必要だと思う。こうした心の映像を表現する方法が描画表現である。子どもたちが描く絵の一点一点に語りかけていくと，絵の中から子どもの心が語りかけてくる。そんなとき，私は幼児教育をやってよかった

と実感するのである。

　5歳年長児の絵は、空や地面などの地上線や遠近感や量感も身体化しているだけに奥行きがあり、絵を語る世界にも句読点がついてくる。水族館の水槽内を泳ぐマグロ、それを見ている自分、そして違う時間・場所で描いている自分と、時間の経過や距離感を理解して描く子どもがみられる。雨にも色や音がある。「雨の音」「空気の匂い」を感じたままに描く子どももいる。絵が嫌いな子ども、描けない子どもがいるとよく耳にする。それは、触ってみる、嗅いでみる、動かしてみる、乗ってみる、のぞいてみる、叩いてみるなど、本物と出会い、心動かされ、イメージする世界ができる過程を用意できない大人の側、じっくり待てない大人の問題である。友だちの顔を描くテーマでは、向き合って会話する。子どもはこれだけで新しい発見があり、相手の心をみようとする。描画活動は、子どもだけでなく私たちがものの本質、子どもの心をみる手がかりではなかろうか。

〈子どもに見通しを保障する保育〉

　朝、子どもは教師から一日の流れの説明を受け、それに対して子どもも意見を出す。教師は子どもの質問や意見に聞き耳を立て、示唆を与えたり、取り入れたりする。ミーティングが双方向になされることで、子どもは主体的に課題や活動に取り組んでいく。

　3歳児もティーム保育で自己選択する幅が大きいが、5歳年長児はオープンスペースで学年全体、学級別、生活別、プロジェクト別、個々にと仲間のかかわりを広げている。下足箱も決められているわけではないが整然と整えられ、遅く来る子のために良い場所を空けてある。教師が一日の流れ、一週間、一か月の方向をしっかりと子どもに説明し、一緒につくりあげることで、子どもが生活の流れをイメージできれば「どうするの」「これしていいですか」などという指示待ちの子どもはいなくなり、各自が自分の感覚で動けるようになる。子どもとの生活をともにする経験を積み重ねることにより、子どもをみる教師の目も確かになり、子どもの心に映るイメージの世界

を読み取るゆとりが出てくる。年少児のつながりの力，年中児の基礎基本に取り組む力，年長児の目的的生活の力を育てる3年間の教育の見通しがあってこそ，今という時間が充実する。

　見通しがあり自己裁量が大きいということは夢を描きやすい。私も大学や講演でのお金を貯めてできるだけ海外に出かける。モンゴルの子どもは大草原で自然とともにある生活を楽しんでいた。ラップランドのサンタ・スクールに留学してライセンスを獲得した帰途，「風の谷のナウシカ」にも似たオーロラの幻想の舞を見て，幼い日の夕立前の乱雲を思った。ニューヨークの五番街でサンタクロースがいるかという少女の新聞投書に返信した副編集長の記事を読んで，幼児期にしかない夢見る世界は子どもの権利だと思った。教師の特権は子どもと夢を共有できること，子どもとイメージを共有して夢をいっぱい膨らませることで，それができる教師が輝くと思う。

　私は子どもが目を輝かせてあっと驚くあの表情を楽しみにして，日々，子どもを喜ばせるネタを企んでいる。「園庭の庭に屋根に届くような山をつくろう」土曜，日曜日に大きなシャベルカーを借りてきて男先生と一緒に大きな土山をつくる。月曜日に登園してきた子どもたちが「わあ，山だあ」と大騒ぎして朝の挨拶もそこそこにドロンコパンツに着替えて，泥山で戯れるあの風景を想像して，わくわくする瞬間がたまらない快感である。運動会のときには，等身大のトトロのぬいぐるみを着て演じる。前日から鏡の前で傘を差してトトロの演技の練習をするのは言うまでもない。クリスマスシーズンにはゴージャスな衣裳を着て，サンタスクールで学んだように英語の台詞を暗記してサンタになりきる。翌日「サンタさんからもらったの」と子どもが自慢げに報告してくれる。「じつは……」などと口が裂けても言わない。一か月かけて準備し催すイルミネーション会の当日は，毎年，カナダ，イギリス，アメリカなどからサンタクロースを招く。あの大きな外国のサンタクロースと握手した子どもたちは，その瞬間，サンタクロースを信じるだろう。心を汚してしまった大人は，子どもがみる夢と異なる夢をみる。しかし，誰でも子どものときにみた，子どもらしい夢が自分を支え，自分の人生を照ら

しているのではないだろうか。

〈自学自習〉

　いくつになっても子どもの前に立つためには，自学自習が必要である。絵を描くにも，サンタクロースになるにも，泥山で戯れるにも，あるいは海に出かけるにも，より本物の環境を提供するための自学自習である。

　教育者が学ぶのは，知識や技能もさることながら，子どもとのかかわりのバランス，子どもへの人間愛であると思う。やがて国際舞台で，自分で培った特技・個性を発揮する人間を育てるためにも，本物の実力を磨く教育が必要である。自己表現力，相手の思いを酌み取る度量，グローバルな国際社会の中を生きる教養を深めるためには，繰り返し繰り返ししながら自ら学習していく奥行きのある教育が面白い。

　いろいろな実践を試みてきた。やってみては子どもの目の輝き，動きの伸びやかさ，チャレンジする勇気に教えられた。奥行きのある教育とは，生まれてきたことへの感謝，人を愛すること，人と人をつなげる寛容さ，チャレンジして知る知恵の学習の積み重ねだと思う。こうした奥行きの深さは，5歳児の保育の中で芽が出てくると確信している。量感，遠近感，イメージの膨らみ，喜怒哀楽の共感，あこがれと意欲へのチャレンジは，幼児教育の世界で大きく育つ。本物に触れることにより，心は膨らみ，感動したことを想起し，イメージしたことを相手に伝える。そうした3歳からの積み重ねの芽が出てくる5歳児の教育に，自信と信念をもつ幼稚園こそ，私の夢なのである。

　　＊健伸幼稚園の実践研究は，園だよりにも載せられ，保護者に情報提供されている。柴田沼夫『子どもと保育者の夢チャレンジ』学習研究社2002（ビデオ・解説書付）などがある。

第3章

教師のライフワーク

1. 教師の道への自問自答

　どれほどの人々が就学前教育の道を目指し，葛藤し，献身したことであろうか。教師として生きるには体力と知力と人間性といった総合力が必要であり，決して楽な仕事ではない。時には私財をなげうち，時には命を預かって自分の人生をそこに賭ける覚悟で臨むだけに，子どもが好きだからというだけでは務まらない。厳しい職業倫理が求められる中，自問自答し続ける日々である。それでもなお教師として生きる魅力は，子どもとともに暮らすことによって自らを高められる職業であり，子どもらに未来を託せる大きな喜びが得られるからであろうか。

(1) ライフワークに応じた職域の広がりがあるか

　今日，就学前教育の場は多岐にわたる。全国の幼稚園数13,835園，学級数にして73,386学級，教員数110,807人（平成18年度文部科学省「学校基本調査」）である。保育所，認定子ども園の3歳以上児も就学前教育の対象と考えると，およそ2倍の教師がこの仕事に従事していることになる。また，院内学校や盲・聾・養護学校の幼稚部，海外の日本人学校・補習学校の幼稚園（119校2005年11月調べ），私立日本人幼稚園と，世界各国に就学前教育の場

が広がっている。それ以外にも戦禍に見舞われた国にボランティアとして入る人々、海外青年協力隊として教育分野で活躍する人、家庭教師なども含めれば、多くの者が就学前教育の場で活躍している。

さらに、就学前教育の場で教師を10年、20年と経験して、様々な資格を更新し、小・中学校の教員になったり、研究的実践を積み重ねて大学の教員になったり、現場経験をもとに遊びや音楽、絵画造形活動を提供する塾を開いたりなど、活躍する舞台も広い。キャリアを積む時代の到来は、こうした学習歴を基に、ライフワークに応じてますます広い分野を開拓していくことだろう。人間の根を培う仕事は、どんな分野の仕事に就いても生かされる経験を提供してくれる。それは別の見方をすれば"何でも屋"となり、どれも中途半端で、仕事の深み、研究の実績を自分で意識的につくっていかないかぎり、隘路に落ち込む危険性もあるということである。ここに生活を仕事とする者の難しさがある。

(2) 問い続ける自分との闘いに勝てるか

今は、海外は単なる視察先ではなく、もはや就労し体験する時代になっている。大澤ちづる（本書p.198参照）が自分が生きる舞台を海外に求めたのも学生時代である。16歳の憧れを実現するために、志を高く掲げ実現してしまうのは若さであろうか。採用になった最初の幼稚園は賃金契約違反で食事代も事欠いたり、暖をとるお金もなく布団にくるまって震えていたという。その中で、1ユーロのお金をパンに変えるか貯金をして世界を見歩くか悩んでは後者を選んで生きている。幼児教育や音楽セラピー、親子関係や障害児保育など見歩いた国や幼稚園は相当数にのぼる。ヨーロッパの教員が、3年で外国見聞が義務づけられているように、新しい学校の建設者たちが若い頃から世界に見聞を広げているように、異文化に身を置くことは己をみる目を培う。大澤にも多感な青年期に自らをそこに向ける強い意志が形成されているのであろう。"自分が選んだ道は後悔しない"と自分を納得させるだけの力がある。そして、目の前の子どもに向き合い子どもを師としながら自問自

答を繰り返す日々が彼女を成長させている。非日常的な保育言葉や生活様式，集団行動にいたるまで，独特の文化をつくりあげた日本の就学前教育に染まらない一人の教師が，海外で育っていると思うと楽しい。こうした若者たちが自己教育・自己形成するプログラムをもって行動するとき，未来が開かれるのではなかろうか。

(3) 障害児教育者としての専門性とは何か

　障害児と健常児の統合保育が幼児教育の一つの形態であれば，盲・聾・養護学校の幼稚部は，同じ感覚器官や心身の発達に障害のある子どもたちが，専門的な訓練を受けながら生活する場である。就学前教育の場がここにもあるということはあまり知られていない。それは全国71校の盲・104校の聾・831校の養護学校は都道府県立で，教員採用も県費職員となっており特別支援学校教員免許が必要だからである。全国に5園ある都道府県立幼稚園は，国立や公立と同じ研究組織等に入っているので相互交流もあるが，特別支援学校（盲・聾・養護学校）の幼稚部は，生活と訓練を主目的に教育課程を組んでおり，幼児教育機関との接点が少ない。

　奇跡の人で知られるヘレン・ケラーが言葉を獲得したように，また見えない世界を見たように，従来，盲・聾学校では，感覚器官が発達する早い時期から適切な訓練を施すことがよりよい効果を生みだすと考えられ実践されている。新たなチャレンジを始めた長谷川純子たち（本書p.204参照）は，従来の口話法の訓練を生かしつつも子どもの遊びに注目する。ソシュールがいうような"一人ひとりが自分の中に語を画定すること"に意義を置くより，言語を教えることに多くの時間を費やす幼児期の聾教育がはたして全人教育につながるのかという思いからである。兄弟姉妹や近隣の友だちとの遊び経験が少なくなった今日，環境に自ら働きかけ自発する力，自分で取り組もうとする意志，友だちとコミュニケーションする力を重視する方が，結果として自分で言葉を増やし，他者と対話する力につながると考えたからである。

　門外漢の筆者が，この分野に立ち入ること自体，危惧されることかもしれ

ない。しかし，語彙訓練に明け暮れる子どもの生活だけでなく，遊びによって育つ直感的思考や認知思考，仲間との共同感情が，結果として言葉を豊かにするという予見もある。それを実証するためには研究することであり，実践から論理を導きだすことが必要になる。様々な特性をもつ対象に対して，教育が一つの方法を唯一のものとしていく危険はないのか，どんな情報を提供すれば子どもは言葉の世界を広げることができるのか，幼児期に遊びや集団生活を経験させる意味は何か，幼児期の手話と口話法と文字言語は，3か国語を同時に覚える加重なものではないかなど，多様な視点からのアプローチが必要である。これは，日本が五十年，百年かけて研究していく課題であり，おそらく次の時代に持ち越されるであろう。

確かに幼年期に言葉が育たなければ想起的記憶は形成されにくい。想起的記憶が形成されないと他者とのコミュニケーションや抽象的な思考は難しい。聾学校においては子どもたちに言葉を獲得させることが最重要課題になっていることも理解できる。しかし，座学による聴覚口話法は，子どもの遊びの時間を奪い自己活動を減らしてしまうという問題もある。長谷川の試行はまだ始まったばかりである。そして体を十分動かし，自らの欲求や意志を身振りや手話，口話などで表し，他者と共同感情を味わった子どもたちが，自ら言葉を自分の知能構造の中に画定するプロセスを通るのかを実証する仕事が待っている。これは，聾児だけの問題ではない。盲児の指導も，発達障害をもつ子どもたちの指導等も，かつてのように訓練に偏した隔離政策から脱却し，個々の教育的ニーズに応じて適切な指導や障害のない児童生徒との交流，共同学習を目指す特別支援学校制度（学校教育法の関連条項が改正され，2007年4月1日から施行されている）が実施されている今，もう一度見直す時期にきている。また，健常児の教育においても，日本語の獲得の問題は避けて通れない課題であり，言葉を感覚的に擦り込んでいく早期教育によって，本当に豊かな言葉が育つのか，長い将来にわたって言葉を画定し，使える子どもが育つのかの検証が求められている。さらに，帰国子女，海外からの就労者・移住者の子どもの言葉の問題もおろそかにはできない。

ピアジェが知能も自分で構成するとしたように，ソシュールが自らの中に言葉を画定することに意義があるとしたように，幼児期に自己活動を通して言葉の構造，世界観を自分の中につくりあげることができる子どもを育てられるかどうかが，これからの日本語文化の伝承にもかかわっているのではなかろうか。

異文化の中の日本

　　　　　　　　　　ドイツ；フランクフルト日本人幼稚園　大澤　ちづる

〈渡独を夢見て〉

　今からちょうど5年前，大学を卒業したばかりの私は，初めて幼稚園教諭，また社会人としての生活をドイツという海外でスタートさせた。すべてが初めてで，生きること，毎日を生活することだけが精一杯だった。ドイツ生活1年目，そして少し冷静に余裕をもって自分を見つめられる今。決して短くはなかったこの5年間，ここでの経験，出会いに感謝し，自分を振り返り見つめ直したい。

　人はよく，「勇気がありますね。すごいですね」などと言う。でも，当時の私は怖いとか大変とか，そういう気持ちは全くなく，ただただ自分の中の叫びを抑えられずに，日本を飛び出していた。言葉もわからず，知らない土地に「自分探しの旅」を求めた。16歳の時にドイツ製ピアノの音色に感動して以来，ドイツ行きを夢見，その夢は薄れるどころか強まりを増し，勇気ある私を導いてくれたのだと思う。

　ドイツ行きの切符は手にしたものの，待っていた現実は，苦労と葛藤の連続で，笑ったことより泣いたことの方が多かったかもしれない。自分の仕事に納得がいかず，自己嫌悪に陥る日々，海外生活に慣れない私は買い物ひとつにも，エネルギーを要した。それでも，ドイツに来たことを後悔しないと心に決め，乗り越えられたのは，どんなに自分に問いを向けてみても自分が選んだ道である，という結論からだった。そして，5年たった今，ドイツ生活は私の日常となり，葛藤の中に楽観性を見いだしながら今もなお，私に問い続けている。

〈保育者への道〉

　「どうして，せんせいになったの？」子どもによく聞かれる質問である。「子どもが好きだから」こんな風に答えられたら，どんなに気持ちいいだろう。しかし，実際は「どうしてかな？」としか答えられず，不思議と子どももそれ以上は聞かない。子どもが好きかと聞かれれば，どちらかというと好きな方だろう。でも，それが，保育者になろうとした一番の理由ではない。幼稚園の先生になりたいなどと思ったこともないし，幼稚園の先生になんて絶対にならないと誓っていた私が，師との出会いをきっかけに保育の世界に足を踏み入れ，今に至っている。師が語る魅力的な保育の世界，研究現場で出会ったきらきら輝く子どもたち，それは私が思い描いていた幼稚園現場とは全く異なっていて，その未知なる世界が私の興味を引いたのだと思う。「幼稚園の先生になってみてもいいかな」くらいの気持ちで始まったこの道も5年の歳月を迎え，多くの失敗を繰り返しながらも，輝く子どもたちに出会うため日々奮闘は続いている。子どもたちのことを夢中で考えている自分に気がつくとき，保育者になるなどと思いもしなかった自分をふと思いだしては，驚きを覚えるのである。

〈学びの場　学びの意欲〉

　保育者としての生活が長くなるにつれ，保育者の成長について考えさせられ，不安や焦りを感じるときがある。日本に居れば，多くの研修会やあらゆる書物から知識や情報を得ることができよう。また，相談できる人も決して少なくないだろう。しかし，海外という環境では，そのような点においてすべてが限られている。限られた条件の中で試行錯誤し，機会があればドイツの現地幼稚園を見学するわけだが，最後は目の前に居る子どもたちと向き合い，自分に問い，自分で考えるのである。私はこれらの作業を何度繰り返してきたことだろう。そして，いつの頃からか今の自分が置かれている環境においてできること，この環境に居るからこそできることを模索し，それらが

人間として，保育者としての成長につながると考えるようになった。保育は生活であり，その人の生き方がそのまま表れる現場である。技術をまねることは簡単かもしれないが，生き方はやはりその人自身なのである。専門知識，技術を大切に思う反面，私という一人の人間が成長することが，保育者としての成長にもつながると信じている。

　人間としての成長，あまりに抽象的だが具体的にいえば，自分はどう生きたいか，どうありたいかを問い，それに近づくために日々前進することではなかろうか？　外国語を学ぶことも，外国人とコミュニケーションをはかることも，知識を得る面白さはもちろんあるものの，私という人間を幅広くしてくれる。そして，旅もまた，そこでの生活や人々に触れることで，新しい価値観を知ることができる。広い価値観と柔軟性が私には大きな課題であり，どんな状況に身を置くことになっても，生きていく力となってくれるように思えてならない。

　一方ではギターを片手に子どもたちと歌を歌いたいと思い，ギターを習い始めたり，学生時代，中途半端で終わってしまった歌のレッスンを再開したりもしている。これらは，自分が好きだからやっていることに変わりはないが，子どもたちの前で自分も表現者でいたい，という思いがあるからである。私は，子どもたちと歌を歌うとき，初めての歌であれば，はじめに私が歌うのを聴いてもらうことにしている。いつだったか，ドイツ語の子どもの歌を弾き歌いして，子どもたちから拍手をもらったことがある。これほどうれしい拍手は，今だかつてあっただろうか？　小さな子どもたちと共感し合える瞬間が私を励まし，支えてくれているのだと思う。子どもたちへの思いを巡らせれば巡らせるほど，子どもたちから返ってくるものは大きくずっしりと重い。それは決して，目に見えるものではなく，言葉で表現することも難しい。ただ，心だけで感じることができる幸せの贈り物なのである。

〈ドイツで抱いた幼児教育への問い〉

　渡独する前，日本の幼稚園現場を知りたくて，特徴ある園を見学して回っ

た。しかし、こちらでの生活が長くなるにつれ、その記憶は薄れ、日本で保育をしている友人と話をすることで、日本の幼稚園事情が蘇る。「日本はもっと教育する、という面が強い」と友人は語る。しかし、今私の中には教育するというより、生活するという意識が強い。ドイツの現地幼稚園を見学してみると、一人の大人として子どもたちと生活している保育者の姿がある。特別大きな声を出して、まとめることもなければ、幼児語で子どもたちと話すこともない。文化の差はあるにしろ、一人の大人として、生活者として、子どもたちの前に立つという意識は大切ではなかろうか。

　まとめる保育、協調性などといわれると、正直いって耳が痛い話である。私自身なぜ、まとめることが必要なのか、大事なのか、という疑問が残るからである。私はグループを一つにまとめて、引っ張っていくというタイプの人間ではないし、それが、保育だとも思っていない。子どもたちの前で、失敗をすることもあれば、子どもたちから「せんせい、がんばって」と励まされることもある。私という人間を取り囲みながら、子どもは子どもとの絆を結んでいく。そして、自然になんとなくまとまっていく形をとる。年々、私のことを「ママ」「おかあさん」と間違えて呼ぶ子どもたちの率が増えている。私がそういう年齢に近づいていることもあるかもしれないが、人から「家族みたい」と言われる所以かもしれない。ともに生活をするというのは、きっとこういうことなのだろうと思う。

〈海外から見た日本、そして自分〉

　海外への興味、憧れが決して薄くはない日本。私もまた海外へ憧れをもつ日本人の一人であった。きっかけは何であれ、自分とは異なる未知の世界へ好奇心を抱くのは自然なことであろう。そして、日本人が外国への憧れをもつのと同じように、外国人も日本への憧れをもっているということを私たちは知っているべきだと思う。私がここで出会った外国人（ドイツを始め、フランス、イタリア、スペイン、トルコ、イラン、ネパール……）は日本への興味の差はあっても、日本への評価は驚く程高い。彼らが知っていること

は，日本のごく一部分に過ぎないが，決して過大評価というわけではなく，私から見ても納得のいく見方である。外国への憧れが強く，日本の嫌いな面しか見ようとしなかった私が，日本の優れている点に対して誇りを感じ，日本人として生まれてきたこと，日本文化の中に育ったことを感謝さえするようになった。

　また，海外に住みながら，日本コミュニティの中に生きている自分に葛藤したこともある。しかし，教育は文化であるという学生の頃からの教えを身をもって体験し，海外でありながら日本の子どもたちに出会えることを恵まれた環境にあると思うようになった。日本人の私だからできること，日本文化の中で育った私だから伝えられることがきっとあるのだと思う。この海外生活，外国人との出会いは，日本を客観的にみる視点と，日本人として生きていく意識を私に教えてくれたのである。

　学生の頃，ドイツの日本人幼稚園を見学して回って歩いていた私のことを，わが園長は「あの頃はまだ，固い蕾だった……」と語る。そんな私も今では，立派に物申す職員の一人となった。いろいろな経験，環境とともに変化している自分。その時その時で，違う悩みがやってくる。でも，それに向き合い，自分なりに答えを見つけながら歩いてきたつもりである。必死に答えを求めて，突っ走る時もあれば，ちょっと疲れて休憩，という時もある。しかし，どんな経験も自分の糧にしていく気持ちに変わりはない。最後に私が保護者宛に書いた園の便りより，一番新しいものをここに載せたい。私が子どもたちとどんな生活を送っているかを想像して頂けたらと思う。

〜香り〜

　「ん〜　いいにおい」と言って，私の洋服に顔をあてるNちゃん。普段，自分の匂いなどあまり気にしない私も，Nちゃんのニコニコ顔に「どんな匂い？」と問い返してみた。「ちづるせんせいのにおい」と返ってきたが……さて，私の匂い？　自分では気づくことはないが人はそれぞれ，静かに香りを放っているのだと思う。人とすれ違った時，よそのお宅にお邪魔したとき

など，その人，その家独特の香りを感じるものである。石鹸の匂いかもしれないし，料理をしたあとの匂いかもしれない。私の実家は，パンやお菓子作りを仕事としている母親のおかげで，いつも甘い香りが漂っている。住んでいる私たち家族は全く気づかないのだが，訪問客は口をそろえて「甘い匂いがしますね」と言う。長い年月に渡って築き上げられた生活の匂いである。アロマテラピーというものがあるくらい，人は嗅覚からの刺激で安らぐことも，気分をリフレッシュすることもできる。私自身，今，自分の部屋を香らせることを楽しんでいて，その香りが残った部屋に帰宅した時には，なんともほっとした気持ちになる。Nちゃんは，私に抱っこされているときも，膝にお座りをしているときも私の匂いを嗅ぎながら何を感じていたのだろうか。

　同じにおいでも"臭い"の話もある。子どもたちが大好きな絵本「みんなうんち」を読んだ時のことである。この絵本は，すでに知っている子どもたちも多く，表紙を見た瞬間，喜びの声が上がった。そして，子どもたちは鼻をつまみ始めた。私は笑いながらも絵本を読み進めたのだが，違ううんちが出てくるたびに，子どもたちは隣に座っている友だちと「くさいね，くさいね」と言い合っていたのである。この姿は本当におかしく，可愛らしかった。絵本を見るにしては，ちょっとうるさいかなぁ，と思いながらも豊かな子どもたちの想像力に，私も笑わずにはいられなかった。残念ながら私は，どんなに美味しそうなお菓子のレシピを読んでも，「あ～いい匂い」と感じたことはない。

　＊大澤ちづるの自己学習は，日本の幼稚園視察だけではなく，ドイツのシュタイナー幼稚園を始め，フランクフルトのモデル園・統合保育に力を入れている園，ルーマニア，ハンガリーの幼稚園など何か国にもわたる。またミュンヘン小児センターでのオルフ音楽療法や統合保育における音楽セッションなどにも参加している。2007年の春もハンガリーへ夜行バスで行き，1週間の音楽研修を受けたという意欲的なものである。

ろう学校幼稚部の教師として考えてきたこと

東京都立大塚ろう学校幼稚部　長谷川　純子

　私は大学卒業後，20数年を聾学校の幼稚部で，耳の聴こえない，あるいは聴こえにくい子どもとともに過ごしてきた。その暮らしの中で多くの出会いに恵まれた。行きつ戻りつ迷いながらの歩みであるが，二つの大きなキーワード，「手話」と「幼児としての暮らしや生活」をもとに，私がこれまで学び，考えてきたことについて振り返ってみたい。

〈聴覚口話法の難しさ〉

　聾学校に通う子どもの多くは，「感音性難聴」と呼ばれる神経系の高度難聴で，補聴器をつけても音声を聞き分けるのは難しいケースが多い。現在，社会的にも手話が「言語」としての市民権を得てきているが，ごく最近まで日本では「聴覚口話法（残った聴覚を活用し，読話や発音の訓練によって日本語の音声言語を獲得させる方法）」が主流で，手話は音声語，あるいは日本語の獲得を妨げるという理由で聾教育から長く遠ざけられてきた。しかし，成人聾者の多くは実生活において手話を使っている。いくら聾学校で手話を厳しく禁止しても，手話は消えることなく聾児から聾児へと伝えられ，聾者にとって大事な言語として生き続けてきた。

　聴覚口話法は，聴こえない子どもに音声語を使って音声語を獲得させようとする難しい方法である。聾児本人のみならず，保護者，指導者の資質や能力など，いくつもの条件がそろって初めて成り立つ。成果を上げてきた一方で，日本語も手話も十分でない「自分のことばを持たない聾児」をたくさんつくってきたことも事実であった。私が初めて赴任した聾学校では，口話法による問題点を解決するための熱い議論が繰り広げられていた。同口形異音の多さによる読話や発声の曖昧さを補うために，音声語とともに指文字（50

音を手の形で表したもの）を併用する方法などが試されていた。以前の口話法に比べ，随分日本語の獲得が楽になってきた。しかし，まだ日本語を知らない幼児が，指文字を読み取り，意味を理解し，使うのは難しい。

　もっと確実に楽しく自然にコミュニケーションできる方法はないだろうか，そんな思いを抱きながら私は研究会に出かけた。そこでは海外の手話を活用した聴覚障害教育について，成人聾者と聴者がともに学び活動していた。初めて見聞きするすべてが刺激的で驚きの連続だった。足しげく研究会に通い，会の企画や編集などにもかかわるようになった。会議では手話が使われていたが，その頃の私はまだ手話がほとんど使えず，会議の内容がわからないまま時間が過ぎていく。言葉が通じない辛さ，不便さ，情けなさ，自分一人だけがわからない寂しさを実感した。しかし，考えてみれば，聾者は，聴者中心の生活の中でいつもこんな状況に置かれている。私は週に2時間でも，聾者は毎日である。障害は聴こえないその人の中にあるのではなく，「聴こえる私」と「聴こえないあなた」の間にある「関係の障害」なのだ。そのことを身をもって知った貴重な体験だった。聾児の両親の8，9割，聾学校の教員もほとんどが聴者である。そこに教育の難しさがある。「聴こえない」ということがわからないのだ。自分がわかっていないことを忘れないようにしようと思った。

〈手話によるコミュニケーションを支える環境〉

　ある年，両親も聾者の3歳S児を担任した。入学間もない日のこと，母親は弟の予防注射のために，S児を聾学校に置いて先に帰らなくてはならない。当時の幼稚部は保護者が終日，学校の活動に参加したり見学したりして一緒に過ごしていた。初めて母親と離れ，一人でスクールバスに乗って帰るという事態にぐずるS児。「お母さんは弟を予防注射に連れて行かなくちゃいけないの，だからSは給食が終わったら，先生にバスに乗せてもらって帰ってきてね。お母さんはいつもの神社のところで待っているから。バスを降りたらそこにいるから心配しなくても大丈夫。赤ちゃんが重い病気になった

ら大変でしょ。学校で今日も楽しいこといっぱいするのよ。Sはもうお姉さん，一人でスクールバスに乗って帰れるわね」。母親の優しくていねいな説得にS児もやがて納得し，泣きべそから笑顔になっていく。その二人のやり取りの様子を見て「あ，これだ！」と直感した。デフ・ファミリーのS児の家では，手話は自然で不可欠な言語である。その手話を使って年齢相応のしっかりしたコミュニケーションが実現していた。S児の両親は日本語の読み書きも，発音も得意ではない。一番身近な言語モデルである母親が日本語をうまく使いこなせないことは，口話法であれば，音声語や日本語の獲得が難しいケースとなりがちである。しかし，手話でこんなに深いやり取りができているのだ。確かなコミュニケーション手段がなければ安定した親子関係も築きにくいし，情緒の安定も脅かされる。知識の獲得や考える力も育ちにくい。S児のこの手話の力をベースに，思考力や日本語の力を育てていこう。S児が手話で話す内容を日本語に置き換え，日本語モデルを示していく役割を私が担った。S児の日本語の力は順調に育ち，彼女はその後，聾学校の高等部から大学に進み，今子育て真っ最中である。

それから十数年がたち，今，私の勤務している聾学校も手話を積極的に取り入れるようになった。聾者の講師に保育に加わってもらう取り組みも始まった。聴者の両親にとって，生き生きと生活する魅力的な聾者の姿を身近に見ることは，大きな励ましと自信につながる。聴こえないことへのマイナスイメージが，実感として払拭され，聾者との関係をつくる手話を保護者も積極的に学ぼうとしている。「聴者に近づける教育」ではなく「聴こえない子どもとのありのままの生活から出発する教育」を目指していきたいと思えるようになった。

〈聾教育と幼児教育の間〉

もう一つのキーワードは「子どもの遊びや生活」である。従来の聾教育は「ことばを教える」ことに意識が集中し，幼稚部の教育も座学が中心，教師主導の教育に傾きがちであった。「子どもの生活として適切か」という視点

で振り返ったとき，大人の価値観で押し付けてきたこと，子どもたちから取り上げてきたことのいかに多かったことか。それに気づくことができたのは「幼児教育」との出会いであった。幼稚部にいながら，幼児教育としての視点を私は長くもちえなかった。「聾学校幼稚部の教育にもっと遊びを」という問題意識をもつ同僚教師や青木久子氏との出会い，しかし何より「そこで遊ぶ子どもたちの姿」に触発されて，幼年期の子どもの育ちにとっての遊びの大切さを学ぶことができた。

　赴任した二校目は口話法の伝統校であったが，「手話を活用した教育」「遊びを大事にした保育」を目指したいという一人のベテラン教師がいた。彼女は長い間，口話法で熱心に教育に取り組んできた人だったが，子どもの姿から問題を感じ取り，この課題を解決したいと考えていた。その教師を中心に子どもの生活を見直し，つくり直す仕事に取りかかった。当時は子どもも少なく3歳から5歳，合わせて10人にも満たないので，遊びも単調で活気に欠けていた。手話を生活の中で使うこと，年齢や学級を越えて一緒に遊ぶ時間をとること，遊びの環境を見直すことなど，みんなで取り組んでみると，しだいに子どもは遊ぶようになっていった。

〈遊びを創造する子どもたち〉

　折しも校舎の建て替えに伴い仮設校舎へと移転した。校舎は狭くなったが，その分いろいろな人とのかかわりが増えた。子どもの数も増え活気が戻ってきた。旧校舎で不要になった鍋やヤカン，木切れや板，レンガ，フェンスや机や椅子などのがらくたが子どもの遊びを拡げる小道具になった。従来のコンクリートに覆われた固定遊具が点在する庭でなく，仮設校舎の庭は桜の大木や多種多様な木々の下，土や草があっていろいろな虫が棲息する四季の変化を肌で感じることのできる場所である。環境が大きく子どもの遊びを変えていくことを実感した。

　あるとき，庭木の剪定で出た大量の枝が庭に積んであった。子どもはさっそく振り回したり引きずったりして遊んでいたが，そのうち5歳児が，枝を

ジャングルジムの上にのせて家作りを始めた。一時間もかかって完成。「Iちゃんのおばあちゃんの家みたいだね」と子どもたち。バングラディシュに住むI児の祖母の家の緑あふれる写真がみんなの印象に残っていたのだ。家ごっこは幾日も続き，洗濯物干しがつき，ままごと道具も持ち込まれて遊びが変化していった。ある日，一人が枝を地面に下ろし始めると，他児が受け取り地面に敷き詰めた。数日前，遠足で栗拾いに行き，紙を丸めて作った栗を撒いて栗拾いごっこをしていたその栗がジャングルジムの上から撒かれると「栗拾いごっこ」が始まった。やがて一人が机を運び，積み木で作った秤を置き「栗園のおじさん」役になった。もう一人は年少の子どもの呼び込み役に，3人目は栗拾いを教える案内役にと見事なチームワークで遊びを展開している。子どもだけで進める発想の自在さやお互いの動きを見ながら自分の動きを出していく力を感じ，本当に驚いた。

　自由に集い遊べる空間と環境，遊びに没頭する時間，そして遊びの仲間がいれば子どもたちは遊びをつくっていけるのだ。聾学校に聾児が集まってくる意味はそこにある。子どもは，いかに遊びの中で考え，表現し，物や人とかかわる力を獲得していくか，まさに目を見開かされる経験だった。教師は，遊びのレールを敷くのではなく，子どもたちの遊びをよくみ，もっと遊びが育つにはどうすればいいか，子ども同士の関係が育つにはどんな支援をすればいいか考えていかなくてはならない。けれども，幼稚部の教師でありながら，子どもの姿から出発するという視点が曖昧で，遊びの主人公は子どもであり遊びは自由であることにも，長い間私は気づかなかった。自分の描く指導のレールにいかに子どもをスムーズにうまくのせていくか，それが指導技術であると，そのことばかりを考えてきたように思う。そしてその目的は「ことばを教える」ことだった。

　言葉ははたして教えられるものなのか。子どもは生きた体験の中で，言葉の意味を酌み取り，自分のものとして獲得していく。聴こえる幼児が自然に音声語を身につけていくように，手話は自然言語となるはずである。しかし，子どもの生活自体が大人主導で指示的でバーチャルなものであれば，そ

こで育つものも空疎なものにしかならない。幼児教育の研修で「子どもたちに本物の生活，自由な遊びを」という青木氏の話を聞きながら，聴こえる聴こえないにかかわらず，同じ課題が今の時代の幼児教育の課題であることを知った。青木氏が初めて保育を見た日「楽しいことはみんな先生がやっていて，子どもが主人公になっていない。過保護で過干渉，養護的なかかわりが多く，教育的なかかわりが少ない。子どもが考え，行動する前に指示したり教えたりし過ぎている。文字や絵などの情報があふれているが，しかし構造化されていない，もっと子ども自身が機能的に使いこなすにはどうしたらいいか，環境に教師の意図を仕込んでいく努力を！」など口調は優しいが本質的で厳しい指摘を受けた。その夜は一晩中嵐の夢を見続けた。一言一言は納得できるものだった。しかし，これまで善かれと思ってやってきたことは何だったのか，今までの私の物語をはたして書き換えられるのだろうか，不安でたまらなかった。しかし，その指摘をよく考え生活に活かしていくと子どもの姿が変わってきた。今でも課題は山積するが，できることからやってみる，やりながら考えていけばいいのだと思えるようになった。随分自由になってきたような気がする。聾児にとって，手話は自然言語であっても日本語はそうたやすく獲得できるものではない。生活や遊びからどう日本語の獲得につないでいくのか，これまで以上に力を入れて取り組んでいかなくてはならない課題である。しかし，大事なことは人のありようや育ちの多様性を認め合うことだと思う。一つの方法に固執する危険性を過去の歴史から学び，聾を負の障害として捉えてきた反省を忘れないようにしたい。大人と子ども，教師と親，聴こえる，聴こえないなど，いろいろな枠組みから自由になって，今日を生きる仲間であることを喜び，ともに生活をつくっていく幸せを感じながら歩いていきたいと思うのだ。

　　＊長谷川純子の共著『バリアフリーの本4―はじめての手話1』偕成社2000，『障害をもつ子のいる暮らし』筑摩書房1995の他，ろう・難聴教育研究大会の報告書に遊び論がある。

2. 新たな就学前教育の開拓者に

　実践者が抱える問いと課題は多い。この問いや課題を実践によって解決していく過程に道ができる。手探りで苦悩しながら切り開く道は，人間を陶冶する人生そのものである。

　第45回国際教育会議では，社会の変化に伴い「教師は，教育し，教授し，指導し，評価するとともに，自らの自己開発能力を伸ばし，学校の現代化と変化への積極的な対応と，変化を受容する学校づくりに参加することが期待される。教師は学習を援助するだけでなく，市民性の育成と社会への積極的な統合を促進し，好奇心，批判的思考と創造性，自発性と自己決定能力とを発達させなければならない。教師の役割はますます，集団における学習の援助者（ファシリテーター）という役割となるだろう。さらに，他の情報を提供する機関や社会化機関が果たす役割が増大するなかで，教師は，道徳的，教育的指導の役割を果たし，学習者がこの大量の情報と様々な価値観のなかで自分の位置を確かめられるようにすることが期待される」とする。日本だけでなく世界中の教師たちに，閉塞化した教育変革の効果的な担い手となることが期待されているのではなかろうか。つまり，子どもの自学自動を助け，既習の認識を塗り替えて新たな自己存在を確立していくことを助成する学習のファシリテーターとして，また，市民と共同して社会を形成する者として教師自身の自己開発能力を高めることが課題なのである。

　そのために，教師は自らに問いを向けながら実践している人々と学びのネットワークをつくり，教育の質的充実を吟味し，子どもが確実に自己教育・自己形成する者となるよう，実践によって実証していくことである。旧来の保育文化にどっぷり浸かった井の中の蛙にならないためにも，ライフワークに応じて現代の課題にチャレンジしたい。ファシリテーターとしての役割が増大する時代，また規範的教師像を学ぶだけでは足りない時代に，新しい教師の伝説をつくることが求められているといえよう。

第3部

幼年教育者の現代的課題

　幼年教育者とはいったいどのような存在なのだろうか。幼児教育，保育，あるいは就学前教育といった名称で呼ばれるその営みは，どのような社会的文化的な意味を帯びて成立し，どのような現代的課題に直面しているのだろうか。
　第3部では，幼年教育の現状に即しつつ，幼年教育者であるということの原理的な考察を行う。第1章では，幼い子どもの養育と教育をめぐる変化を概観し，子育てを誰がどのように担うかということに内包された私と公の関係を考察する。第2章では，幼保一元化や幼小連携という現代的な課題を，ジェンダーの視点を踏まえつつ，世界的な教育とケアの統合の流れの中で把握することを目指す。そして第3章では，保育職における専門性の困難を，女性の日常的な営みを起源とする点に見いだしたうえで，その確立に向けて「専門職」の再定義を試みる。

第1章

女性たちと子どもたち

§1　養育と教育の現在

1．女性のライフスタイルの変化

　幼い子どもの養育と教育の風景は，現在，大きく変化しつつある。とりわけ女性のライフスタイルの変化が子育てに与えている影響は大きい。子育て期の中心に当たる25〜34歳の女性の労働力率は，ここ20年の間に52.1％から68.3％へと高まった。＊この数値の変化は，一方で働く母親の増加と連動している。そしてもう一方で，晩婚化や非婚化，そして少子化の傾向を映しだしている。以下では，幼い子どもとその親の生活の変化を，具体的なデータを参照しつつ確認しよう。[1]

　出産しても仕事を継続する女性やいったん退職しても早いうちに再就職する女性は，確実に増加している。末子の年齢が0〜3歳の母親の労働力率は，1995年から2005年の10年間で28.6％から33.6％へと高まった。末子

＊　データは総務省統計局「労働力調査年報」より。

の年齢が4〜6歳の母親の労働力率も48.9％から53.6％になった。実際に，子どもの数が減少しているにもかかわらず，0歳や1歳から認可保育所，保育室，家庭的保育（保育ママ）などの保育施設を利用する子どもの数は増えている。1995年に約160万人だった施設利用児童は，2005年には約200万人となった。施設や定員の増加が入所を希望する子どもの増加に追いついていないため，待機児童も増えている。現在よりも保育所への入所が容易になり，保育料が安くなるならば，子どもを預けて働きたいと考える母親はもっと多くなることが予想される。

　それに対して幼稚園に通う子どもは減少傾向にある。新たに3歳児の就園が推進されたにもかかわらず，この10年で幼稚園の在園児数は約181万人から約174万人へと減少した。幼稚園数そのものの数も公立を中心に900園以上も減った。同時に進展しているのは，幼稚園の役割が実質的に保育所に近づいていくという事態である。就業していても子どもを幼稚園に通わせたい，あるいは子どもが幼稚園に通っていても就業したいという保護者のニーズに応えて，従来は保育所のない地域で行われてきた放課後の預かり保育が全国的に拡大しつつある。2005年現在では，公立で44.1％，私立で86.6％の幼稚園が預かり保育を実施している。保育時間の長さについて，保育所と幼稚園の差は縮まりつつある。また2003年度からは特区の幼稚園における2歳児保育が試みられており，就園年齢についても幼稚園と保育所との差は曖昧になりつつある。

　幼稚園と保育所の接近を最も端的に示しているのは「認定子ども園」である。保育所の不足と幼稚園の不振を受けて，保育所と幼稚園の機能を併せもつ「認定子ども園」が法制化され，2006年度から本格的な事業が開始された。認定子ども園は多様なニーズに応えることを謳っており，従来の保育所と比較したときの特徴は，短時間保育と長時間保育を選択できる点，施設と保護者が直接契約を行う点，施設が独自に保育料を設定する点に存している。認定子ども園の法制化によって，経営に苦しむ幼稚園を再編して長時間保育を行う道が開かれた。また家庭に世話できる人がいる子どもも，より低

い年齢から長時間の保育を受けることができるようになる。そして共働きでも子どもを幼稚園に通わせたい，教育を受けさせたいと考える親のニーズを満たすことが可能になるという。

　子育てをめぐる変化はそればかりではない。少子化対策として開始された子育て支援事業は，すでに保育を受けている親子にはさらなる保育の提供を，いまだ保育を受けていない親子には居場所と情報と緊急時の保育の提供を行っている。延長保育，病後児保育，休日保育，そして小学生の放課後児童クラブ（学童保育）の推進は，子育てを担う母親たちが，男性たちや子どものいない女性たちと同等に働く条件を整えつつあるといっていい。また地域の保育所，幼稚園，児童館等における育児講座の開催，育児サークルの運営，園庭やプールの開放などは，未就園児とその親が保育の専門家や仲間と交流することを可能にし，その孤立を防ごうとしている。

　現在の大きな流れとして，より多くの子どもがより長い時間を，家庭外で両親や祖父母以外の人々と過ごすようになってきている事実を指摘できよう。この変化は子どもやその親にとって，そして保育の仕事に携わる人々にとって，どのような意味をもっているのだろうか。子ども，保護者，保育者のそれぞれの幸福へと結びつく望ましい変化なのだろうか。

2．変容が孕む問題

　幼い子どもの養育と教育の変化は複雑な問題を内包している。働く女性の増加は一面で，女が家庭で家事育児を担い，男が外で賃労働に従事するという近代的な性別役割分業の解体を表している。近代家族における女性たちは，経済力のなさによって弱い立場に立たされ，妻や母としてだけ生きることを余儀なくされてきた。その事実に留意するならば，母親である女性たちが就労し自らの収入を得ることは望ましいように思われる。

　しかし問題は複雑である。第一に，近年における女性の労働力化は，女性の搾取としての側面を有している。すなわち母親たちの就労は，必ずしも彼

女らの経済的な自立に結びついていない。より多くの母親たちが従事するようになったのは、フルタイムの労働よりもパートタイムの労働である。女性の労働力化は、個々の女性における夫への経済的依存も、男性と女性の賃金格差も解決されないままに進展している。

　第二の問題は、働く母親たちの二重負担にある。女性たちが賃労働に従事するようになっても、男性たちはほとんど家事や育児の担い手になっていない。家庭内の性別役割分業は強固に維持されたままである。そのため働く既婚女性の多くは、外での賃労働と家庭における家事育児の双方を負うことになる。このことによって、女性の就労の促進がその搾取として機能する可能性はより強まっている。

　第三に、子育ての幸福の喪失という問題がある。子どもを預けて働くことによって、母親である女性たちは、父親である男性たちの多くと同じように、子どもとともに過ごす時間を失うこととなる。幼い子どもたちが起きている時間はさほど長くない。とりわけ延長保育や二重保育を利用するならば、残された時間はかなり短くなってしまう。また、幼い子どもたちが幼くある期間も決して長くない。子どもに手間暇のかかる時期は、子育てに従事することが可能な特権的な時期でもある。この観点からみるならば、現在生起しているのは、男性に続いて女性までもが子どもと家庭から引き離され産業へと動員される事態にほかならない。

　長時間の労働による子育ての圧迫が問題化されていないわけではない。政府の少子化対策のプランは両親の働き方の見直しを謳っている。しかし長期化した不況のもとで、男性にとっても女性にとっても労働条件はむしろ厳しさを増してきた。そのような状況において、「子育て支援」の名のもとで展開されている保育の拡充は両義的に機能しうる。最大10時過ぎまでの延長保育や病後児保育の拡充は、ケアされるべき存在を抱えることによる仕事上の制約から、ある程度働く母親たちを解放してくれるかもしれない。しかしそれは彼女たちにとって、必ずしも思う存分働ける環境が用意されるというポジティブな話ではないだろう。延長保育や病後児保育といった施策は、幼

い子どもがいても残業を余儀なくされ，子どもが病気のときでさえ仕事を休めないという状況を前提としている。延長保育や病後児保育より，子どもに関する事情による早退や欠勤が当然の権利として認められるような職場の制度と雰囲気を欲する者も，当然ありうる。

では，保育所に延長保育や病後児保育の制度が完備され，職場では短時間勤務制度や子育て休暇が整備され，それぞれが自由に選択できるようになればいいのだろうか。それでも問題は残る。ここでの選択は親の選択であって子どもの選択ではない。夜の10時に起こされて保育所から帰宅することも，病気のときに親や慣れた保育者から離れて保育されることも，おそらく子どもにとってうれしいことではない。むろん一定の基準を満たした保育施設で夜を過ごすことは，設備やケアの水準が低い保育施設に預けられるよりも幸せでありえる。病気のときに寄り添ってくれる保育者のケアを受けることは，仕事を休んでイライラする親といるよりも幸せでありえる。問題は「子育て支援」が語られるときに，必ずしも子どもの幸福ということが考慮されていないという点にある。

問題はほかにもある。延長保育や病後児保育の実施は，なるべく多くの時間を子どもとともに過ごしたいと願う親が残業を断ったり欠勤したりすることを困難にはしないだろうか。保育者の労働条件が厳しくなることや，保育者が早番遅番のローテーションを組むことで子どもが受ける影響を，どのように考えればいいのだろうか。

地域の子育て支援活動にも考えるべき問題が存している。保育所や幼稚園が在園者のみならずすべての親子に開かれていくことは，純粋に望ましく意義深いように思われる。父親たちが長時間労働に追われる中で，孤立した密室育児は多くの母親たちを追い詰めてきた。[2] 一時保育の実施によって，彼女たちは，自分が病気のときやリフレッシュしたいときに子どもを保育所に預けることができるようになる。また地域の育児講座や育児サークルは，子育ての悩みを他の親と語り合ったり，子どもの発達に関する心配事を保育の専門家に相談したりする貴重な場である。保育所や幼稚園の園庭開放や育児

サークルの活動は，多くの時間を家庭で過ごしている子どもたちにとっても意義深い。それは彼ら彼女らにとって，他の子どもたちと交流する機会，広い場所で思いきり身体を動かす機会，保育者の援助を得て深みと広がりのある課題に取り組む機会となる。[3]

しかしここにもいくつもの問題を見いだしうる。まず保育者の労働条件の問題が存している。慣れていない一時保育の子どもを預かる負担は大きい。通常の保育活動に加えて育児講座や育児サークルの運営にあたることの負担も大きい。加えて浮上してくるのは，家族の就労状況によって就園児と未就園児を分かつことの問題である。保育所や幼稚園での経験が有意義であるならば，親が就労しているか否かにかかわらず，すべての子どもに十分に保障されるべきではないだろうか。家庭で過ごしている幼い子どもたちにも，週に一度や二度ではなく，毎日公的な保育が提供されるべきではないだろうか。さらなる問題は，母親たちの孤立を防ぐ手立てが，父親である男性たちの不在をみえにくくする点に指摘しうる。多くの父親たちが，賃労働に従事することによって子どもを育てる権利を奪われ，あるいは子どもを育てる責任を免れている。それは子育てする母親たちの孤立の最大の要因でもある。子育て支援の名のもとで女性たちのネットワークが形成されつつある中で，父親たちは子育ての営みのどこに位置を占めうるのだろうか。そのビジョンは見えない。

子どもたちの幸せは最大限に追求されるべきである。しかし同時に，「子どもの幸せのために」という抗いがたい言葉のもとで，母親である女性たちが自己犠牲を伴う奉仕を強いられてきたことも忘れられてはならない。むろん産業や企業の論理によって，母親たちが子どもとともにある幸せを奪われてもならない。すでに奪われている父親たちについては，その幸せを取り戻す方策を考えるべきかもしれない。そして子育てからの親の解放が，ケアワークという地味な重労働とそれに伴う自己犠牲を，職業的な保育者に単に委託する結果に終わってはならない。

それぞれの事情と関心と利益が絡み合う中で，皆が幸せでありえる保育の

あり方を，どのように構想することができるだろうか。この問いに直接応えること，すなわち幼い子どもの教育と養育に関する政策や制度を打ち立てることは，本稿の議論を超えている。まず必要なのは，問いをめぐる原理的な考察だろう。以下では，幼い子どもにかかわる営み，すなわち子育て，保育，幼児教育といった多様な名称で呼ばれる営みのありようを文化として捉え，その特徴を考察することを通して，皆が幸せでありえる保育を考えるための手がかりを得たい。

§2　フェミニジアと保育の文化

　幼い子どもの養育と教育を考察するために，女性だけが住む想像上の国家「フェミニジア」の子育てを参照しよう。1915年に『フェミニジア』を著したシャーロット・ギルマンは，アメリカのフェミニストであり，思想家，作家である。彼女は『フェミニジア』において，当時のアメリカのジェンダー構造に対する批判を込めつつ，あらゆるものが子どもたちの養育と教育を中心に構成された社会を描きだした。[4] 20世紀初頭にギルマンが夢見た子育ての制度と文化は，21世紀初頭の現在においても批判のアクチュアリティを有している。

1．子育てのユートピア

　フェミニジアは子育てのユートピアである。その住人たちは，国から男性がいなくなった後，「子どもたちが気高く生まれ，そして豊かに自由に成長するよう計画された環境で育つこと」を願って国を再建した。その世界の特長は「すべてのものが子どもたちのもの」であるという点に存している。すべてのものが子どものためを考えて注意深くつくられているばかりでなく，

魅力的な教材，学ぶ機会，素質を備え訓練を受けた教師にみちている。危険を取り除かれた家や庭で，幼い子どもたちは，自由に身体を動かして遊び，母の胸で安らかに眠り，まったき幸福の中で成長する。[5]

　フェミニジアにおいて興味深いのは，出産と育児が切り離されるとともに，育児と教育が統合され専門家の仕事として定位されている点である。ギルマンの設定と叙述に即して，その様相を具体的にみてみよう。

　男性不在のフェミニジアは女性の単性生殖によって維持されている。成熟した女性が母になりたいと願うと，彼女は自然に妊娠し必ず女の子を出産する。そのようにして「母になること」はおおむねすべての女性にとって可能である。しかし産まれてきた赤ん坊の「世話」は，母親ではなく「適格者」に任せられることになる。それはフェミニジアにおいて子育てが「最高の仕事」だからである。赤ん坊の「世話」には「教育」が関係し，「教育」は「もっとも優秀な芸術家」にしか許されない「最高の芸術」として位置づけられているからである。

　『フェミニジア』が執筆された1910年代のアメリカにおいて，母親ではなく専門家が子育てを担う社会のヴィジョンは奇異に映ったに違いない。ギルマンはアメリカ人男性がフェミニジアを訪れその仕組みを学ぶという設定で物語を展開しているが，その主人公の男性ヴァンにとって最も理解しがたく，フェミニジアの「恐ろしい欠陥」ではないかとさえ感じられるのが，この母親以外の人による子育てである。その仕組みの説明を受けたヴァンは，「母と子を離れ離れにするんですか」と「ゾッとして」叫ぶ。フェミニジアの住人で案内役のソメルは，「いいえ，普通はそんなことはありません」と答え，次のように続けている。

　　ほとんどの女性が，なににもまして母であることを尊びます。皆，自分にとって大切なこと，最上の喜びであり，無上の栄誉であるとみなしています。個人的で，貴重な体験ですしね。ところが，子育ての方は徹底的に研究され，実に精妙な方法で実践されているもの，いわばひとつの文化で

す。だから，子どもたちを愛すれば愛するほど，この仕事を，能力のない人に―たとえ私たちの仲間であっても―任せる気にはなれないのです。[6]

『フェミニジア』を翻訳した三輪妙子によれば，離婚の際に10歳の娘を夫に託したギルマンは，そのことによってジャーナリズムによる批判を浴びたという。母子の分離に恐怖を覚えるヴァンの感覚は，おそらくギルマンが生きたアメリカ社会の通念であり，ギルマンの選択を批判した論理であろう。ここで着目したいのは，ヴァンが母性愛の神話を前提にしているとするならば，それに対するソメルの，そしておそらくギルマンの答も母性愛に依拠している点である。フェミニジアはいわば「母性」を文化へと結晶させ社会の基盤としている。娘との別離に際して「母性」の欠如を批判されたギルマンは，異なる「母性」のあり方を提示することによって，その批判に反論しようとしたのかもしれない。

ギルマンが20世紀初頭のアメリカにおいて夢想した子育ては，21世紀の初頭の日本に生きるわれわれにとって，なじみ深くもあり目新しくもある。幼い子どもたちが母親以外の大人に日常的に世話されることは，われわれにとってすでにめずらしくない。しかしながら，子どもの「世話」の第一義的な責任者は，社会とその委託を受けた専門家ではない。子どもをこの世に産み出した両親，実質的には母親であり続けている。幼い子どもに関する社会的な通念や制度，われわれの子育てをめぐる思想や感覚は，フェミニジアの人々と20世紀初頭のアメリカ人ヴァンの間で揺らいでいるように思われる。

2．教育の担い手と世話の担い手

フェミニジアの人々は子どもの「世話」を「教育」との連関において捉え，社会の責任において遂行される専門家の仕事として定位していた。それに対してアメリカ青年のヴァンは，子どもの「教育」と「世話」を別のものとして捉え，「教育」は専門家の仕事でありえても「世話」には母親が従事

すべきだと考えていた。われわれの教育と養育の制度に内在する思想は，後者のヴァンのものに近い。

　「教育」と「世話」の分離は，就学前の子どもを幼稚園と保育所に振り分ける制度に如実に現れている。同じく幼い子どもたちが集い一定の時間を過ごす場でありながら，幼稚園は文部科学省管轄の教育施設，保育所は厚生労働省管轄の社会福祉施設として位置づけられている。ただし両者の実質的な差異は不明瞭である。幼稚園と保育所の比率は地域によって大きく異なるため，それぞれの施設に通う子どもの家庭状況の違いは曖昧である。子どもたちの日々の活動のデザインは，幼稚園であれ保育所であれ多様であり，その差異はもっと曖昧である。にもかかわらず，現状において，多くの人々がその必要性を指摘する「幼保一元化」は実現していない。

　「世話」が親の仕事とされている事実は，保育所の目的の規定に明らかである。児童福祉法第39条の「保育所は，日日保護者の委託を受けて，保育に欠けるその乳児又は幼児を保育することを目的とする施設とする」という条文において，基本となっているのは「保護者」による子育てである。保育所はその欠如を埋めるための存在である。実際に，保育所に通うためには，父親と母親がともに賃労働に従事している，介護の必要な家族がいるといった「事情」が必要となる。子どもが「世話」を受ける保育所は，法制上はあくまでも，保護者が子どもの面倒をみることができないときに通わせる施設である。子どもにとってそこでの経験が有意義だから通わせるというかたちにはなっていない。また保育士という専門家による保育を受けることが子どもにとって望ましいから通わせるというかたちにもなっていない。

　もっとも近年は，子育ての責任を家庭のみに帰する政策から，公的な支援を強化する政策への転換が図られている。具体的には，1990年代半ばから「エンゼルプラン」「新エンゼルプラン」「子ども・子育て応援プラン」のもとで，保育所の定員の拡大や預かり保育，休日保育の充実，地域における育児ネットワークづくりが推進されている。それぞれの家庭が責任を負うべき私事として位置づけられてきた子育てが，社会や地域が責任を負うべき公事

としての性格を帯びるならば，親たち，とりわけ一人で子どもを育ててきた母親たちはその重圧から救われるかもしれない。

しかし現在の育児の公事化は危うさを孕んでいる。少子化問題への対策として企図された子育て支援策において，解決すべき問題や危機的な状況は，子どもの育ちよりも消費者や労働者を失う未来の市場経済に見いだされている。ここで生起しているのは，子どもを「人的資源」として捉えることによる育児の公事化にほかならない。[7] 確かに子どもたちの存在は未来の社会と深くかかわっている。しかし子どもを産み育てることが経済的な得失から奨励され，その営みが国家の管理下に置かれるならば，子どもたちはそれ自体の価値を失い，国家や市場のための存在にされてしまう。

フェミニジアの制度と文化の魅力は，子どもを「人的資源」としての公共財へと転換するのではなく，かといって子育てを家庭における私的な営みに押し込めるのでもなく，独創的な方途で子育てに公共性を付与している点にある。少子化対策の思考が社会のための子どもという認識に立っているのに対して，フェミニジアでは逆に，子どものために世界があり社会が存在しているという意味で，子どもの保育が公的な営みとして位置づいている。知るほどにフェミニジアに魅了されていくヴァンは，フェミニジアの子育てを彼の国アメリカと比較して，次のように賞賛している。

> 僕たちはよく，「母」というのをこんなふうにイメージする。自分の赤ん坊だけはしっかりと抱きかかえ，他人の赤ん坊にはまるっきり無関心。すべての赤ん坊が必要とすることは何か，などといったことにはむろん思いをはせることもない，こんな女性だ。ところが，フェミニジアの女性たちは，あらゆる仕事の中でももっとも崇高な仕事――つまり，人間を創り出すことに全員が関わり，しかも素晴らしい人間を育てていた。[8]

ギルマンがヴァンの口を借りつつ批判しているのは，母親の愛情に満ちた子育てそのものではなく，自らの子どもにだけ愛情を向けるという母親のありようである。それは他の子どもへの「無関心」と裏表の関係にある。必要

なのは「すべての赤ん坊が必要とすることは何か」という問いである。ここには母性の社会化によって育児を公共の営みへと開いていく道筋を見いだすことができる。

3. 再生産と生産の関係

　フェミニジアではすべての人間が，すべての子どもが必要とすることを問い，その実現に向けて働いている。ギルマンはこの子育てのユートピアを，男性の存在しない国という設定のもとで構想した。男性の排除という不可能な想定はなぜ必要とされたのだろうか。ここには子育てという再生産の営みをめぐるジェンダーのポリティクスの構造と，そのポリティクスを変革し保育のユートピアを実現することの困難を見いだすことができる。

　男性を排除することによって，フェミニジアでは，男性と女性のカップルとカップルを基本とする家族や家庭が成立しなくなっている。フェミニジアを訪問したヴァンら3人のアメリカ男性は，それぞれにフェミニジアの女性と仲良くなって「結婚」するが，彼女たちには特定の人と排他的にともに生活する文化がない。そのため「家庭」というものが理解できない。育児，食事，洗濯といった家庭の機能，すなわち再生産の機能は，社会的かつ共同的に果たされているため，その点でも家庭は不必要である。

　ギルマンは，女性が解放されるためには，家庭と家庭的な仕事から切り離されることが必要だと考えていた。そこには育児も含まれている。事実，当時のアメリカの育児における母親のあり方は，やはりヴァンの口を借りて，「赤ん坊を抱いているか，小さな子どもたちにまとわりつかれているか——とにかく，赤ん坊や子どもだけにかまけきっている女性」という批判を含んだかたちで表現されている。ギルマンにとって育児の社会化は，女性たちが子どもの世話から解放されるために必要とされていた。

　育児の社会化はもう一方で，社会と文化を根底から変革する方途でもある。家庭に閉ざされていた「母性」は家庭外の領域へと解き放たれる。ギル

マンはそのヴィジョンを,「母性が社会の基盤となり,芸術や産業にも影響を与え,しかもすべての子どもたちを完全に保護して心のこもった世話と教育をする」[9]と述べている。教育哲学者のジェーン・ローランド・マーティンは,このようなフェミニジアの構想を,私的な領域に置かれてきた再生産の過程を公的な領域に同化させる試みとして評価している。ギルマンの思想は,家庭的な仕事と機能の外部化を提唱しているが,それは単に女性を「男性の仕事・世界」に同化させるものではない。その特徴はむしろ,女性のものとみなされてきた家庭的な役割,妊娠と出産,子どもの養育,病人の看護,家計維持の行為などを含む再生産の過程を,女性とともに公的な領域に同化させ,そのことによって男性によって定義されてきた公的な領域を変革する点にある。[10]

ギルマンの夢見る母性原理で構成された社会は一定の魅力を備えている。幼い子どもたちは限りない幸福の中で育つ。そればかりではない。フェミニジアは大人にとっても,人が学び育つということを中心とする社会である。人々は互いを尊重し親しみをもって生活している。暴力,犯罪,競争は存在しない。

しかしその半面で,フェミニジアは問題を孕んでもいる。マーティンはギルマンの思考実験を,「母の愛」から感情や情緒の次元を剥奪している点において批判している。フェミニジアには「親密なつながり」も「性的なもの」も「激情」も欠如している。そこはおそらく「人々がお互いの痛みや快,喜びや哀しみをともに感ずるような国」ではありえないだろうと。[11] 家庭における親密な関係を国全体にまで拡張するならば,それはすでに親密性を喪失した関係へと変質しているのかもしれない。

またフェミニジアは,上野千鶴子が指摘したように,逆ユートピアへと反転する危うさを孕んでいる。カップルや家族という「媒介項」を欠くことによって,「個人」は「全体」と直に向き合うことになる。ギルマンはすべての人から子どもが愛情と配慮を受けるというポジティブな側面を描いたが,その否定的な側面は「個人が全体に埋没し,全体から搾取されるおそるべき

抑圧型の全体主義社会」でありえる。[12] 実際にフェミニジアは，優性思想を思わせるかたちで子どもの数の抑制が行われている社会でもある。ここには出産や育児といった営みが公的なものとして位置づくこと，公的に管理されることの危うさが垣間見えている。

　とはいえギルマンの思考実験は意義深い。近代社会の特徴の一つは，女性を男性に，女性の担う再生産の過程を男性の担う生産の過程に，私的な領域を公的な領域に従属させてきた点にある。ギルマンが『フェミニジア』に描いたのは，そのような再生産と生産の関係が転換され，ケアの営みを中心に制度と文化が再編された世界である。幼い子どもの養育と教育をどのように構想するのか，子育てを誰がどのように担うのかという問題は，子どもや老人や病者といった弱者を周辺化し，そのケアに携わる女性たちを周辺化してきた生産中心の社会をどのように再編するかという問題につながっている。幼い子どもを養育し教育することの社会的な価値は明白である。また一定の条件さえ整うならば，その営みへの従事は大きな幸福でありうる。しかし子育ての喜びや価値を語る言葉は，女性の歴史が示しているように，ともすれば無報酬の重労働を美化する言葉になってしまう。男性に女性が，あるいは生産に再生産が従属させられてきた歴史を転換することは容易ではない。

　ギルマンは，生産と再生産の関係の転換を，男性の排除という設定によって遂行していた。われわれが問うべきは，われわれの女性と男性の生きる社会において，その関係をどのように変えていくことができるかということである。そもそもそれは，具体的にはどのような関係を構成し，どのように幼年教育を規定しているのだろうか。2章では以上のような問いを，幼年教育における教育とケアの関係に着目して考察しよう。またフェミニジアにおける育児は，社会的な評価が非常に高く，最も高度な専門性を要する仕事として認識されていた。女性や母親ならば誰にでも可能な仕事ではなく，「もっとも有能な者」に託されるべき仕事として位置づいていた。幼い子どもの養育と教育における専門職性の確立は困難を孕んでいる。保育者と母親がともに担う仕事の専門性をどのように考えうるかという問題は3章で扱う。

第2章

幼年教育における教育とケア

§1 教育とケアの統合

1.「保育」という言葉

 「幼児教育」「保育」「就学前教育」といった幼い子どもの教育と養育の営みを表現する言葉は複雑な関係を構成している。ここでは「保育」という言葉を中心にその布置を概観しよう。「保育」は幼稚園と保育所の双方の仕事を公的に表現する言葉である。幼稚園の目的は，学校教育法において「幼児を保育し，適当な環境を与えて，その心身の発達を助長する」と規定されている。そして保育所の目的は，児童福祉法において「日日保護者の委託を受けて，その乳児又は幼児を保育する」と規定されている。
 では，「保育」とはどのような営みを表現しているのだろうか。『現代保育用語辞典』(1997)は「保育」という言葉に三つの意味を指摘している。一つ目は，乳児や幼児に対する「教育」である。この場合の「保育」は「幼児教育」の同義語である。二つ目は，衣食住の世話や心理的欲求の充足を図る「養護」と，心身の発達を促す「教育」が一体となった人間育成の営みであ

る。そして三つ目の意味は，放課後の小学生の生活と遊びを指導する営み，すなわち学童保育である。岡田正章によれば，幼稚園の創設時にその営みが「保育」と呼ばれた時には第一の意味で用いられ，第二次世界大戦後に保育所の営みが「保育」と呼ばれた時には第二の意味で用いられたという。[1] なお「幼児教育」と「保育」の言葉のいずれを用いるかということについては，幼児期の教育が「保護・世話」において特徴的であるがゆえに「保育」がふさわしいという意見，逆に「保育」を用いることによって小学校教育との断絶がもたらされるがゆえに「幼児教育」がふさわしいという意見が紹介されている。[2] また「就学前教育」という言葉については，「幼児教育」と同義とされていること，ただし家庭ではなく公教育的な性格をもつ教育機関で行われる教育を指すことが述べられている。[3]

着目したいのは各項目に付された英語表記である。「保育」には「early childhood care and education」，「幼児教育」には「early childhood education」，「就学前教育」には「pre-primary education」の翻訳が対応させられている。用いられる際に多様なニュアンスを帯び，ときに「教育」と対置されるとはいえ，「保育」は基本的に幼い子どもへの「ケア（care）」すなわち世話や配慮を含む養護の営みと「教育（education）」の営みとが統合された営為として把握されているといえよう。

『教育学術用語集』も「保育」の英語表記として「early childhood care and education」を採用している。訳語の決定に携わった田中孝彦によれば，このような長い表記が採用されたのは，「保育」という言葉が置き換えの困難な「豊かな内容」を含んでいたことによるという。彼は保育の歴史的な検討を行い，乳幼児期における「人間的成長」の保障，「生命・衛生・健康を守る働きかけ（養護）」と「人間的発達をうながす働きかけ（教育）」の包含，人々の共同性と公的責任の重視，「人間らしく働く」ことと「人間らしく子育てをする」こととの両立の4点でその内容を指摘している。[4]

幼稚園と保育所がともに「保育」を目的としている事実は，幼年教育の営みにおいてケアと教育とが不可分な関係にあること，幼い子どもたちが双方

を必要としていることを示唆しているといえよう。しかし実際には、「保育」と「幼児教育」という言葉は、保育所については「保育」が、幼稚園については「幼児教育」が多く用いられる傾向にある。ケアが保育所に、教育が幼稚園に割り振られることによって、幼年教育を駆動する両輪はむしろ分断の象徴として機能してきたといっていい。

　さらに問題を複雑にしているのは、日本の幼年教育における就学前教育の欠落である。佐藤学によれば、幼年教育には幼稚園、保育所、幼児学校の三つの系譜がある。「幼稚園（kindergarten）」はフレーベルの構想した「子どもの庭」を起源としており、「遊び」を通した発達がそのカリキュラムを構成している。「保育所（nursery school）」は劣悪な環境から労働者階級の子どもを保護するために誕生し、女性の就労を支援する福祉施設となった。そのカリキュラムは「生活」と「遊び」で構成されている。「幼児学校（preschool）」は小学校の準備を行う教育機関であり、「創造的経験」と「知的経験」をカリキュラムとしている。このうち幼児学校の系譜、すなわち就学前教育は日本ではなじみが薄いという。[5]確かに1972年までアメリカの占領下にあった沖縄県以外の地域では、幼児学校として特徴づけることのできる保育機関の存在は顕著ではない。そして海外の幼年教育に言及する場合を除いて、「就学前教育」の言葉はあまり使用されていない。

　「就学前教育」の概念の欠落が意味しているのは、幼年教育における知的な側面の弱さである。事実、幼稚園の実践記録でも保育所の実践記録でも、「教える」「学ぶ」という言葉はあまり用いられない。好んで使用されるのは「支援する」「育つ」という表現である。このことはケアと遊びを軸に構成される幼稚園や保育所と、教育と学習を軸に構成される小学校との断絶の問題をもたらしている。

　幼稚園と保育所の分断、幼稚園や保育所と小学校の分断は、それぞれに問題を孕んでいる。確かに個々の子どもが置かれている状況によって、子どもの通う施設に対するニーズは異なる。保護者の就労形態をはじめとする家庭の事情が多様である以上、可能な保育施設の利用の仕方も多様でなければ、

必要なケアを受けられない子どもが出てしまうだろう。しかし家庭の状況によって受けられる教育の質や種類が異なることは、子どもたちの生活と成長にとっておそらく望ましいことではない。幸福な幼年期をもたらすとともに成長の基盤を構成するような豊かな経験が、すべての子どもたちに保障されなければならない。

2. ケアと教育の統合

　幼年教育においてケアと教育をどのように統合するかということは、理念的にも制度的にも世界各国に共有される課題となっている。津守真によれば、幼い子どものための協力を目的とする国際機関であるOMEPでは、幼年教育における「ケア」と「教育」の位置づけに関連して名称変更の議論が行われた。OMEPはフランス語の名称 Organisation Mondiale pour l'Éducation Préscolaire の略であり、英語では World Organization for Early Childhood Education、日本語では「世界幼児保育・教育機構」と訳されている。この名称に education のみが含まれていること、すなわち care が含まれていないことが問題化され、機構の名称変更が提案されたのだ。フランス語の education にはすでに care が含意されているとの反対意見もあって、投票の結果は名称変更にいたらなかった。とはいえ一連の議論は、幼児期の「教育」はその生活全体への「配慮（ケア）」を要するとの考えを前提として展開されたという。[6]

　OECD（経済協力開発機構）による12か国の幼年教育政策の調査報告書『力強い出発（*Starting Strong*）』（2001）は、「幼児期の教育とケア（early childhood education and care）」をサブタイトルとしている。このサブタイトルは幼い子どもの発達と学習への支援を包括的に表現しており、「ケア」と「教育」は切り離すことのできない概念だということ、子どもへの良質なサービスは両方を提供すべきだということについての合意を反映するものとなっている。*むろん「ケア」を共働きの親の子どもの面倒をみること、「教

育」を子どもの発達を促し学習を準備することとして，幼い子どもへのケアと教育を区別している国もある。しかし調査は，実践において両者を明瞭に区別することはできないとし，すべての子どもと親のための政策に対する一貫したアプローチの重要性を強調している。[7]

　ここで留意したいのは，「教育」と「ケア」の統合といわれている課題が，同年齢の子どもを等しく扱うことのみならず，年齢による政策と管轄の分割の克服をも指している点である。調査に参加した12か国中7か国では，ECECの政策と供給が「教育」と「福祉」に分かたれている。しかしその中心は子どもの年齢による分割であり，おおむね3歳以上は教育関係の省庁，それより幼い子どもは福祉や健康に関する省庁が管轄するという形態をとっている。日本と同様に同年齢の子どもへの責任の分割を含んでいるのはアメリカなど3か国のみである。北欧については就学前の子どもの政策と供給の管轄が，教育関係や社会関係の省庁に統合されている。そのことによって1歳から6歳程度までの年齢統合のサービスが開発され，子どもや親が継続的に専門家や仲間と関係をつくること，ケアと教育の双方をプログラムの構成要素とすること，子どもとその家族の全体的なニーズを支援することが可能になっているという。ECECにおける一貫性のみならず，ECECと義務教育の結びつきも重要である。双方の管轄が同じなのは，現在のところは12か国中スウェーデンだけだが，それに追随する動向が見られるという。調査報告書によれば，幼い子どものサービスの教育への統合は，ECECと小学校のスタッフの協働を可能にし，子どもにとっての教育的な一貫性を容易にする。ただしその裏側には，幼年教育が福祉や健康から孤立してしまう危うさ，支配的な学校文化に幼年教育を同化してしまう危うさもある。[8]

　スウェーデンにおける統合の過程を参照しよう。幼稚園と保育所の管轄の一元化は，第二次世界大戦下の1944年に双方を社会省・保健福祉庁の所管

＊　以下では『力強い出発』に即して，early childhood education and careの政策をECECと略記する。

とするかたちではやくも実現している。女性労働力の確保を目的とする保育施設への国庫補助の決定がその契機となった。保育内容の一元化および保育と小学校以降の学校教育の統合が進められたのは，1960年代以降のことである。女性の社会進出が進む中で，貧困な家庭の子ども向けの保育と裕福な家庭の子ども向けの教育という二元的な構造が批判される。その動向を受けて，保育所，幼稚園，学童保育，家庭保育室は「保育施設」と総称され，その教員は教育省の管轄下にある教員養成大学で養成されることとなった。1973年には，すべての保育施設を「就学前保育」と総称すること，6歳児全員に無償の「就学前教育」を提供することが法律で定められる。1996年には公的保育の所管が保健社会省から教育科学省に移管され，1998年には新たな「学校法」によって保育と学校教育がともに生涯教育として位置づけられた。同じ年に，6歳児に学校とは区別される「就学前クラス」が設置され，「就学前保育カリキュラム」が策定されている。[9] さらに2003年からは，4歳児，5歳児全員に年間525時間の無償保育が保障されることとなった。

　スウェーデンにおける一連の改革は，「すべての子どもの発達保障の視点」から遂行された就学前保育と学校教育の統合として評価されている。[10] この過程には教育とケアの統合に内包されている三つの課題を見いだすことができよう。第一の課題は，幼年教育においてケアと教育が不可分であることを認識し，すべての子どもに双方を提供することである。第二の課題は，比較的裕福な子どもの教育施設としての幼稚園，労働者の子どもの託児施設としての保育所という二分が内包する歴史的な階層性を克服することである。そして第三の課題は，生涯教育の中に幼年教育を位置づけ，その一貫したカリキュラムを構想することである。これらは日本の「幼保一元化」にも共有される課題である。次にその歴史的な様相を確認しよう。

3．幼保一元化の課題

　日本の幼稚園と保育所は異なる歴史的系譜を有している。幼稚園は上流階

級や中産階級の子どもの教育施設として，保育所は貧しい労働者の子どもを保護する福祉施設として発展してきた。

　日本の幼稚園は1876年に設立された東京女子師範学校附属幼稚園をモデルとして発達した。この欧米の幼稚園を参照して創設された幼稚園は，裕福な上流階級の子どもを集め，フレーベルの恩物による知育を中心とした保育を提供していた。文部省はもう一方で，貧しい労働者の子どもを保育する簡易幼稚園の設立を奨励したが，小学校の整備が優先される中で普及していない。幼稚園教育を規定した幼稚園保育及設備規程は，簡易幼稚園ではなく普通幼稚園の方を「幼稚園」として制度化することになる。湯川嘉津美はこの過程において形成された日本の幼稚園の特徴を，保護（託児）と教育の二つの機能のうちの保護を欠いたまま教育施設となったこと，高い保育料を徴収する私立幼稚園を中心に普及し中上流層の子どもに適合する幼児教育機関となったこと，学校体系外の施設として位置づけられ政策上において重視されてこなかったことの三点で指摘している。[11]

　それに対して保育所は，都市の貧困層を対象とする託児施設を起源としている。宍戸健夫によれば，保育所をその出発点において特徴づけたのは，明治末に始まる「治安維持対策の一環としての慈恵救済事業対策」だという。その第一の機能は子どもを預かり母親を就労させて貧困を防ぐことに，第二の機能は忠実な国民を育成することにあった。[12] それに対して昭和初期には，労働者のための新たな託児所が登場している。その特徴は，子どもの集団的生活訓練を重視したこと，経営への父母の参加を促したこと，子どもの教育と女性の解放を志向した点に指摘されている。[13] 戦前の保育所や託児所は，幼稚園と異なって制度化されなかったこともあり，多様性を内包して展開した。「幼稚園令」への位置づけや，「託児所令」「保育所令」の制定も模索されたが，いずれも実現することはなかった。

　中上流階級の子どもを教育する幼稚園と，貧しい労働者階級の子どもを保護する保育所という二つの系譜をもつ国はめずらしくない。日本の保育制度の特徴および問題は，その二つの系譜が現在にいたるまで統合されていない

点にある。幼保一元化は1930年代後半にすでに，教育審議会や保育者団体の議論に課題として浮上している。総力戦体制が成立する過程において，子どもを区別して扱う幼保二元制度が問題とされたからである。「天皇の赤子」としての平等とはいえ，子どもたちの平等が追求される中で幼保一元化が要請された事実は重要だろう。[14]

　第二次世界大戦後における民主化は，再び幼稚園と保育所の分断に孕まれた階層差別を克服する機会となりえたはずだった。しかし幼保二元体制は，幼稚園が「学校教育法」によって，保育所が「児童福祉法」によって規定されたことによって，返って定着することとなる。両者は幼い子どもの「保育」という目的を共有していたが，制度と管轄の壁は，あたかも教育中心の「保育」と養護中心の「保育」が存在するかのような認識を強化することになる。事実，文部省の坂元彦太郎が学校教育法における「保育」の概念を「保護育成」の略として説明したのに対して，厚生省の松崎芳伸は児童福祉法の「保育」の概念を「保護養育一般のこと」と述べ，保育所の機能から「教育」を排除することによって幼稚園との差異化を図った。1963年の文部省と厚生省の共同通知「幼稚園と保育所との関係について」も，幼児の「保育」と「教育」の不分離性を確認し，保育所の活動における幼稚園教育要領への準拠を促しつつも，「学校教育」を行う幼稚園と「保育」を行う保育所の性格の違いを強調するものとなっている。[15]

　その後保育所は，貧困で劣悪な環境に置かれた子どもを保護する施設というよりも，女性の就業を支援する施設としての機能を強めてきた。子どもを出産しても働き続ける女性が増加し，幼稚園と保育所に通う子どもに明白な階層差は見いだせない。しかし子どもの制度的に異なる扱いが差別となりえる以上，幼保一元化は現在でも重要な課題である。

　2006年に誕生した認定子ども園は，幼稚園と保育所の双方の機能を併せ持つ施設が全国的に誕生する点において画期的である。しかしその法制化の過程は，その誕生が幼保一元化の先送りだったことを示している。制度と管轄の壁の厚さは，従来の施設を残したまま新たに総合施設を制度化せざるを

えなかった点に現れている。所管に関しても，幼稚園が認定子ども園になる場合は文部科学省，認可保育所の場合は厚生労働省，無認可保育所の場合は地方自治体というかたちで分割されている。[16]

　認定子ども園の誕生は，保育者の分断の問題を浮上させた点でも重要である。認定子ども園に勤務する保育者は幼稚園教諭資格と保育士資格の双方を所有していることが望ましいとされ，一方の資格を有する人がもう一方を取得しやすい制度が整備された。しかし必要なのは保育士資格と幼稚園教諭資格の統合だろう。二元化された資格は一元化を阻む壁となる。すべての幼い子どもに必要なケアと教育を保障するためにも，幼い子どもの養育と教育にあたる人々の待遇や給与に格差を生じさせないためにも，専門的な知識をもって多様な施設で勤務することのできる保育者を養成する必要がある。幼稚園教諭と保育士のあり方の違い，双方が互いに抱く違和感は，現在の認定子ども園の運営に困難をもたらしているという。おそらくその困難の中に，専門家としての保育者像を新たに立ち上げる契機が孕まれている。

§2　ケアとジェンダー

1．女性とケアワーク

　教育とケアの分断の根深さは，その担い手とジェンダーとの結びつきに存している。幼い子どもを幼稚園と保育所のいずれかに振り分ける制度とその制度をめぐる言説は，文部科学省と厚生労働省というそれぞれの管轄の性格と相いまって，教育を受ける子とケアを受ける子が存在するかのような印象を与えてきた。しかし教育とケアの分割線が最も強固に機能しているのは，おそらく幼稚園と保育所の間ではない。家庭や幼稚園，保育所を含む幼い子どものための施設と，小学校，中学校といった年長の子どもが通う学校との

間である。そのことを明白に示しているのが幼年教育者のジェンダーである。ケアすることとジェンダーとのかかわりは，一方で育児，介護，看護を含む家事労働が女性によって担われていること，他方で看護や保育などケアすることを内容とする職業が「女性集中職」であることに見いだせる。[17)] 幼稚園教諭と保育士は，女性によって担われるケアワークとしての特徴を共有しているといえよう。

　女性によるケアは母親の子育てに始まる。産まれて間もない子どもは主として母親の世話を受けている。育児休業の法制化から15年を経た現在でも，母親になった労働者の約7割が出産を契機に退職することを選んでいる。育児休業を取得しているのもほとんどが女性である。その取得率は女性の70.6％に対して男性は0.56％に過ぎない。＊　加えて男性が家事や育児に費やす時間は非常に短い。6歳未満の子どもがいる世帯で，就労している夫の平日の「家事関連時間」＊＊　の平均は21分である。それに対して妻は，就労者で平均5時間，非就労者で平均8時間半を家事や育児に費やしている。この数値は，ある程度育児に携わる少数の父親，ほとんど子どもとかかわることのない多くの父親，子育てを主に担っている大多数の母親の存在を示唆している。＊＊＊

　幼い子どもの教育や保育を担う施設にも女性が多い。最も男性の割合の低い施設は保育所である。近年急増しているとはいえ，認可保育所に勤務する男性保育士はいまだ全体の1.5％に過ぎない。＊＊＊＊　幼稚園教諭では男性が全体の6.7％を占めているが，園長等の管理職が多く，教諭に限ると1.9％となる。小学校では男性がおおむね4割を占めている。ただし小学校においても，低学年の子どもたちの担任は圧倒的に女性が多い。高学年の担任は男性

＊　　データは厚生労働省『平成16年度　女性雇用管理基本調査』より。
＊＊　「家事関連時間」には，家事，介護・看護，育児が含まれている。
＊＊＊　データは内閣府『平成16年版　少子化社会白書』より。
＊＊＊＊　データは内閣府国民生活局物価政策課『保育サービス市場の現状と課題―「保育サービス価格に関する研究会」報告書―』(2003)より。

と女性がほぼ半々なのに対して、一年生の担任のうち男性の占める割合は約12％、二年生でも22％である。＊この事実は担当する子どもの年齢が低いことによって、小学校の教職もケアワークとしての性格を帯びうることを示唆している。

女性の担うケアワークとしての幼年教育と、男性の担う初等中等学校の教育の対比は、それぞれの職業の出発点においてより明瞭である。保育者は女性の職業として成立し、小学校の教職は主として男性によって担われる職業として成立した。

保育者に刻印された女性性はその名前の歴史に如実である。現在は幼稚園に勤務する者は幼稚園教諭、保育所に勤務する者は保育士と呼ばれているが、1947年に学校教育法と児童福祉法が制定される以前は、双方ともに「保母（保姆）」の名称で呼ばれていた。保母の資格が最初に規定されたのは、1890年の第二次小学校令を受けて翌年制定された文部省令第18号においてである。その第一条「幼稚園保姆ハ女子ニシテ小学校教員タルヘキ資格ヲ有スル者、又ハ其他府県知事ノ免許ヲ得タル者トス」は、「保姆」の条件として「女子」であることを掲げている。男性が保母となることはそもそも認められていなかったのだ。なお、小学校の正教員さえ不足している状況で、小学校教員資格を有しつつ幼稚園に勤務する者は得がたく、実際に勤務した保母は府県が規定した免許の所持者が多かった。その免許の水準は小学校の準教員よりも低く、待遇もまた低いものに留まっていたという。[18]

それに対して小学校教師は、主として男性が担う職業として成立し、しだいに女性の比率が高まっていった点に特徴がある。1872年に近代学校制度が成立した当初、小学校における女性教師の割合は1.5％に過ぎなかった。女性教師が急増するのは1900年頃からである。1905年には20％を超え、1920年には30％を占めるにいたる。1940年代前半には男性が戦争に動員されたため、いったん女性が過半数となるものの、その後再び女性教師の比

＊　データは文部科学省『平成16年度　学校教員基本調査』より。

率が50％を超えるのは1970年頃のことである。

　女性教師が増加した1910年代に，その是非をめぐって交わされた議論は，小学校におけるケア役割と女性教師の連関を如実に伝えている点で興味深い。女性比率の増加を容認する言説は，一方で，子どもを「養護」すること，子どもに「慈母の愛」をもって接すること，「低学年」の子どもを世話することなどのケア役割を女性教師に割り振っていた。そしてもう一方では，「女児」の教室の担任，「裁縫」や「家事」の担当など，ケアを担う者を育成する仕事，すなわち将来の「良妻賢母」を教育する仕事が女性教師に配分された。[19] 小学校において再生産および再生産の再生産が女性に課された歴史は，小学校が教育とともにケアを含むかたちで展開されてきたこと，しかしそのケアは周辺的なシャドウワークとして位置づけられてきたことを示している。そしてケアと教育の統合という課題に，保育者の役割や保育者と子どもとの関係をどのように構想するかという問題ばかりでなく，子どもを知性的な学びに誘うこととケアする者として育てることをどのように融合させるかという問題が含まれていることを示唆している。この点については本章の§3でより詳細な考察を試みたい。

2. 養育の中の男性

　教育と養育の営みにおいてケアが女性と結びつけられシャドウワーク化されてきた状況を理解するために，またその状況を変革する方途を探るために，幼い子どもの保育に参入した男性，小学校以上の教育に参入した女性の経験を検討することが有効である。教職が未だ男性職だった頃に小学校教師となった女性たちの葛藤についてはすでに述べた（第1部第3章）。ここでは現在の男性保育者の経験を参照しよう。とりわけ保育所では，近年になって顕著に男性保育者が増加している。象徴的なのは1999年4月の児童福祉法施行令の改正である。「児童福祉施設において，児童の福祉に従事する者」の名称が，従来の「保母」から男女共通の「保育士」へと改められ，とくに

規定がないまま「保父」と呼ばれていた男性保育者は，ようやく正式な名称を得ることとなった。

　男性保育者は男性でありながら女性職である保育職へと参入した存在である。その意味で彼らの保育所への就職と日々の保育の実践は，ジェンダーの境界を越える経験としての側面を有している。彼らは具体的に，保育の現場においてどのような困難や葛藤を経験しているのだろうか。保育の仕事の女性性をどのように捉え，自らのジェンダーとの不適合をどのように克服しているのだろうか。そして彼らの経験は，保育の仕事の特徴についてどのような側面を顕在化させ，それを変革するどのような可能性を示唆しているだろうか。

　男性保育者のキャリアを検討した中田奈月の研究は，保育職におけるジェンダー構造の複雑さを明らかにしている。保育職への男性の参入を検討した研究には，多様な考え方をもつ男性保育者が登場している。すでに他の仕事に転職した元保育者は，保育を「家事みたいなもの」だから女性の仕事だと考えている。それに対して，保育所を第二の家庭と捉えて父役割を遂行しようする者もいる。保育の現場に性別は関係ないと考えている者もいる。中田は彼らのインタビューの検討を通して，その保育者像の差異が「家庭」の捉え方の差異によることを指摘している。[20] また「保育者」定義の変容過程の解明を試みた別の研究には，経験年数の異なる3名の男性保育者が登場する。彼らは「父親」の代わりに子どもを保育する道を模索する，男性という属性を活かした保育を志向する，あるいは性別にかかわらず「子どもを抱きしめてあげること」に重要性を見いだすといったように，それぞれに異なる方途で保育者としての自らを表現し規定している。中田はその変遷を，家庭と同様に保育所にも男性が必要であるとする「第二の家庭の父母」の段階，男性の視点に基づいた保育を志向する「保育の偏りを是正する者」の段階，保育者の性的属性にあまり意味を見いださなくなる「子どもの発達をうながす者」の段階の三段階で特徴づけている。[21]

　着目したいのは，男性保育者がいかなるあり方を選択したにせよ，保育の

変革がもたらされる何らかの可能性が存している事実である。保育の現場は家庭になぞらえられ，保育に携わる女性は母親になぞらえられてきた。この事実が保育職への男性の参入を阻む壁になっているからこそ，男性保育者たちは性的なアイデンティフィケーションと職業的なアイデンティフィケーションの狭間で葛藤し，その葛藤がジェンダーの再編を通した保育の変革をもたらしうる。男性保育者が母親のようであろうとし，伝統的に女性のものとされてきたケア役割を引き受けるならば，女性のみが従事していた頃と保育のあり方はあまり変わらないかもしれないが，女性とケアワークの結びつきには亀裂を入れることができる。男性保育者が父親的な役割を果たそうとするならば，父性的あるいは母性的と呼ばれる振る舞いの性による配分は問われえないが，保育にたとえばスポーツが加わることによって子どもの経験のバリエーションが豊かになる。男性保育者が保育所の女性性に違和感を覚え，家庭における母親の子育てと保育所における保育を切り離すならば，保育所の雰囲気を変える一助となることができるかもしれない。そして男性保育者が，子どもと接する際に性別にかかわらない保育者らしさ，自分らしさを築いていくならば，ケアワークのジェンダー化されたあり方そのものを問うことが可能になるだろう。男性保育者は理論的にも実践的にも，保育におけるジェンダーの問題を可視化し，その解決の糸口を探るための一つの可能性として存在している。

　なお男性保育者という観点からみたときに可視化される重要な課題に，経済的な待遇の問題がある。保育は女性職であることによって賃金が抑えられ，賃金が低いことによって男性の参入が阻まれてきた。近代家族の性別役割分担において，労働で得た賃金によって家族を養う責務が男性に課されていたからである。では保育職への男性の参入は，女性化と低賃金の悪循環を断ち切り，保育士の待遇を改善する契機となりうるだろうか。現在の状況は逆に進んでいるように思われる。多くの自治体で推進されている民営化によるコストの削減は，公立保育所と私立保育所の人件費の差，すなわち年齢構成の差によって可能となっている。給与の基準を勤続10年に置いたままコ

スト削減を目指すなら，経験年数の浅い保育士のみによる保育所運営を余儀なくされる。あるいは短期契約やパートの保育士を増やすことによって，すなわち保育士の待遇を切り下げることによって経営を維持することになる。実際に新たに保育への参入が認められた営利企業の中には，すべての保育士が短期契約というケースもあるという。[22]

　保育の質を高め維持するために，男性であるか女性であるかにかかわらず，保育者の待遇は守られなければならない。男性における保育職への参入に対する抵抗感の弱まりが，女性ばかりでなく男性も含めた若者の雇用の不安定によるとするならば，それは必ずしも望ましい変化とはいえないだろう。保育者の待遇の改善は大きな問題であり続けている。

§3　スクールホームの構想

1．学校への家庭性の導入

　幼年教育におけるケアと教育の統合には，子どもを保護し世話することと子どもを教育し知的な学習へと誘うことを統合する課題に加えて，表に現れにくいもう一つの課題がある。子どもをケアする者として育てることと労働者として育てること，すなわち再生産の担い手を育てることと生産の担い手を育てることを統合する課題である。以下では，フェミニスト教育学者のジェーン・ローランド・マーティンが『スクールホーム：変化する家族のために学校を再考する』（1992）において提示した新たな学校の構想を参照しつつ，そのもう一つの課題を含めたケアと教育の統合について考察しよう。

　マーティンの『スクールホーム』は，学校においてケアと教育を統合する方途を模索している。「家庭（Home）」と「家庭性（Domesticity）」を導入した新しい学校「スクールホーム」を構想する出発点は，幼い頃から銃，暴

力，ドラッグ等の危険にさらされ，生命を脅かされ，必要なケアを受けられないでいる子どもたちを救済することに存している。しかし射程におさめられているのは，そのような明白に危機的な状況に置かれた子どもたちばかりではない。「変化する家族のために学校を再考する」というサブタイトルには，父親ばかりでなく母親も家庭から離れることを余儀なくされる状況，両親がともに産業や企業へと動員されつつある現状を踏まえて，すべての子どもがケアと教育を得ることのできる学校を構想しようとする意図が込められている。すなわちマーティンはスクールホームの構想において，夫が賃労働に従事し，妻が家事育児に従事する近代家族の解体を引き受けつつ，教育において家庭が果たしてきた役割を組み込んだ学校のあり方を模索している。

　スクールホームを構想するにあたって，マーティンは，モンテッソーリの「Casa dei Bambini（子どもの家）」を参照している。「子どもの家」というと，独自の教育方法で知育を行う裕福な階層の子どもの幼稚園としてのイメージが強いが，もともとは子どもたちを保護し養育する機能を有していた。事実，最初のCasa dei Bambiniは，1907年，ローマのサン・ロレンツォのスラム街に劣悪な状況に置かれた幼い子どもたちのための学校として設立されている。そこに集ってきたのは，親が最低の社会層に属しているために適切な世話を受けることなく育った3歳から6歳の子どもたちだった。モンテッソーリは子どもたちを注意深く観察し，その内的欲求に即して課題を与える。栄養不良で無表情でおどおどしていた子どもたちは，見違えるほどの変化を遂げ輝きだしたという。彼ら彼女らは，驚くほどの知的好奇心や集中力を示すようになり，品位と規律をそなえた振る舞いを身につけ，文字の読み書きさえできるようになった。モンテッソーリはこの「奇跡」とさえいわれたCasa dei Bambiniの成果について，束縛を感じさせない快い環境，大人の落ち着いた謙虚さ，子どもにとって魅力ある五感を発達させる教具という三つの外的条件によって可能になったと説明している。[23]

　マーティンによるモンテッソーリの再解釈のポイントはCasa dei Bambiniの翻訳にある。彼女はイタリア語のCasaが「家（house）」と「家庭（home）」

の双方の意味を含んでいる点に着目し、従来「子どもの家 (The Children's house あるいは The House of Childhood)」と訳されてきた Casa dei Bambini を「子どもの家庭 (home)」と訳し直すことを提唱している。マーティンによれば、学校の構想を描くモンテッソーリの言葉、とりわけ教師の子どもへの関係、子どもどうしの関係、子どもの環境への関係を語る言葉は、単なる「家 (house)」というより親密さや愛着を伴う「家庭 (home)」の関係を表現しているように響く。また casa を「家 (house)」と訳すならば、子どものサイズの家具、着衣や洗顔の訓練、自己教育といった側面に目を奪われがちになるが、「家庭 (home)」と訳すならばその社会的道徳的な側面を認識することが可能になるという。[24] マーティンは既存の実験学校である「スクールハウス (Schoolhouse)」を「スクールホーム (Schoolhome)」に変えること、子どもと親のニーズや条件に応える「家庭の道徳的等価物」へと変えることを要請している。[25]

学校が「家庭の道徳的等価物」になるとはどういうことだろうか。マーティンによれば、モンテッソーリは学校に家庭的な雰囲気と家庭のカリキュラムを導入したという。Casa dei Bambini において子どもたちは、家庭にいるときと同じように、愛情を受け、親密さと結びつきを経験する。また自分で洗顔し服を着ること、時間を知らせること、上手に話し、注意深く聞くこと、他者へ親切に寛容に接すること、幼い子の面倒をみること、協同で働くことなどを学ぶ。すなわち Casa dei Bambini は「家庭の機能的等価物」となっている。同時に Casa dei Bambini は、そのことを通して、子どもたちが人間の文化に参入すること、人間性と呼ばれるものを獲得することを可能にしている。それが「家庭の道徳的等価物」としての側面である。[26] スクールハウスがスクールホームに、すなわち家庭の道徳的等価物としての学校になるならば、愛が日常的な活動を変化させ、3C's (ケア care, 関心 concern, 結びつき connection) がすべてのカリキュラムに正当に位置づき、日々の学習に喜びが伴うようになる。ここで企図されているのは、従来の学校において「基礎」とされてきた3R'sよりも基礎的なもの、家庭において無意識に学ばれ

てきた「基礎」の教育である。[27]

　マーティンが探求しているのは,「家庭」と「世界」のバランスの大きな変動のなかで,産業革命以来の家庭が担ってきた役割をどのように再評価し再配置するかという問いである。産業革命は仕事と労働者を家から引き離し,家庭を男性が「厳しくて冷酷な公的世界」から帰還する楽園にした。そのことによって,愛と親密さのエートスや3C'sの価値は,「夫」や「息子」がリフレッシュすること,すなわち労働者の再生産へと還元されてきた。しかしマーティンによれば,家庭の役割はそればかりではない。調和した社会生活にとって必要な親切さと協力,愛情や共感の教育を期待されるとともに,ギリガンが「ケアの倫理」*とよんだものを教える機能もまた家庭に期待されてきた。実際の家庭が暴力の場でありうることを認識しつつも,マーティンが家庭モデルを選択するのは,その道徳的な機能の重要性ゆえである。そしてその際に想定されているのは,あたたかく愛にあふれ,肉体的にも精神的にも虐待的ではない家庭であり,性的な平等の正当性を信じ,それを志向する家族である。[28] ここに読み取るべきは,家庭の理想化ではない。幼い子どもたちは,いかなる家庭に生まれようとも,愛着を伴う親密な関係の中で,安心とくつろぎを感じつつ,すなわちアット・ホームに育つことを保障されなければならないという主張である。

　必要なケアを受けられないでいる子どもたちの苦境の背後に,マーティンは,家庭的なもの,家庭の仕事やその価値に対するさげすみや冷淡さを感受している。それは再生産の危機であると同時に,再生産に携わる者の再生産の危機でもある。家庭的な雰囲気において家庭のカリキュラムを学ぶというスクールホームの構想は,学校教育にケアを二重に導入すること,すなわち子どもたちをケアしつつ子どもたちにケアを教えることによって,その二重の危機を克服しようとしている。

＊　発達心理学者のギリガンは,女性に特徴的な人間関係を重視する文脈的な思考様式を「ケアの倫理」と名づけ,「正義の倫理」に対置した。(キャロル・ギリガン／生田久美子・並木美智子訳『もうひとつの声―男女の道徳観のちがいと女性のアイデンティティ』川島書店,1986)

2. リベラルエデュケーションへの挑戦

　マーティンが『スクールホーム』において取り組んでいる課題は、リベラルエデュケーションの理念と、それに基づいて構成された学校教育を批判し、その改革の方途を提示することである。その趣旨は『女性にとって教育とはなんであったか』(1985 = 1987) を参照することによってより明瞭になる。マーティンがギルマンの『フェミニジア』を女性と再生産の過程を公的な領域に同化させる試みとして評価したのは、女子教育に関する思想の哲学的な検討を行ったこの書においてであった。

　マーティンが『女性にとって教育とはなんであったか』において問題化しているのは、教育思想史において女性教育に関する議論が看過されてきた事実である。そのことによって女性の地位が低められてきたばかりではない。妊娠、出産、子どもの養育、病人の看護などを含む再生産の過程もまた、その重要性を低められ、教育の枠外に置かれてきたという。

　　広義に解される社会の再生産の過程は、大部分は育児にあてられている。この再生産の過程は、技術、信念、感情、情緒、価値、そして世界観さえをも伝達されることを含んでいるのである。そうした事実にもかかわらず、再生産の過程は教育の担当範囲内に入らないと考えられているのである。したがって教育は政治と同じように社会の生産の過程との関連で定義されており、女性と家族の地位は、政治と無関係であるだけでなく、どの点からみても「教育とは無関係」にされているのである。[29]

　既存の教育は、リベラルエデュケーションであるか職業教育であるかにかかわらず、人々を公的領域と生産の過程へと導くものとして定義されてきた。このことは再生産の担い手の育成が、暗黙のうちに家庭に託されてきたことを意味している。

　再生産の過程を排除したリベラルエデュケーションの問題点を、マーティンはメキシカンアメリカンの作家リチャード・ロドリゲスの経験を通して浮

き彫りにしている。ロドリゲスの自伝『記憶に飢える』が提示しているのは「成功の物語」である。低い階層の出身でスペイン語を話していた少年が，しだいに英語を話せるようになり，歴史，文学，科学などのリベラルエデュケーションを習得して「教育のある人」となる。それは単なる断片的な知識を身につけたということではない。ロドリゲスが獲得したのは「事物の成り立つ根拠の理解を可能にする概念体系」にまで高められた教養，すなわちリベラルエデュケーションの理想を体現するような教養だった。しかしここにマーティンは「喪失の物語」あるいは「疎外の物語」を読み取っている。子どもの教育のためにスペイン語を放棄し英語を話し始めたロドリゲスの家族は，以前の陽気さ，温かさ，愛情に満ち溢れた雰囲気から抑圧的で静かな雰囲気へと変わる。ロドリゲスは両親との親密な関係を失い，子どもらしい多弁さを失い，メキシコの文化への関心を失い，自分自身の感受性や情緒から分離されていく。その過程は「親密なつながりから孤立状態への推移」にほかならない。ここに現れている問題の根深さは，感情やつながりの切断が偶然もたらされたものではなく，リベラルエデュケーション知のあり方を特徴づけているという事実にある。[30] それは個々の人間から切り離され抽象化されているのだ。

『スクールホーム』においてマーティンは，ロドリゲスの経験に自らの大学における経験を重ね合わせつつ，再び既存の学問における「疎外」を問題化している。政治学を専攻していたマーティンは，彼女の論文指導に困惑した教官から，「どうして女子学生は政治学を理解できないんだ」といわれる。この差別的な発言について，マーティンは自分に関しては真実だったと述べている。そして次のように語っている。ヴァージニア・ウルフの『三ギニー』がリーディングリストに入っていたならば，自分の困難は政治学が男性の専門職であり続けてきたことによると指摘できただろう。シャーロット・ギルマンの『女性と経済』を読むことが要求されていたならば，自らの苦境を分析することさえ可能だったかもしれない。しかしそれらはリストになかった。マーティンはアイデンティファイする教師も得られないまま，政治学

の領域の基本的な教材に不案内な自分を責め，自信も技量もある同期の男性たちに敬服していたという。ロドリゲスが教育のために家族から，スペイン語から，メキシコというルーツから疎外されていたとするならば，マーティンはやはり教育のためにアメリカにおいて女性として育った経験とそのことで得た財産から疎外されていた。

「スクールホーム」において模索されているのは，まずなによりも，そのような自分自身から疎外されるような学習のあり方の変革である。マーティンによれば，既存の学校では知りたいこととカリキュラムとが乖離してしまっている。貧しい家庭の女子高生「パトリシア」が，母親はなぜ彼女を殴る男とともに暮らし続けるのかという疑問を感じているとき，その問いに既存の学校の教育はこたえてくれない。それに対してスクールホームでは，「パトリシア」「ジュアニータ」あるいは「ラン・チュン」といったそれぞれの子どもが自分自身について知るための方途を得ることのできるカリキュラムをデザインしようとする。ただしそのカリキュラムは生徒ごとに個別化されているわけではない。具体的なカリキュラムは，教師が生徒たちに向き合いつつデザインすることになる。たとえばある教師は「生と死」「善と悪」「自と他」「自然と文化」といったグレート・クエスチョンに取り組む。他の教師は，ブラックアメリカンの女性作家ヌトザケ・シャンゲの小説で，白人の学校に入った13歳の黒人少女ベッツィとその家族の物語を描いた『ベッツィ・ブラウン』を読むことを選択する。[31]

ここで重要なのは，「パトリシア」「ジュアニータ」「ラン・チュン」といった子どもたちの固有名である。スクールホームの子どもは，家庭の子どもが抽象化された「子どもたち」ではありえないのと同様に，固有名をもちそれぞれの経験と世界をもつ特異な存在として学校にいる。教育とケアの統合，マーティンの言葉でいうと学校への「家庭性」の導入は，ここでは固有名の子どもの学びをデザインするという課題として現れている。換言するならば，教師と子どもの親密で愛着を帯びたかかわりは，固有名の子どものニーズや関心を媒介として，文化的で知性的な学びに結びつけられている。ス

クールホームの教師は、家庭の母親のような相貌を帯びている。重要なのは、その母親のような相貌をもって、子どもの学びのカリキュラムのデザインという教師の専門的な仕事を行う点である。

3.「スクールホーム」のカリキュラム

マーティンはモンテッソーリのCasa dei Bambiniを参照しつつ、スクールホームに「家庭性」と3C'sを導入すると述べていた。しかしスクールホームのカリキュラムは、手を洗ったり服を着たりすること、スープを運ぶこと、動植物の世話をすることなどの家庭生活を構成する日常的な活動のみからなっているわけではない。むしろ子どもたちの活動の例は、学校教育としての特徴、知的な学習としての性格を色濃く感じさせる。

マーティンはスクールホームの一こまとして、文学作品を読む子どもたちの様子を描いている。ある教室では『若草物語』を読んでいる。小学校低学年くらいの子どもたちだろうか。何人かの男の子たちが、「ばかげてる」「お父さんがそんなもの読むなと言った」と『若草物語』を読むことを拒絶する。それに対して女の子が「何を怖がっているの。ジョーはあなたに噛み付きやしないから」と発言する。それに触発された男の子の「ジョーは僕のお姉ちゃんに似ている。悪くないね」という言葉を受けて、先生が「姉妹のいる人は」と子どもたちに尋ねる。子どもたちは姉妹がジョーに似ている、エイミーに似ていると口々にいう。それらの発言から、話題は小説のなかの出来事へと移っていく。[32]

このように文学作品について語り合う活動は、日本の幼年教育になじんだわれわれの感覚では、幼稚園や保育所よりも初等教育の活動に近いように思われる。学校に「家庭性」を導入するというマーティンの構想を理解するためには、アメリカの幼年教育の状況を踏まえる必要があるだろう。アメリカの幼年教育の特徴は、幼稚園ないしは幼児学校を中心に発達してきたために、就学前教育が広く定着している点にある。その歴史はドイツからの移民

とともに19世紀半ばに導入されたフレーベル主義の幼稚園に始まる。19世紀後半に貧民対策事業の一貫として無償幼稚園が全国的に広まり，公立化とともに小学校に付設されて就学準備機関としての性格を強めていった。公立化と同じ頃，フレーベル主義がその形式化や恩物主義において批判を受け，幼稚園はプロジェクト法によるカリキュラムが導入された進歩主義教育の特徴を帯びることになる。[33] このようにアメリカの幼稚園が公教育制度に組み込まれつつ発展してきたのに対して，幼い子どもの世話はそれぞれの家庭が責任をもって行うべきだとの考えが強く，保育所や託児所は未発達である。ケアを必要とする子どもたちすべてが入所できるだけの保育施設はない。しかも保育料が高くて貧困な家庭は利用できない。子どもが保育所に入所できない場合は，親族に子どもを預けるか，ベビーシッター等の保育サービスを購入することになる。

　アメリカの幼年教育の文脈に即すならば，すでに普及している「スクール」を基盤として「家庭性」を導入し，子どもたちに必要なケアと教育を保障する方途は現実的である。ただし「スクールホーム」の知的な性格は，単に就学前教育を基盤としていることによるものではない。マーティンは学校教育におけるカリキュラムを，文化的な闘争のアリーナとして捉えている。そこでは「スクール」を特徴づける知的な学習から「ホーム」のような感情を伴う生活への移行が企図されているというよりも，両者の分断を問題化し統合するという課題が追求されている。

　「スクールホーム」の学習の特徴を，マーティンは「生きるために学ぶ(learning to live)」という言葉で表現している。ここには二つの意味合いが込められている。一つは世界の傍観者ではなく参加者となることである。マーティンは言う。従来のリベラルエデュケーションにおいて具体的な活動への参加は望ましいゴールとは考えられてこなかった。むしろ自らの身体や感情から切断されていることが求められ，観察者の位置にあることが理想とされてきた。それに対してスクールホームでは，健康管理や環境保護がリストに加わるとともに，通常は教科外とされる総合的なカリキュラムが学習の中心

に位置づけられることになる。[34]

　もう一つの意味合いは，自分や他者の身体への配慮を学ぶということである。ここには暴力や戦いを肯定する男性優位主義と，女性を否定的に捉える女性嫌悪を克服する課題が含まれている。上記の『若草物語』を読む子どもたちのエピソードに提示されているように，アメリカの男の子は早いうちから女性化に対する恐怖と，女性や女性性を貶める方途を身につける。マーティンは，その傾向を克服して人間のつながりを織りなすためには，女性嫌悪の知的な学習だけでは不十分だとする。[35] 感情および振る舞いのレベルにおいて，3C's，すなわちケアすること，関心をよせること，結びつくことをみなの仕事にしてゆく必要があるという。

　「スクールホーム」に通う子どもたちは，家庭的な雰囲気の中で，家庭的という言葉で表現される特長を身につけた人，家庭的な仕事を担うことのできる人へと育てられる。それは活動を重視した営みであるからこそ，知性的な性格や文化への批判的な感覚を失うならば，容易に子どもを生活に適応させようとする保守的な営みになってしまうだろう。マーティンにおける「家庭性」の再評価の試みは，子どもへの注意深い愛を伴うかかわりの重要性を再認識させるばかりではない。それと同時に，幼年教育の現場を文化的な側面において捉え，そこにおいてどのような価値や感性が伝えられているかを批判的に検討することの必要性を提起している。

第3章

保育の専門性

§1 専門性の困難

1. 専門職としての幼年教育

　保育士や幼稚園教諭は専門職である。その職に就く人々は，専門の教育を受け，一定の資格を有し，仕事への従事を通して公共の福祉に寄与している。しかし実態に即すならば，保育士も幼稚園教諭も十全な専門職とはなっていない。養成の水準，労働条件，知識や技術の明確化などについて，専門職としての確立のための条件を欠いているからである。アメリカの幼年教育も状況は似ている。アメリカの研究者リリアン・カッツは，「専門職の本質：幼児教育はどこに位置しているか」と題された論考において，通俗概念としての専門職および社会科学の概念としての専門職に照らしつつ，幼児教育が十全な専門職とはなりえていない現状とその要因を検討している。[1] 以下ではその議論を参照しつつ，幼年教育における専門職性の成立の困難について考察しよう。

　まず通俗概念としての専門職は，道徳的に賞賛に値する仕事への献身に対

する尊称として特徴づけられている。そして一般的に高い社会的地位と高い収入を伴っている。幼年教育はその条件を満たしているとはいえない。教師の仕事は，子どもが幼ければ幼いほど訓練の要求水準が低くなり，能力が要求されなくなり，給料が低くなり，専門職としての特権がなくなり，労働条件が悪くなる傾向にある。幼年教育の仕事の価値は明白であるように思われるが，実はその認識もあまり浸透していない。幼い子どもは家庭で母親と一緒にいるべきだと考えられているからである。

　社会科学の概念としての専門職は8項目で特徴づけられている。社会的に必要とされていること，利他的であること，自律していること，専門家協会において倫理綱領を保有していること，クライアントと分離していること，実践のスタンダードが確立していること，継続的なトレーニングがなされること，実践が専門化された知識に基づいていることである。カッツによれば，社会的な必要性と利他性については，幼年教育は専門職の条件を満たしている。幼児期の経験を構成するという重要な仕事に，保育者たちは経済的な利益をさほど求めることなく献身している。

　しかしながら，クライアントへの尊重を伴う自律という課題は困難な問題を孕んでいる。幼年教育には，子どもたち，その親たち，社会や後の世代という少なくとも三つのクライアントグループが存在する。そのため保育者は，親の参加を強めつつ子どもにとって最善の判断を専門的に行うというパラドキシカルな状況に直面しうる。そもそも一つのクライアントグループに応えることさえ難しい。親のニーズは多様であり，みなを満足させることは不可能である。子どもの好みは通俗的なものにも向かいうるため，カリキュラムを構成するには十分ではない。究極のクライアントである社会は，共同的に学ぶことと競争的に学ぶこと，協調性とイニシアティブといった両立不能な課題を要求する。倫理綱領の策定についても同様に，クライアントの利益が矛盾を孕みうることによる困難を抱えている。

　実践のスタンダードや専門化された知識に関しても，幼年教育は専門職として確立するための条件を備えているとはいえない。カッツは，幼年教育の

基盤を提供しうるような専門的な知識の根幹を同定し，依拠するに足る原則を特定し，最善の実践に関する合意を発展させることが可能だろうかと問う。そしてその答えを得ることの困難を指摘しつつも，研究を蓄積することの必要性を述べている。継続的なトレーニングも似た問題を抱えている。幼年教育における質の高い専門的なパフォーマンスに，どのようなトレーニングがどの程度必要かは明らかになっていない。

　クライアントからの距離という課題の検討は，保育者のあり方をめぐる興味深い問題を提起している。カッツによれば，専門家とクライアントとの間には感情的な距離が必要であるとされているが，幼年教育に携わる教師の多くがそのような専門主義における分離に抵抗するのだという。それは子どもたちが親しさや愛情を欲するからであり，効果的な実践には子どもに関する親密な知識が必要とされるからである。しかしカッツの考えでは距離を置くことは可能である。子どもたちは教師が適切な距離を保っていても愛情を経験しうるし，子どもに関する知識を得るための接触や観察には家族のような感情は不要だと，彼女は主張している。

　これらの専門職化をめぐる問題の多くは日本の保育者にも共有されている。カッツが主張するように，実践的な研究の蓄積を通して幼年教育の専門性の内実を明確化することは，ある程度可能であり必要でもあるだろう。保育者が自律と責任をもって創造的な実践を展開するためには，専門性を確立することが望ましい。しかし専門性を困難にしている要因として指摘されている諸関係のあり方，すなわち子どもとの関係の親密さや，子ども，親，地域や社会を含む関係の複雑さは，幼年教育の特徴を構成する中核である。幼児教育あるいは保育における専門職性の確立は，仕事の本質にかかわる側面において困難を孕んでいるように思われる。

2．養成教育と現職教育

　日本における保育者の専門性の状況を確認しよう。まず大きな問題として

立ち現れてくるのは，養成教育と現職教育のあり方である。短期大学および専門学校程度を基準とする保育者の養成教育は，とりわけ社会全体の高学歴化した現在では，専門職にふさわしい水準にあるとはいえなくなっている。2004年度学校教員統計調査によれば，幼稚園教諭の74.3％はその卒業時に取得できる二種免許状の所持者である。＊ また2003年の内閣府の調査によれば，認可保育所の保育士の89.9％を短大卒業者と専修学校の卒業者が占めている。＊＊ 四年制大学への進学率は，すでに約45％にまで達している。保育の専門職化を志向するならば，四年制の養成制度への移行が課題となるだろう。ちなみに保育者の養成水準の引き上げは歴史的な課題でもある。中央児童福祉審議会は，はやくも1964年に，答申「保母の身分について」を出し，高等教育機関において保母を養成する計画を提言している。その理由は，乳幼児の保育を担当する保母には高度の専門的知識や技術の習得が養成されるという点に指摘されていた。

　養成教育以上に問題を孕んでいるのは現職教育である。トレーニングの継続のためには，まず保育を継続可能な職業にする必要がある。保育者は平均経験年数が短い。幼稚園教諭の場合，平均年齢は34.6歳，平均勤務年数は10.5年である。また認可保育所に勤務する保育士の平均年齢は33.8歳，平均経験年数は9.6年である。ちなみに小学校や中学校の平均勤務年数は18年から20年程度となっている。義務教育段階の学校では新規採用を控えたことによる教員の高齢化が問題になっているとはいえ，幼稚園教諭や保育士における経験年数の短さは際立っている。

　着目したいのは公立と私立の差である。公立幼稚園の教諭の平均年齢は42.7歳，私立は32.5歳である。保育所では公立が37.0歳，私立が31.4歳となっている。この公私格差は，勤続年数の短さが個々の保育者の意識よりも雇用と経営の構造の問題であることを示している。私立の幼稚園や保育所

＊　データは文部科学省『平成16年度　学校教員基本調査』より。
＊＊　データは内閣府国民生活局物価政策課『保育サービス市場の現状と課題―「保育サービス価格に関する研究会」報告書―』(2003) より。

は，勤続年数が短い保育者，すなわち低賃金の保育者を多く雇用することによって経営を維持している。結婚や出産による退職を前提に保育者を雇用する保育所さえあるという。[2]

保育者の専門的な力量の形成にとって，平均経験年数の短さは大きな問題である。保育者は保育のコミュニティに参加し，子どもたちと出会うことによって成長する。資格を得る，職を得るといったレベルを超えて「保育者になる」ためには，一定の保育の経験を積み，保育者らしいものの見方や語り口を身につけていくことが必要である。[3] またその過程では，初任者とベテランの交流が重要な意味をもつ。保育の現場や研修，会議の場で，初任者はベテランが身体化しているものの見方や語り口を学び，ベテランは初任者の新鮮な子どもとのかかわりに触れることで実践のマンネリ化を免れる。個々の保育者における経験の蓄積を可能にするためにも，職場における保育文化の継承を保障するためにも，幼年教育の現場に継続して働くことのできる制度と文化を構築する必要がある。

3. 多様な専門性

保育者の専門性の具体的な内容，すなわち保育者の専門的な力量は何かということについては，多くの言語化の試みが蓄積されている。幼年教育の研究と教育に携わる人々の間では，保育者は専門職である，あるいは専門職であらねばならぬという合意が形成されているといっていい。事実，「保育者論」のテキストを参照するならば，そのほとんどが保育者の専門性について言及している。ただし何が幼年教育の専門性を構成しているかということについて，その記述は多様である。

民秋言は「保育者に求められる専門性」を「その職務を果たすための姿勢（心情・意欲）・態度であり，知識であり，技術・技能」であると規定している。「求められる」という言葉が示しているとおり，ここでの「専門性」は規範的な意味合いが強い。「姿勢・態度」として子どもを「慈しむ」「愛す

る」気持ちと「人格として尊ぶ」姿勢をもつことが,「知識」として「保育観」「子ども観」「発達理論」が,「技術・技能」として音楽,造形,身体表現に関する基礎的な技能とそれを子どもたちの生活の展開に生かす技術があげられている。加えて民秋は「冷静さと客観性」や「自主性と共に協調性・社会性」を要請している。[4]

　塩美佐枝と湯川秀樹は,保育者の専門性として,果たすべき「役割」を記述している。具体的には,子どもと環境の双方を理解して保育環境を構成すること,相手の心の動きを受け止める「カウンセリングマインド」をもつこと,同僚や親と連携すること,子育てにかかわる保護者を支援すること,子どもの権利を擁護すること,乳幼児および保護者の「モデル」となることがあげられている。また河邉貴子は同じテキストで,「研究者としての保育者」との言葉で,自らの保育を省察すること,それを研究につなげていくことを求めている。[5]

　「保育者としての成長」という視点から専門性を考察しているのは秋田喜代美である。秋田は保育の専門家としての成長を,子どもの発達に関する知識,活動や教材に関する知識,指導援助の方法に関する知識などを含む「実践知の体得」に見いだしている。その「実践知」の特徴は身体化され無意識のうちに使われる点にある。保育経験の蓄積によって,複数の視点から子どもを理解すること,問題を構造で把握することが可能になる。子どもへのかかわりの知はノウハウから意味をもった手立てに変化する。専門家としての成長を支える方途は,自らの実践を振り返ること,実践を仲間とともに検討することに求められている。[6]

　「保育者の成長と専門性」と題された雑誌『発達』の2000年の特集においても,保育者の専門性は多様なかたちで言語化されている。[7] 秋田喜代美はやはり成長という観点から保育者のライフステージのモデルを検討し,「異質な他者としての子ども理解のむずかしさ」「応答性や無限定性を伴うケアという行為のむずかしさ」「子どもをとりまく他の大人たちとの関係作りの中で私らしい保育,保育者としての自分を創っていくむずかしさ」という三

つの困難を析出している。保育者の専門的な発達はその難しさに直面し問題の解決を模索する過程に見いだされている。[8)] 鯨岡峻は保育の専門性を，理論的な見通しのもとに保育を計画する，「いま・ここ」の保育を実践する，実践を評価し反省するという三つの断面で捉え，その専門的な知識は保育者の「人間性」を通して感性的な色づけを経て発揮されると述べている。[9)] また津守真は，「私」と子どもとの出会いという視点から，保育者は「専門家」である以前に「ひとりの人間である私」であるという事実を強調した上で，子どもの表現を読む力，物的環境を変えてゆく想像力などを保育者に要請している。[10)]

専門性の表現の多様性は，幼年教育の仕事の複雑さを表現している。それは子どもとともに生活しその成長を支援するという仕事の複雑さであると同時に，子どものほかに親や保護者，そして社会というクライアントをもつことによる複雑さでもある。加えて興味深いのは，保育の専門性を語る中で，民秋の子どもを「愛する」気持ち，秋田の「私らしい保育」，鯨岡の「人間性」，津守の「人間である私」といったように，いわゆる専門性とは相容れないように思われる言葉でその特徴が表現されている事実である。幼年教育はやはり，従来の社会科学的な意味での専門職化にはそぐわない側面を有しているのではないか。幼年教育の専門職化のためには，新たな専門家像を模索する必要があるのではないだろうか。

§2　専門化の方途

1. 教職の専門性

保育者における専門性の困難の一部は，主として初等中等教育に携わる教職にも共有されている。佐藤学によれば，大学教授，弁護士，医師といった

他の専門職に比して，教職は専門職の内実を形成していない。公共の幸福に寄与する責任を高度の専門性をもって果たす仕事であるという点では条件を満たしているが，それ以外の専門職の要件，専門的な知識や科学的な技術を確立していること，大学院段階の養成と研修のシステムを有していること，自由と自律性が保障されていること，専門家協会と倫理規定をもっていることについては，いずれも欠いている。[11]

教職の専門性を確立するために，佐藤が推進しているのは，「技術的熟達者」から「反省的実践家」への専門家像の転換である。「技術的熟達者」は現在の教師教育において支配的なモデルであり，「技術的合理性」を根本原理として成立している。実践はその領域における基礎科学と応用技術の合理的適用とみなされ，専門家は原理や技術に習熟することによって「技術的熟達者」となる。他方「反省的実践家」は，省察と熟考によって判断を行う「実践的見識」に専門的な力量を求める。このモデルによれば専門家は，原理や技術を適用するのではなく，それらをレパートリーとして複雑な状況における複合的な問題解決を行う。専門的成長はその過程で形成される「実践的認識」の発達による。[12]

教職は保育職と同様に，クライアントが複数存在し，しかもそれぞれのクライアントの価値観が多様な対人専門職である。問題解決の手段を科学的に厳密化できないばかりか，問題をどこに見いだすか，ゴールをどこに定めるかということから定めがたい。加えて，ある子どもやある学級には有効だった手立てが他の子どもや学級には通用しないという不確実さを抱えている。「科学的合理性」のアプローチをとるならば，そのような科学や技術の厳密化が困難な職業は，準専門職，半専門職に留まらざるをえない。それに対して「反省的実践家」のモデルは，現実の実践における「複雑性，不確実性，不安定さ，独自性，価値葛藤という現象」の重要性を踏まえ，「科学的合理性」を超えるために提示されている。[13]「反省的実践家」のアプローチの採用によって，教職や保育職が抱える複雑さや不確実さは，専門職性の欠如の証から専門職であることの証へと変わる。

「反省的実践家」における専門性は，「行為の中の省察」という実践的認識を基盤として成立している。「反省的実践家」の概念を生みだしたドナルド・ショーンは，その特徴を「実践の文脈における研究者」のメタファーで表現している。「確定した理論や技術」に頼ることのできない複雑な文脈における実践者は，事例に即して理論を構成する。実践の過程において手段と目的を相互的かつ動的に規定する。そのような意味で実践者は「研究者」となる。留意すべきは，実践者は，「思考することと行動することを分けていない」ということである。理論に責任を負う研究者の場合とは異なり，実践者の省察においては行為と探究が一体となっている。[14]

　ショーンおよび佐藤の「反省的実践家」の概念は，とりわけ専門的な力量の解明において，幼年教育が専門職として成立するための基盤を提示している。しかしながら幼年教育の専門職性の確立は，おそらく初等中等教育における教職以上の困難を抱えている。

2. 養育の日常性

　養育と教育の双方を含む営みとしての幼年教育においては，とりわけ養育の日常的な性格が，専門性とは相反する特徴を構成している。『現代保育用語事典』の「保育の専門性」の項目を参照しよう。保育者の養成教育の水準が抑えられてきた要因は，「保育は女性なら誰でもできるものとする世間通念」に求められている。親に資格や免許がないのと同様に，保育者も無資格無免許でかまわないとする考え方が根強く存在したのだという。[15] ここで留意したいのは，「保育に欠け」ることを入所要件とする保育所の制度に明白に表れているように，実際に職業的な保育者と親をはじめとする保護者が幼い子どもの養育と教育を分担するかたちになっている事実である。すなわち保育者の仕事は，親という専門職ではない存在，そもそも職業ではない存在と，その役割において重なっている。そのような状況で保育者の専門性を確立することは可能なのだろうか。

津守真は『保育の一日とその周辺』(1989) において，保育者による保育と日常の保育的なかかわりとの連続性を前提としつつ「保育の専門家」を再定義する興味深い議論を展開している。津守によれば，「保育的かかわり」は誰でもなすがゆえに専門的な仕事ではないとの考えは，専門家は「特別な知識と技術」をもたねばならないとの考えに依拠している。保育における専門の意味はそれとは異なる。

> 人はだれでも自分が保育された経験をもち，また自分が保育する者として他者とかかわった体験とそれにもとづく見識をもっている。その点で専門家と非専門家との区別は明瞭ではない。保育においては両者は連続しており，哲学することがだれにでもありうるように，保育の思索はだれにでもなしえられる。保育の専門家とは，他者とかかわり他者を育てることを，実践においても思索においても，自らの人生の課題として負うことを選択した者のことである。[16]

ここでは専門家であるということが，自らの「人生の課題」の選択という問題，いわば存在の様式の問題として提示されている。ただしそれは単に職業として選ぶということではない。着目したいのは，「保育の思索」は誰にでもありうるということが，「哲学」とのアナロジーで語られている点である。哲学は主に「大学教授 (professor)」と呼ばれる人々，文字通りの「専門家 (profession)」に担われており，それ以外の人々とは縁遠い営みであるように思われる。津守はおそらく，人々の日常の思索と切断されない哲学，専門家によって占有されることのない哲学に力を見いだしているのだろう。そしてそれと同様に，高度に専門化されながらも日常的な経験と切断されることのない保育を求めているのではないか。

津守は『保育の体験と思索』(1980) においても，「保育者である」ことを日常的な子どもとのかかわりにおいて把握している。彼によれば，「幼稚園・保育所の先生や母親，父親やおじいさん，用務員のおじさんや実習の学生，専門家やゆきずりの人など」は，立場やかかわりの深遠は違っても，

「子どもと交わるそのときには，保育者であることにおいてかわりはない」という。そして「保育者のはたらき」には特殊な方法はなく，「人間としての自然な応答があればよい」と述べている。[17]

　具体的な保育の記録を読むならば，津守のいう「自然な応答」は困難な「応答」でもあるということがわかる。たとえば津守は，4歳児のAと3歳児のPが製作をしている際に，花模様の折り紙を使おうとしたPをAが制止し，母親が別の紙をPに渡した出来事を報告している。この場面について彼は，母親がAに「貸してあげなさい」と言わなかったのは当然だとしている。その理由はAの中に，「きれいなもの」を作ろうとする理想と，その理想に向かって進む力強さが存していたからだという点に指摘されている。[18]この場面では，子どもにかかわる母親もそれを見ている津守も，Aの行為に潜む想いを感受している。そして母親は実際に，Aの想いに沿った振る舞いを選択している。しかし似たような場面において，保育者である大人は，子どもに対して寛容さや思いやりを求めてしまいがちである。大人から子どもへの教育的な働きかけはあまりになじみ深く，その誘惑から逃れることは容易ではない。

　津守のいう保育者の「自然な応答」は，子どもの表現を読みとり，子どもの声に耳を傾け，その内的な動きを見通す専門的な力によって支えられている。たとえ意識化されえないにせよ，Aの母親のように，子どもの思いを感じ取りそれに呼応することが必要となる。それは「自然」であると同時に，最も高度な専門性を要請する応答でもあるといえよう。

3．女性職の専門性

　幼年教育あるいは保育は，その日常性において専門性と相反するばかりではない。保育のとりわけ養育という側面は，第2章でも述べたように，女性が家庭において無償で担ってきたケアワークを原点としている。すなわち保育者は，家庭で子育てする母親のイメージを引き受けつつ職業として成立し

てきた歴史をもつ。そのことは幼年教育における専門性の確立を難しくするもう一つの要因となっている。

　幼年教育の専門性の展開を女性の仕事との関係に着目して検討したバーバラ・フィンケルシュタインは，アメリカの幼年教育を「未発達な専門職」として表現している。幼年教育の研究者や小児科医が専門職として高い地位と給与を得ている一方で，幼児学校や幼稚園の教師，保育士，母親といった幼児教育に直接的に携わる実践者は「臨床の権限」を主張できていない。ましてそれを政治的，経済的，社会的な妥当性へと転換することはできていない。フィンケルシュタインによれば，幼年教育に携わった女性たちは，教職に参入した女性たちとは異なり，物質的関心や政治的権力を男性の領域に属するものとみなし，専門家の関心事としては不適切で有害だと考えてきたのだという。

　フィンケルシュタインは現在の幼年教育における専門性の困難の背後に，「専門性」の内容の歴史的な屈折を見いだしている。幼年教育の基礎をつくった20世紀初頭の先駆者たちは，その営みに携わる女性たちを，アメリカ文化における道徳的文化的な養育の主体として，子どもの擁護者として，社会的な主婦として，そして若者の管理者としてみなしていた。そこで培われた専門性には，社会改造の仕事，モラルの向上の仕事，子ども期の達成と創造の仕事から喜びを得る精神的養育者としての女性像が投影された。その後の大学を中心とする専門化の進展は，幼年教育にとって矛盾を孕むことになる。調査を中心とする大学の志向は，皮肉なことに，保育者たちが専門性の感覚と尊厳を引き出していた精神的道徳的養育者という特質を掘り崩すものだった。フィンケルシュタインは現在の保育者が置かれている状況を，子どもの科学的な発達研究を基盤とする専門主義と，地位と権力を得られないがゆえに臨床的な権限をもたないという専門性の確立の失敗のダブルバインドとして特徴づけている。[19]

　同じくアメリカの幼年教育の歴史を検討した磯部裕子は，幼稚園教師養成が成立した19世紀末に，その仕事の公共性が「profession」ではなく

「mission」として特徴づけられたことに着目している。しかも子どもと同時に母親の教育機関たろうとした幼稚園は,「家庭」を再現すること, 教師が母親のような実践を行いそのモデルとなることを志向したという。その結果, 小中学校の教師には科学的で体系的な教授が求められたのに対して, 幼稚園教師には「愛」と「謙虚さ」が求められることとなった。磯部はこの過程が保育者の専門性を曖昧なものにしたと述べている。[20]

女性職と専門職の関係をめぐって保育職と似た構造の問題を抱えているのは看護職である。看護師も保育士と同様に女性職として成立し, 保育士が「保母」という女の性を含む名称でよばれてきたように「看護婦」とよばれてきた歴史をもつ。ちなみに「保母」が「保育士」に改称されたのは1999年, 性別によって分かれていた「看護婦」と「看護士」が「看護師」に統一されたのは2002年である。名称が似た変遷をたどっているのは偶然ではない。保育と看護は英語ではnurseという「養うnourish」から派生した名称を共有している。すなわち保育と看護はともに家庭におけるケアの営みを起源としている。

ネル・ノディングズは「専門職におけるフェミニスト批評」(1990) と題された論考において, 看護の専門性について以下のことを指摘している。19世紀における看護の専門主義が他愛と奉仕を強調したのに対して, 20世紀には権力と特権によって特徴づけられる専門主義へと移行した。そのことによって看護の仕事は, 権力のヒエラルキーが構成される, クライアントとの接触が減少する, 高度に専門化された言語が使用されるなど, 奉仕に反する性格を帯びることとなった。興味深いのは, そのような専門主義のあり方に対して, フェミニズムに影響を受けた看護理論が模索しているという別の方途である。それは「中心的なミッション」として「人間的なケア」を維持しつつ看護と看護教育を洗練することを志向する。[21]

ノディングズはフェミニズム看護学の専門職化をめぐる問いを,「専門性を構成する主要な特徴を拒絶しつつ専門職であることは可能か」と表現している。この問いは実は, フェミニズム教育学者であるノディングズが, 教育

の文脈において挑戦している課題を表現している。以下では彼女の議論を参照しつつ，ケアのかかわりを中核とする営みであり，女性によって担われてきた幼年教育の仕事を専門化する方途を探ろう。

§3　ケアリングの専門家

1. ノディングズのケアの倫理

　ノディングズは『ケアリング』(1984=1997)において，教育の営みの中核を「ケアリング」に求めるとともに，教師を「ケアする者」として定位した。[22] ケアする者としての教師とは，生徒に心を配り，生徒の世話をし，その営みを通して生徒をケアする者へと育てる存在である。

　ノディングズの「ケアの倫理」の特徴は，ケアリングをケアする者の一方的行為としてではなく，ケアする者とケアされる者の応答関係として捉える点にある。ケアする者のケアされる者へのかかわりは，「専心没頭」あるいは「受容性」といった言葉で特徴づけられている。それは他者であるケアされる者を自らのなかに受け入れ，その人とともに見たり感じたりするというあり方であり，ケアされる者の存在へと応答するあり方である。重要なのは，ケアされる者にもまた「受容」と「応答」が求められる点である。ケアする者とケアされる者の関係は対等ではないが，そこには「互恵性」が存在している。

　ノディングズは学校教育にケアリングを導入することを提唱している。その方途は幾重にもわたる。まず教師と生徒の関係がケアリングの関係とならねばならない。それはたとえば，授業において教師が問い生徒が応答するときに，教師が応答だけではなく生徒の存在を受け入れることである。教師が生徒を受容し，生徒とともに教材をながめることである。そして生徒の倫理

的な理想を育むことである。[23] 教育の目標やカリキュラムもまた，ケアの理想から導かれねばならない。『学校におけるケアへの挑戦』(1992)では，伝統的なリベラルエデュケーションがその知性主義，エリート主義において批判し，「ケアの中心」によるカリキュラム，具体的にはケアの6つの領域「自己へのケア」「親しい人々へのケア」「見知らぬ人や遠く離れた他者へのケア」「植物，動物，地球へのケア」「人工世界へのケア」「観念へのケア」からなるカリキュラムが構想されている。[24]

　ここで着目したいのは，ノディングズがケアリングの関係を，母親の子育てにおける母子関係を主要なモデルとして描いている点である。彼女は「父の言語」で語られてきた従来の倫理学に対する「母の声」として「ケアの倫理」を提示している。ここには二つの意味がある。第一にケアの倫理は，「べき」で語られ形式的な論理によって展開されてきた従来の倫理学に対して，「べき」と「ある」を区別しない具体的な経験に根ざした倫理として提示されている。第二にその経験は，女性の経験，中心的には母親としての子育ての経験である。ノディングズはケアリングの倫理の基盤に，自らが子どもをケアした経験とその喜びを置いている。

　　　私の子ども―成長した子どもの一人でさえも―をながめて，私たちの双方が定義される根本的な関係を認識する時に，私はしばしば深くて抑えることの出来ない喜びを経験する。それは，私たちの倫理の基盤を形づくる関係の認識と熱望であり，私たちのケアリングの充足に伴う喜びは，ケアする者としての私たちを支える倫理的な理想へのコミットメントを強化するものである。[25]

　教師をケアする者として定位することは一面で，教師と子どもの関係を母子関係のアナロジーで捉えることを意味しているといえよう。
　実際に『ケアリング』において，親であることと教師であることとはその類似性において把握されている。たとえばケアする者の葛藤と「互恵性」の考察において，ノディングズは自らの子どもの親としての経験と学校の教師

としての経験を次のように並べて語っている。

> ケアリングの重荷への直面において，私はまた，ケアされる者の互恵的な努力によって助けられる。お風呂に入れたりご飯をあげたりしたときに，私の幼い子どもが喜んでバタバタするとき，私は重荷ではなく私自身の特別な喜びだけを感じる。同じように，私が学生との対話に時間を費やしているとき，好意的評価のみならず，すべての種類の情報や洞察によって，私は報いられる。「私は与えている」と言うのと同じくらい容易かつ適切に，「私は受け取っている」と言えるだろう。[26]

ノディングズの口調は，母親として幼い子どもの身体的な世話をすることと，大学教師として学生と学問的な対話を行うこととの間に，ほとんど違いを見いだしていないかのように響く。両者を貫いているのはむろん，ノディングズがケアする者であるということである。

教職が科学的な教授法によって一定の専門職化に成功し，保育職が母親をモデルとすることによって専門職化に失敗してきたとするならば，ノディングズによる学校教育へのケアの導入は，必然的に教職の脱専門職化をもたらすように思われる。その仕事を彼女のように捉えるならば，大学教師でさえも専門職として確立することが困難になるかもしれない。ケアする者としての教師において，どのようにして専門性を位置づけることができるのだろうか。そもそもそれは可能なのだろうか。

2．ケアする者の専門性

ノディングズのケアリング論において，ケアする者であることと専門家であることとの関係は複雑である。一方では教職の専門職化が，他方では脱専門職化が求められ，双方の主張は矛盾しているようにもみえる。しかし女性とケアと専門性をめぐる議論を注意深く検討するならば，彼女は新たな専門職のヴィジョンを要請していることがわかる。

まず第一に，ケアする者であることは専門家であることに先行している。ちょうど津守が保育者である「私」は専門家である前に一人の人間であると述べていたように，ノディングズも教師である「私」は専門家である前にケアする者であるという。教職のような「出会い（encounter）」が頻繁で，他者の倫理的な理想に必然的に関与する専門職」では，「私」は「まず，何よりもケアするものであり，その次に専門化された（specialized）機能を果たす」のである。ノディングズは「出会い」を，マルティン・ブーバーの言葉を借りて説明している。それはケアされる人が「汝」であって「それ」ではない関係，すなわち分析の対象とはならない関係である。「出会い」の間は，ケアされる人は「汝であり，天空を満たしている」。具体的な授業場面に即した記述では，ケアの関係における「出会い」が次のように表現されている。

　　授業において教師が問いを尋ね生徒が応答するとき，彼女（教師：引用者注）は単なる「応答」ではなく，その生徒を受け入れている。生徒が言ったことは，正しかろうと誤っていようと重要であり，彼女は明確化，解釈，そして貢献のために優しく綿密に検討する。彼女は正答を探しているのではなく，ケアされる者を巻き込むことを求めている。問いをめぐって生起する対話の間，ケアされる者はまさに「天空を満たす」。生徒は教材よりもはるかに比べものにならないほど重要である。[27]

　ノディングズが描きだしている授業の風景は，一般的な授業と変わらないようにみえる。教材をめぐって教師が問い生徒が応えるというやりとりも，教師が生徒の理解を深めようとすることも，多くの教室で行われているように思われる。ここで重要なのは，ケアする者としての教師と生徒のやりとりにおいて，「応答」だけではなく「生徒」が受け入れられているとの指摘だろう。専門化された機能の遂行に対するケアする者であることの優先は，生徒の応答の受け入れに対する生徒の存在の受け入れとして把握しうる。それは「教材」に対して「生徒」を「比べものにならない」ほど優先するとの言及とも重なっている。

しかしノディングズの記述において，ケアする者と専門家であることとの関係は，ケアする者が優先するばかりではない。時に彼女は，ケアする者であることと専門家であることとを対置し，教師の仕事の専門化に対して批判的な立場をとっている。具体的に批判されているのは，アメリカで1980年代半ばに提起された教職の専門化の提言である。佐藤学によれば，1986年に提出され教師教育改革を方向づけた二つのリポート，すなわち『備えある国家』（タスク・フォース・リポート）と『明日の教師』（ホームズ・リポート）は，教職の専門的な地位の向上を志向し，大学院段階における教師教育や教師の知的な力量の強化を提言していた。実際にそれらのリポートは，教職の社会的な地位の向上をもたらし，各大学における教師教育におけるカリキュラムの再編を促したという。[28]

　ノディングズは教職の専門化の第一の問題を，教職におけるヒエラルキーの導入に指摘している。教師教育改革の提言リポートは，その水準を高めることと同時に，教育や経験によって異なる免許状を設置することを構想していた。タスク・フォース・リポートは，専門性を証明する資格として，「一般免許状」のほかに，長期間にわたる授業の観察と評価によってもたらされる「上級免許状」を新設することを提唱している。またホームズ・リポートも同様に，教師の教育や免許においてその知識や技能や責務の違いを区別するために，所有している学位，経験年数，研究や学校運営の業績等によって教職の専門的な段階を分けることを提言している。[29] ノディングズは，地位を認定するための資格が導入されることによって，教室で優れた仕事をしている教師よりも，上級の学位を取得し著書に時間を割く教師の方が昇進してしまうのではないかと危惧している。しかもケアの場において，上下関係の導入はそれ自体が問題を孕んでいる。

　教職の専門化の第二の問題点は，高度な専門的な知識の所有が，しばしば高度化された言語を意味するという事実に指摘されている。医師や弁護士が素人には理解しがたい言語を使用しているという例をあげつつ，教師も同様に「教育専門用語（educationese）」を使用すべきだろうかとノディングズは

問うている。

> 高度な専門用語の使用に伴う悪影響は，プロフェッショナルとクライアントとの間に距離ができることである。－中略－しかしながら，専門職意識という言葉を借りて言えば，私たちは学生や両親と私たちとの距離を広げるのではなく，縮めたいと思っている。私たちは専門職として，言葉によって困惑させるのではなく，コミュニケーションをする能力を誇りにしている。[30]

ここには専門職を特徴づける専門用語が，クライアントとのコミュニケーションを阻み，関係を切断してしまうという問題が指摘されている。ケアはケアリングな関係の構成と維持それ自体を志向する営みである。クライアントである学生や親との距離が広がってしまうような専門職化は，ケアリングを担う実践者には最もふさわしくない。

しかし興味深いことに，ノディングズは単に専門職化を退けているわけではない。教職にも必要とされる専門職の特徴として，「自律性」をあげてもいる。自律性の欠如は教師にとって，学生や親とケア関係や信頼関係を結ぶ障害となっているからである。彼女は一面において，確かに「ケアリング・プロフェッション」の確立を要請している。

3．ケアリング・プロフェッション

ケアリング・プロフェッションの確立に向けてノディングズが提起しているのは，教師教育や教師の意識の改革よりもむしろ，学校における関係やシステムの改革である。彼女によれば，すでに学校にはケアしたいと考えている教師たちとケアされたいと願っている生徒たちが存在している。にもかかわらず，ケアリングの関係が構築しえず，そのために生徒が退学し，あるいは教師が退職してしまうのは，教師がケアリングの専門家に徹することのできる条件がそろっていないからである。

学校においてケアの関係を成立させるために必要な条件として，ノディングズは第一に，教師が教室において自由に判断力を行使できるように「自律性」を確保することをあげている。教師が責任を問われるべきは，ある決まった教育方法を取り入れているかどうかではなく，問題を起こしている子どもにどのようなケアを行っているかということである。それゆえ教師の仕事の水準は，トップダウンの管理によってではなく，専門職レベルの会話を頻繁に行うこと，互いのクラスを参観することによって維持されなければならない。

第二の課題は，学校の構造を改革することにある。現在の条件では，子どもとかかわりを結ぶために十分に相手を知ることはできないと，ノディングズはいう。具体的な改革の方法として提起されているのは，学校や学級の小規模化や，教師と子どもの関係の数年にわたる持続である。[31)]

加えて必要なのは，「専門職」の概念を再定義することである。ノディングズによれば，教師や看護師の「準-専門性」や，専門職としての確立の困難は，それ自体が教師や看護師の仕事の特性を表現している。専門化は一般的にクライアントとの親密な関係の切断を意味してきた。しかしながら，看護の仕事において顕著なように，親密な関係を構成する仕事はそれらの準-専門職の中核に存している。ノディングズはこのジレンマを解決するために，女性の立場に立つことを出発点として「専門職」を再定義することを要請している。[32)]

実際に「専門職におけるフェミニスト批評」において，ノディングズは女性教師の経験に依拠しつつ専門性の再定義を試みている。彼女によれば，女性教師は生徒とのかかわりの仕事に深くコミットしてきており，学校における教師としての仕事と家庭における主婦としての仕事の間に鋭い分離を見いだしてはいない。すなわち女性教師たちは，他者の成長のための責任を受け入れ，養育役割から深い満足を引きだしてきているという。この事実は問いの転換を要請する。専門化を考察する際に，まず問われねばならないのは，専門化が子どもにとって望ましい影響を与えるかということである。この問

いはさらに多くの問いを伴っている。

> 親である教師がその2つの役割を効果的に結びつけることが可能となるために，ティーチングはどのように再構成されうるのだろうか。学校において，教育的な形の子どものケアを提供できるだろうか。柔軟なティーチングのスケジュールをアレンジし，専門的な地位と機会を失うことなく，もっと子育てに時間を費やしたいとのぞむ男女のパートナーシップをアレンジできるだろうか。子どもともっといたい，ケアリングの関係を発展させたいと望む教師に，もっと時間を与え，彼女たちと決定を共有することができるだろうか。[33]

ノディングズは，教育の専門化の異なる視座は，ここに提示されている一連の問いの問い方そのものに表現されているという。これらの問いは，日常的な言語で語られている点においていわゆる「専門用語」とは異なっている。しかし同時に，ケアリング・プロフェッションにふさわしい言葉の用い方，問いの立て方が存在していることを示している。

第1章で提示した問いに戻ろう。本稿の目的は，子ども，その母親と父親を含めた家族，そして職業的な保育者の「皆が幸せでありえる保育のあり方」を探ることにあった。子どもの発達を促すことや親のニーズに応えること，未来の社会の担い手を育てることは，確かに幼年教育が追求するべき重要な課題である。しかしあえて「皆が幸せでありえる」ことを課題として設定したのは，クライアントを含む人々の「幸せ」の追求がケアリング・プロフェッションの使命だからである。子どもたち，親たち，そして自らの「幸せ」の追求は，幼年教育の営みを複雑な人間関係における不確実なものにするだろう。しかしその問いを問い続けつつ実践を展開することが，幼年教育者をケアリングの専門家へと育ててくれるに違いない。

【引用・参考文献】

〈第1部第1章〉
(1) 倉橋惣三・新庄よしこ『日本幼稚園史』臨川書店，1980，p.405
(2) 同上 p.94
(3) 同上 p.95
(4) 同上 p.96
(5) 東京都公文書館『都史紀要14 東京の幼稚園』東京都情報連絡室，1966，p.61
(6) 聖和保育史刊行委員会『聖和保育史』聖和大学，1985
(7) ウィギンス・スミス／エ・エル・ハウ訳『幼稚園原理と実習』頌栄幼稚園保姆伝習所，1917
　　　岡田正章監修『大正昭和保育文献集 第2巻』日本らいぶらり，1978に収録
(8) 広島女学院幼児教育史刊行委員会『小さき者への大きな愛』広島女学院，2006
(9) 上笙一郎・山崎朋子『光ほのかなれども』社会思想社，1995
(10) 城戸幡太郎『幼児教育論』賢文館，1939
　　　岡田正章『大正昭和保育文献集 第10巻』日本らいぶらり，1978，p.324に収録
(11) 同上 p.114
(12) 山下俊郎・坂元彦太郎・時実利彦・鯵坂二夫・乾孝監修『幼児教育学全集1』小学館，1970，pp.205-282
(13) 佐藤学『教師というアポリア』世織書房，1997，p.4
(14) 稲垣忠彦・寺崎昌男・松平信久『教師のライフコース』東京大学出版会，1988
(15) 教師問題意識研究プロジェクト『教育活動における教師の問題意識に関する研究』東京都立教育研究所，1990
(16) ポール・ラングラン／波多野完治訳『生涯教育入門』全日本社会教育連合会，1971，p.51
(17) 千倉町史編纂委員会『千倉町史』千倉町，1985，P.599
(18) 上笙一郎・山崎朋子『日本の幼稚園 幼児教育の歴史』理論社，1965，p.153
(19) 同上 p.153
(20) 岡田正章・久保いと・坂本彦太郎・宍戸健夫・鈴木誠次郎・森上史朗『戦後保育史 第2巻』フレーベル館，1980，p.395
(21) 倉橋惣三『家庭教育と学校教育』文部省社会教育局，1942
　　　石川松太郎監修『家庭教育文献叢書15』クレス出版，1990，p.6に収録

(22) 日本保育学会『幼児保育百年の歩み』ぎょうせい，1981
　　　倉橋惣三・新庄よしこ『日本幼稚園史』臨川書店，1980
(23) 東京都公文書館『都史紀要14 東京の幼稚園』東京都情報連絡室，1966，p.29
(24) 倉橋惣三・新庄よしこ『日本幼稚園史』臨川書店，1980，p.321
(25) 山松鶴吉『小学校に聯絡せる家庭の教育』敬文館，1911
　　　石川松太郎監修『家庭教育文献叢書6』クレス出版，1990，p.55に収録
(26) 文部省『小学校学習指導要領一般編』日本書籍，1948
(27) 山住正己『教科書』岩波書店，1970，p.116
(28) セレスタン・フレネ／宮ケ谷徳三著訳『仕事の教育』
　　　長尾十三二監修『世界新教育運動選書16』明治図書出版，1986，p.40に収録
(29) 福沢諭吉『学問のすゝめ』岩波書店，1948，p.11
(30) 山東京傳全集編集委員会『山東京傳全集 第3巻 実語教幼稚講釈』ペリカン社，2001，p.13
(31) ドーリーン・ロンダー「Te Whaariki Early Childhood Curriculum」 第60回日本保育学会OMEPフォーラム資料，2007
　　　Mission Statement to offer all children a quality, early childhood education Auckland Kindergarten Association
(32) 百年誌刊行会『松本市松本幼稚園百年誌』松本幼稚園，1987
(33) 長野県私立幼稚園協会『長野県私立幼稚園史Ⅱ』長野県私立幼稚園協会，2002
　　　参考：長野県教育史編纂委員会『長野県教育史 全14巻』1976
(34) 小松恒夫『教科書を子どもが創る小学校』新潮社，1982
(35) 宍戸健夫『保育実践をひらいた50年』草土文化，2000，p.46
(36) 荒井勉『信州の教育』合同出版，1972
(37) 大浜貞子『おきなわのしぜんとこども 全4巻』沖縄時事出版，1987

〈第1部第2章〉
(1) 貝原益軒『養生訓・和俗童子訓』岩波書店，1961，p.208
(2) ルソー／今野一雄訳『エミール』岩波書店，1962，p.47
(3) 近藤真琴『博覧会見聞録別記子育の巻』有隣堂，1875
　　　石川松太郎監修『家庭教育文献叢書1』クレス出版，1990，p.3，p.105
(4) 小池民次・高橋秀太輯『家庭教育』金港堂，1887
　　　石川松太郎監修『家庭教育文献叢書1』クレス出版，1990，p.1に収録
(5) 山松鶴吉『小学校に聯絡せる家庭の教育』敬文館，1911

石川松太郎監修『家庭教育文献叢書6』クレス出版，1990，p.2に収録
（ 6 ）文部省編『学制百年史』帝国地方行政学会，1972
（ 7 ）倉橋惣三『家庭教育と学校教育』文部省社会教育局，1942
　　　石川松太郎監修『家庭教育文献叢書15』クレス出版，1990，p.3に収録
（ 8 ）E・フッサール『ヨーロッパ諸学の危機と超越論的現象学』中央公論社，1974
（ 9 ）ジーン・レイヴ，エティエンヌ・ウェンガー／佐伯胖訳『状況に埋め込まれた学習　正統的周辺参加』産業図書，1993
（10）倉橋惣三『家庭教育と学校教育』文部省社会局，1942
　　　石川松太郎監修『家庭教育文献叢書15』クレス出版，1990，p.9に収録
（11）小西重直『家庭教育』玉川学園出版部，1935
　　　石川松太郎監修『家庭教育文献叢書15』クレス出版，1990に収録
（12）小原国芳『小原国芳選集6 母のための教育学』玉川大学出版部，1980，p.47
（13）日本愛育総合研究所 子ども家庭サービス教育・研究ネットワーク編『別冊発達21 子ども家庭施策の動向』ミネルヴァ書房，1996
（14）市川市「子どもウェルビーイング21」2005
（15）汐見稔幸『世界に学ぼう！ 子育て支援』フレーベル館，2003
　　　Toronto Public health Learning Through Play, City of Toronto, Toronto Report Card on Children, 2003
（16）内閣府『少子化と男女共同参画に関する社会環境の国際比較報告書』2005
（17）イヴァン・イリッチ／東洋・小沢周三訳『脱学校の社会』東京創元社，1977
（18）L.N.トルストイ／昇曙夢・昇隆一訳『国民教育論』玉川大学出版部，1984，p.107
（19）同上 p.110
（20）同上 p.110
（21）同上 p.110
（22）同上 p.111
（23）同上 p.112
（24）同上 p.150
（25）ルソー／今野一雄訳『エミール』岩波書店，1962，p.33

〈第1部第3章〉
（ 1 ）Madeleine Grumet, *Women and Teaching: homeless at home*, Teacher education Quarterly Vol.14（2），1987, pp.39-46
（ 2 ）Madeleine Grumet, *Bitter Milk: Woman and Teaching*, The University of Massachusetts

Press, 1988, pp.31-58
(3) 吉家定夫『日本国学監デイビッド・マレー その生涯と業績』玉川大学出版部，1998，p.145
(4) 日下部三之介編『文部大臣森子爵之教育意見』金港堂，1888，pp.152-159
(5) 同上 pp.49-67
(6) 浅井幸子「近代日本における初等教育の女性化 教職におけるジェンダーの形成過程」和光大学人間関係学部編『人間関係学部紀要』10号（分冊2），2005，pp.29-42
(7) 後藤静香『女教員の真相及其本領』洛陽堂，1917，pp.82-127
(8) 浅井幸子「近代日本における女性教師のジェンダー 平田のぶの愛の葛藤」『日米女性ジャーナル』26号 城西大学国際文化教育センター，1999，pp.40-55
(9) 平田のぶ「『児童の村』のプラン」『教育の世紀』1巻3号 教育の世紀社，1923，pp.54-57
(10) 平田のぶ「『児童の村』に来たわけ」『教育の世紀』2巻5号 教育の世紀社，1924，pp.114-116
(11) 平田のぶ「教師の正しき位置」『婦人と労働』2巻3号 職業婦人社，1924，pp.24-25
(12) 平田のぶ「子供の生活記録 ママと先生との」『教育の世紀』2巻10号 教育の世紀社，1924，pp.88-93
(13) 同上 pp.92-93
(14) 平田のぶ「永く相見ぬ妹に（3）幼児の教育について」『愛と美』4巻1号 姉様學校，1930，pp.53-62
(15) 赤マントの記者「子供の村保育園を訪う」『婦選』5巻5号 女性展望社，1931，pp.52-57
(16) 伊福部敬子『父・母の書』教材社，1939，pp.297-303
(17) 平田のぶ「誓願」『教育女性』10巻10号 全國小學校聊合女教員會，1934，pp.18-19
(18) 平田のぶ「国民の道」『村だより』ガリ版，1939
(19) 浅井幸子「池田小菊による教室の『家庭化』の構想 大正自由教育における親密圏の形成」『教育学年報』9号，2002，pp.327-353
(20) 木下竹次「合科主義の学習法汎論」『学習研究』6巻11号，1927，pp.2-24
(21) 池田小菊「初学年指導者に送る手紙（第一信）」『学習研究』1巻4号 奈良女子大学文学部附属小学校学習研究社，1922，pp.117-122
(22) 池田小菊「尋一二複式編成の合科学習実際」『学習研究』1巻6号 奈良女子大学文学部附属小学校学習研究社，1922，pp.76-82
(23) 池田小菊「低学年指導者に送る手紙（第三信）」『学習研究』2巻2号 奈良女子大

学文学部附属小学校学習研究社，1923，pp.127-132
(24) 池田小菊「女権拡張問題に対する疑義」『小学校』29巻2号，1920，pp.56-60
(25) 池田小菊「職業婦人と言う女」『職業婦人』1巻1号 職業婦人社，1923，pp.37-39
(26) 池田小菊『私の教育記録』東洋図書，1925，pp.105-117
(27) 同上 pp.19-29
(28) 同上 p.74
(29) 池田小菊『文の指導と其の教室経営』明治図書，1927，pp.361-362
(30) 池田小菊『父母としての教室生活』厚生閣，1929，pp.1-35
(31) 池田小菊『子供と綴方教育』明治図書，1929，pp.51-53
(32) 中野光「『女教師の記録』のすすめ」平野婦美子『女教師の記録』国土社，1994，pp.i-v
(33) 近藤益雄「平野婦美子論」『教育』8巻8号，1940，pp.64-70
(34) 平野婦美子『女教師の記録』西村書店，1940，pp.13-22
(35) 同上 p.76
(36) 同上 pp.89-97
(37) 同上 pp.23-28
(38) 同上 pp.123-130
(39) 同上 pp.48-62
(40) 同上 p.28
(41) 同上 p.79
(42) 同上 pp.79-81
(43) 同上 pp.165-166
(44) 同上 pp.290
(45) 同上 pp.309-313
(46) 同上 pp.368-376
(47) 斎藤喜博『私の教師論』麦書房，1963
　　『斎藤喜博全集 第7巻』国土社，1980，p.18 に収録
(48) 斎藤喜博『学校づくりの記』国土社，1958，p.120
(49) 同上 p.142
(50) 斎藤喜博編『島小の女教師 私を変えてきたもの』明治図書出版，1963，pp.7-12
(51) 同上 p.37
(52) 同上 pp.50-51
(53) 同上 p.103

(54) 同上 pp.193-194
(55) 上掲書（48）pp.269-271
(56) 同上 p.271
(57) 同上 p.25
(58) 上掲書（50）pp.15-16
(59) 斎藤喜博『島小物語』麦書房，1964，p.114
(60) 上掲書（50）p.23
(61) 同上 pp.145-146

〈第2部第1章〉
（1）フィリップ・アリエス／杉山光信・杉山恵美子訳『〈子供〉の誕生』みすず書房，1980
（2）ジョン・ホルト／原忠男訳『子ども その権利と責任』玉川大学出版部，1977
（3）東京都公文書館『都史紀要14 東京の幼稚園』東京都情報連絡室，1966，p.29
（4）ルソー／今野一雄訳『エミール』（上）岩波書店，1967，p.297
（5）ペスタロッチー／長田新編『ペスタロッチー全集8 メトーデ』平凡社，1960，p.239
（6）フレーベル／岩崎次男訳『人間の教育Ⅰ』
　　梅根悟・勝田守一監修『世界教育学選集9-10』明治図書出版，1960，p.10に集録
（7）福沢諭吉『学問のすゝめ』岩波書店，1948，p.12
（8）同上 p.29
（9）デューイ／宮原誠一訳『学校と社会』岩波書店，1957，p.25
（10）ジョン・デューウィ／清水幾太郎・清水禮子訳『哲学の改造』岩波書店，1968，p.14

〈第2部第2章〉
（1）石垣恵美子『就学前教育の研究』風間書房，1988，p.476
（2）J・S・ブルーナー／鈴木祥蔵・佐藤三郎訳『教育の過程』岩波書店，1963，P.xviii
（3）同上 p.76
（4）お茶の水女子大学附属小学校「幼稚園及び小学校における教育の連携を深める教育課程の研究開発」第2次報告書，1985
（5）お茶の水女子大学附属幼稚園・小学校『子どもの学びをつなぐ』東洋館出版社，

　　　　2006, p.10
（6）石垣恵美子『就学前教育の研究』風間書房，1988, p.451
（7）セレスタン・フレネ／宮ケ谷徳三訳『仕事の教育』
　　　長尾十三二監修『世界新教育運動選書16』明治図書出版，1986に収録
（8）ルドルフ・シュタイナー／西川隆範訳『教育の方法』アルテ；星雲社，2004
（9）パーカースト／赤井米吉訳，中野光編『ドルトン・プランの教育』明治図書出版，
　　　1974
（10）和田實『実験保育学』フレーベル会，1932
　　　岡田正章監修『大正・昭和保育文献集 第9巻』日本らいぶらり，1978, pp.23-39
　　　に収録
（11）フレーベル／岩崎次男訳『人間の教育Ⅰ』
　　　梅根悟・勝田守一監修『世界教育学選集9-10』明治図書出版，1960, p.50に収録
（12）R・デブリーズ，L・コールバーグ／加藤泰彦監修『ピアジェ理論と幼児教育の実
　　　践』（上）（下）序文 北大路書房，1992
（13）同上p.8
（14）及川平治著，中野光編『分団式動的教育法』
　　　梅根悟・勝田守一監修『世界教育学選集69』明治図書出版，1972, p.52に収録
（15）森川正雄『幼稚園の理論及実際』
　　　岡田正章監修『大正昭和保育文献集 第7巻』日本らいぶらり，1978, p.196に収録
（16）デューイ／宮原誠一訳『学校と社会』岩波書店，1957, p.43
（17）フレーベル／岩崎次男訳『人間の教育Ⅰ』
　　　梅根悟・勝田守一監修『世界教育学選集9-10』明治図書出版，1960, p.215に収録
（18）同上p.217
（19）同上p.217
（20）同上p.218
（21）トルストイ／河野与一訳『芸術とはなにか』岩波書店，1934, p.58
（22）同上p.61
（23）同上p.236
（24）有馬大五郎『音の科 有馬大五郎論述集』音楽之友社，1987, p.160
（25）同上p.159
（26）石井漠『子供の舞踊』フレーベル館，1936
　　　上笙一郎・冨田博之編『児童文化叢書30』大空社，1988, p.3に収録
（27）デューイ／宮原誠一訳『学校と社会』岩波書店，1957, p.55

〈第3部第1章〉
（1）「保育の今」全国保育団体連絡会・保育研究所編『保育白書 2006年版』ちいさいなかま社；ひとなる書房，2006，pp.7-90
（2）大日向雅美『子育てと出会うとき』日本放送出版協会，1999
（3）垣内国光・櫻谷真理子編著『子育て支援の現在 豊かな子育てコミュニティの形成をめざして』ミネルヴァ書房，2002
（4）シャーロット・ギルマン／三輪妙子訳『フェミニジア 女だけのユートピア』現代書館，1984
（5）同上 pp.174-194
（6）同上 p.149
（7）上掲書（3）pp.49-69
（8）上掲書（4）p.123
（9）同上 p.133
（10）ジェイン・ローランド・マーティン／村井実監訳，坂本辰朗・坂上道子訳『女性にとって教育とはなんであったか 教育思想家たちの会話』東洋館出版社，1987，p.281
（11）同上 p.289
（12）上野千鶴子『女という快楽』勁草書房，1986，p.161

〈第3部第2章〉
（1）岡田正章・千羽喜代子他編『現代保育用語事典』フレーベル館，1997，p.385
（2）同上 pp.441-442
（3）同上 pp.206-207
（4）田中孝彦『保育の思想』ひとなる書房，1998，pp.36-42
（5）佐藤学「子どもが幸福に育つ社会を求めて」小田豊・榎沢良彦編『新しい時代の幼児教育』有斐閣，2002，pp.221-243
（6）津守真「世界のOMEPの議論から」日本保育学会編『諸外国における保育の現状と課題』世界文化社，1997，pp.286-296
（7）OECD, *Starting Strong: early childhood education and care*, 2001, pp.14-15
（8）同上 pp.76-80
（9）泉千勢「スウェーデンにおける幼保一元化のとりくみ」全国保育団体連絡会・保育研究所編『保育白書2003年版』草土文化，2003，pp.51-54
（10）泉千勢「スウェーデンの保育の現状」『保育の友』54巻6号 全国社会福祉協議会，

2006，pp.19-21
(11) 湯川嘉津美『日本幼稚園成立史の研究』風間書房，2001，pp.375-378
(12) 宍戸健夫『日本の幼児保育 昭和保育思想史』(上) 青木書店，1988，pp.11-12
(13) 同上 pp.63-64
(14) 浦辺史・宍戸健夫・村山祐一編著『保育の歴史』青木書店，1981，pp.93-105
(15) 宍戸健夫『日本の幼児保育 昭和保育思想史』(下) 青木書店，1989
(16) 小宮山潔子『幼稚園・保育所・保育総合施設はこれからどうなるのか』チャイルド本社，2005，pp.113-114
(17) 内藤和美「ケアの規範」杉本貴代栄編著『ジェンダー・エシックスと社会福祉』ミネルヴァ書房，2000，pp.56-73
(18) 上掲書 (11) pp.333-366
(19) 浅井幸子「近代日本における初等教育の女性化 教職におけるジェンダーの形成過程」和光大学人間関係学部編『人間関係学部紀要』10号 (分冊2)，2005，pp.29-42
(20) 中田奈月「性別職域分離とその統合 男性保育者の事例から」『奈良女子大学社会学論集』6号 奈良女子大学社会学研究室，1999，pp.285-296
(21) 中田奈月「男性保育者による『保育者』定義のシークエンス」日本家族社会学会編『家族社会学研究』16巻1号，2004，pp.41-51
(22) 保育行財政研究会編著『市場化と保育所の未来 保育制度改革どこが問題か』自治体研究社，2002
(23) マリア・モンテッソーリ／鼓常良訳『幼児の秘密』国土社，1968，pp.128-167
(24) Jane Roland Martin, *The Schoolhome: Rethinking Schools for Changing Families*, Harvard University Press,1992, pp.9-10
(25) 同上 p.33
(26) 同上 pp.18-19
(27) 同上 p.40
(28) 同上 pp.44-46
(29) ジェイン・ローランド・マーティン／村井実監訳，坂本辰朗・坂上道子訳『女性にとって教育とはなんであったか 教育思想家たちの会話』東洋館出版社，1987，p.312
(30) 同上 pp.322-332
(31) 上掲書 (24) pp.52-57
(32) 同上 pp.70-72
(33) キルパトリック他／阿部真美子・別府愛他著訳『世界新教育運動選書26 アメリ

カの幼稚園運動』明治図書出版，1988，pp.11-108
(34) 上掲書（24）pp.91-98
(35) 同上 pp.104-111

〈第3部第3章〉
(1) Katz, Lillian, The Nature of Professions: Where is Early Childhood Education? In L. Katz Ed. *Current Topics in Early Childhood Education*, Vol.7, Ablex, 1987, pp.1-16
(2) 保育行財政研究会編著『公立保育所の民営化 どこが問題か』自治体研究社，2000，p.39
(3) 秋田喜代美「保育者のアイデンティティ」森上史朗・岸井啓子編『新・保育講座2 保育者論の探求』ミネルヴァ書房，2001，pp.109-130
(4) 民秋言「いま、保育者に求められるもの」民秋言編著『保育者論』建帛社，2000，pp.160-161
(5) 塩美佐枝・湯川秀樹・河邉貴子「保育者の専門性」小田豊・森真理編著『保育者論 保育者の探求と創造』光生館，2001，pp.78-102
(6) 秋田喜代美「保育者の専門的成長」小田豊・榎沢良彦編『新しい時代の幼児教育』有斐閣，2002，pp.169-190
(7) 「保育者の成長と専門性」『発達』83号 ミネルヴァ書房，2000，pp.1-74
(8) 秋田喜代美「保育者のライフステージと危機」『発達』83号 ミネルヴァ書房，2000，pp.48-52
(9) 鯨岡峻「保育者の専門性とはなにか」『発達』83号 ミネルヴァ書房，2000，pp.53-60
(10) 津守真「保育者の地平」『発達』83号 ミネルヴァ書房，2000，pp.61-67
(11) 佐藤学『教師というアポリア 反省的実践へ』世織書房，1997，p.10
(12) 同上 pp.57-77
(13) ドナルド・ショーン／佐藤学・秋田喜代美訳『専門家の知恵 反省的実践家は行為しながら考える』ゆみる出版，2001，p.56
(14) 同上 p.119
(15) 岡田正章・千羽喜代子他編『現代保育用語事典』フレーベル館，1997，pp.394-395
(16) 津守真『保育の一日とその周辺』フレーベル館，1989，p.197
(17) 津守真『保育の体験と思索 子どもの世界の探求』大日本図書，1980，pp.3-5
(18) 同上 pp.115-116
(19) Barbara Finkelstein, The Revolt Against Selfishness: Women and Dilemmas of

カの幼稚園運動』明治図書出版，1988，pp.11-108
(34) 上掲書（24）pp.91-98
(35) 同上pp.104-111

〈第3部第3章〉
(1) Katz, Lillian, The Nature of Professions: Where is Early Childhood Education? In L. Katz Ed. *Current Topics in Early Childhood Education*, Vol.7, Ablex, 1987, pp.1-16
(2) 保育行財政研究会編著『公立保育所の民営化　どこが問題か』自治体研究社，2000，p.39
(3) 秋田喜代美「保育者のアイデンティティ」森上史朗・岸井啓子編『新・保育講座2 保育者論の探求』ミネルヴァ書房，2001，pp.109-130
(4) 民秋言「いま、保育者に求められるもの」民秋言編著『保育者論』建帛社，2000，pp.160-161
(5) 塩美佐枝・湯川秀樹・河邉貴子「保育者の専門性」小田豊・森真理編著『保育者論　保育者の探求と創造』光生館，2001，pp.78-102
(6) 秋田喜代美「保育者の専門的成長」小田豊・榎沢良彦編『新しい時代の幼児教育』有斐閣，2002，pp.169-190
(7) 「保育者の成長と専門性」『発達』83号　ミネルヴァ書房，2000，pp.1-74
(8) 秋田喜代美「保育者のライフステージと危機」『発達』83号　ミネルヴァ書房，2000，pp.48-52
(9) 鯨岡峻「保育者の専門性とはなにか」『発達』83号ミネルヴァ書房，2000，pp.53-60
(10) 津守真「保育者の地平」『発達』83号　ミネルヴァ書房，2000，pp.61-67
(11) 佐藤学『教師というアポリア　反省的実践へ』世織書房，1997，p.10
(12) 同上pp.57-77
(13) ドナルド・ショーン／佐藤学・秋田喜代美訳『専門家の知恵　反省的実践家は行為しながら考える』ゆみる出版，2001，p.56
(14) 同上p.119
(15) 岡田正章・千羽喜代子他編『現代保育用語事典』フレーベル館，1997，pp.394-395
(16) 津守真『保育の一日とその周辺』フレーベル館，1989，p.197
(17) 津守真『保育の体験と思索　子どもの世界の探求』大日本図書，1980，pp.3-5
(18) 同上pp.115-116
(19) Barbara Finkelstein, The Revolt Against Selfishness: Women and Dilemmas of

2006，pp.19-21
(11) 湯川嘉津美『日本幼稚園成立史の研究』風間書房，2001，pp.375-378
(12) 宍戸健夫『日本の幼児保育 昭和保育思想史』(上) 青木書店，1988，pp.11-12
(13) 同上 pp.63-64
(14) 浦辺史・宍戸健夫・村山祐一編著『保育の歴史』青木書店，1981，pp.93-105
(15) 宍戸健夫『日本の幼児保育 昭和保育思想史』(下) 青木書店，1989
(16) 小宮山潔子『幼稚園・保育所・保育総合施設はこれからどうなるのか』チャイルド本社，2005，pp.113-114
(17) 内藤和美「ケアの規範」杉本貴代栄編著『ジェンダー・エシックスと社会福祉』ミネルヴァ書房，2000，pp.56-73
(18) 上掲書 (11) pp.333-366
(19) 浅井幸子「近代日本における初等教育の女性化 教職におけるジェンダーの形成過程」和光大学人間関係学部編『人間関係学部紀要』10号 (分冊2)，2005，pp.29-42
(20) 中田奈月「性別職域分離とその統合 男性保育者の事例から」『奈良女子大学社会学論集』6号 奈良女子大学社会学研究室，1999，pp.285-296
(21) 中田奈月「男性保育者による『保育者』定義のシークエンス」日本家族社会学会編『家族社会学研究』16巻1号，2004，pp.41-51
(22) 保育行財政研究会編著『市場化と保育所の未来 保育制度改革どこが問題か』自治体研究社，2002
(23) マリア・モンテッソーリ／鼓常良訳『幼児の秘密』国土社，1968，pp.128-167
(24) Jane Roland Martin, *The Schoolhome: Rethinking Schools for Changing Families*, Harvard University Press, 1992, pp.9-10
(25) 同上 p.33
(26) 同上 pp.18-19
(27) 同上 p.40
(28) 同上 pp.44-46
(29) ジェイン・ローランド・マーティン／村井実監訳，坂本辰朗・坂上道子訳『女性にとって教育とはなんであったか 教育思想家たちの会話』東洋館出版社，1987，p.312
(30) 同上 pp.322-332
(31) 上掲書 (24) pp.52-57
(32) 同上 pp.70-72
(33) キルパトリック他／阿部真美子・別府愛他著訳『世界新教育運動選書26 アメリ

Professionalism in Early Childhood Education In Spodek, B., Saracho, O. N., Peters, D. L. ed. *Professionalism and the early childhood practitioner,* Teachers College Press, 1988, pp.10-28
(20) 磯部裕子「幼児教育における『専門性』の構造 "mission" としての "kindergartner" の歴史を中心として」『宮城学院女子大学・同短期大学附属幼児教育研究所研究年報』9巻, 2000, pp.39-46
(21) Nel Noddings, Feminist Critiques in the Professions, Review of *Research in Education* Vol.16, 1990, pp.393-424
(22) Nel Noddings, *Caring: a feminine approach to ethics and moral education*, University of California Press, 1984.（ネル・ノディングズ／立山善康・林泰成・清水重樹・宮崎宏志・新茂之訳『ケアリング：倫理と道徳の教育　女性の観点から』晃洋書房, 1997）
(23) 同上 pp.175-182
(24) Nel Noddings, *The Challenge to Care in Schools: an alternative approach to education*, Teachers College Press, 1992
(25) 上掲書（22）p.6
(26) 同上 p.52
(27) 同上 p.176
(28) 上掲書（11）pp.243-264
(29) 同上 pp.243-264
(30) Nel Noddings, The Caring Profession, in Noddings,N., Benner,P. and Gordon,S.（eds.）*Caregiving: Readings in knowledge, practice, ethics, and politics*, University of Pennsylvania Press, 1996, pp.160-172
(31) 同上 pp.169-171
(32) Nel Noddings, Ethics from the Standpoint of Women, in Rhode,D.（ed.）*Theoretical Perspectives on Sexual Difference*, Yale University Press, 1990, pp.160-173
(33) 上掲書（30）p.415

【索 引】

〈ア 行〉

間……………………………51, 58, 60
愛の関係……………………………64, 66
赤石元子……………………………161, 169
秋田喜代美……………………………255
遊びや生活……………………………206
アニミズム……………………158, 163, 165
安部富士男……………………………95, 102
鮎澤伊江……………………………116, 126
アリの町……………………………126
有馬大五郎……………………………177

井内聖……………………………141, 151
育児の公事化……………………………222
育児の社会化……………………………223
池田小菊……………………………70
意見表明権……………………………107
インテリゲンチア……………11, 16, 99

ウッズ・ホール会議……………………139
梅根悟……………………………138, 144

エポケー……………………………98, 135

及川平治……………………………159
応答性……………………………80
大澤ちづる……………………………194, 198
大伴栄子……………………………158, 163
沖縄……………………………18, 146
小島芳……………………………132

小原国芳……………………………41
親教育プログラム……………………48
女教師の記録……………………………77

〈カ 行〉

学習法……………………………71
学校化……………………………42, 50
学校教育……………………………37, 39
学校教育法……………………………144
学校づくりの記……………………………85
学校保育所……………………………33
学校幼稚園……………………………31, 34
カッツ……………………………250
家庭教育……………………………37, 39
家庭性……………………240, 246, 247, 248
家庭の道徳的等価物……………………242
上笙一郎……………………………17
看護職……………………………262
感情的な距離……………………………252

城戸幡太郎……………………………11
木下竹次……………………………70
求異性……………………………141, 155
求同性……………………………141, 155
教育課程……………………………21, 23
教育権……………………………95
教育とケア……………………225, 229, 234
教育と養育……………………………237
教育の過程……………………………39
教育の危機……………………………55
教育の方法……………………………157

教育のローカル性 …………………29
教員免許更新制度 …………14, 98
教員養成 ………………………10, 14
教科書 …………………………24, 31
教室の家庭化………………70, 75, 76
共同的な学習 …………………………81
キリスト教 ……………………7, 32
ギルマン…………………………218

倉橋惣三 ………………20, 39, 158
グルメット ……………………………59

ケアの倫理 ……………243, 263, 264
ケアリング……………………………263
ケアリング・プロフェッション
　　　　　　　　……………268, 270
ケアワーク……………………………235
芸術的精神……………………………176
建学の精神……………………………120
研究即教育……………………………112
現実性………………………40, 42, 44
研修の義務……………………………98
現職教育………………………………253
現職教員研修…………………………100

合科学習 ………………………………70
甲賀ふじ…………………………………8
公教育 …………………………………20
構造………………………………………138
公的な領域 ……………59, 91, 225
口頭詩 ……………………………………33
公費助成 ………………………………106
幸福の喪失……………………………215

互恵性 ……………………263, 264
子育て支援………………46, 102, 215
子育てのユートピア………………218
ごっこ …………………………………163
子どもの権利 …………………………94
子供の村保育園 ………………………68
子ども理解………………………………110
小西重直 …………………………………41
小西信八……………………………………5
小林研介 ……………………116, 120
小林宗作 ………………177, 181, 184
コミュニケーション………………205
コミュニティ ……………………44, 47

〈サ　行〉

サービス ……………………54, 142
最高の芸術……………………………219
再生産の危機…………………………243
斎藤喜博 ………………………………84
桜井智嘉……………………………………7
佐藤学 …………………………12, 267
3R's ……………………………………243
3C's …………………………………242, 247

ジェンダー ………………234, 238
自学自習…………………………………192
自己活動…………………………………159
自己中心性 ……………158, 163, 165
自然な応答……………………………260
実語教 …………………………………25
実践研究 ……………………………11, 16
私的な領域 ……………59, 91, 224
児童憲章…………………………………96

児童の母 …………………………63
柴田沼夫 …………………178, 187
島小学校 …………………………84
島小の女教師 ……………………87
シャドウワーク ………………237
自由 ………………………50, 52, 136
就学前教育 ……10, 25, 34, 114, 228
生涯学習 …………………………47
生涯教育 …………………………14
象徴的思考 ………………158, 163
食育 ………………………137, 149
食文化 ……………………140, 149
女性教師 …………………58, 62, 78
女性の労働力化 ………………215
初等教育 …………………6, 19, 61
自律 ……………………………251
自律性 …………………………268
親密なかかわり …………………86

スクールホーム …………240, 246

生活世界 ………………………117
生活や遊び ……………………160
生存権 …………………………95
世話 ……………………………220
専門職 …………………………250
専門性 ………………………3, 252, 254

想起的記憶 ……………………196
存在 ……………………………119

〈タ 行〉

待遇 ………………………19, 239

高江洲功 …………………140, 145
高森ふじ …………………………8
男性保育士 ……………235, 238, 239

聴覚口話法 ………………196, 204

綴り方 ……………………33, 74, 81

デューイ …………………118, 161, 179

当為 ……………………………119
当為と存在 ……………………138
東京女子師範学校附属幼稚園 ………5
統合保育 …………………140, 149, 195
道徳性 ……………………4, 114, 158
徳永恕 ……………………………9
特別支援学校 …………………196
土着性 …………………………30
豊田芙雄 …………………………2
トルストイ ………………52, 176

〈ナ 行〉

ナショナル・スタンダード …20, 22

苦い乳 …………………………60
日本国憲法 ……………………94
人形劇 ……………………131, 128
認定こども園 ……………18, 213, 233

野口幽香 …………………………9
ノディングズ ……………262, 263

〈ハ 行〉

長谷川純子 ……………195, 204
汎愛主義…………………………7
反省的実践家…………………257

ピアジェ………………………158
表現芸術 ……………175, 180
表現者…………………………175
表現衝動 ……………176, 179
平田のぶ…………………………64
平野婦美子………………………77

ファシリテーター……49, 101, 210
フィンケルシュタイン……………261
風土性 ……………………33, 36
フェミニジア…………………218
福沢諭吉………………25, 117
ブルーナー ……………138, 143
フレーベル ……………115, 176
プロジェクト ……………159, 169

ペスタロッチ…………………115

保育……………………………226
保育文化………………………139
ポートフォリオ …………………28
母性……………………43, 60, 220
保母……………………2, 4, 5, 236
ホルト……………………………96
本物……………………116, 188

〈マ 行〉

マーティン ……………240, 247
学びの構造……………………143
学びの場………………………199

mission ………………………262
宮下友美惠 ……………100, 108

無着成恭 ……………126, 129

森川正雄……………………160
森島美根…………………………9
モンテッソーリ…………………241

〈ヤ 行〉

山下郁子 ……………177, 181
山松鶴吉 ……………22, 39, 114

ユネスコ ………………14, 99
夢 ……………123, 164, 191

養育者 ………………43, 53
養育と教育 ……50, 52, 59, 212, 214, 258
養成教育………………………253
幼稚園教育要領 ………………26
幼稚園教師………………………2
幼年教育…………………………2
幼年教育の危機 ………………57
幼保一元化 ……………18, 61, 231

〈ラ　行〉

ライフコース……………12, 101
ライフワーク………………193

リベラルエデュケーション………244
良妻賢母………………41, 237

ルソー……………………38, 115
ロドリゲス…………………244

〈ワ　行〉

和田實……………………157

〈本巻著者〉　　　**青木久子**（あおき　ひさこ）
　　　　　　　　　　　　〈執筆分担：第1部　第1・2章，第2部〉
〈出身〉長野県
〈学歴・職歴〉
　青山学院大学大学院修士課程修了。国家公務員から東京都公立幼稚園教諭，東京都教育庁指導部・都立教育研究所指導主事，同統括指導主事，国立音楽大学教授兼同附属幼稚園長等を歴任。現在，青木幼児教育研究所主宰，大学・大学院の非常勤講師の傍ら実践研究・研修支援，執筆等を中心に活動している。
〈専門領域等〉幼児教育学　教育実践研究　発達臨床心理士
〈所属学会〉日本保育学会　日本教育学会　日本教育実践学会　日本発達心理学会　日本臨床発達心理士会
〈主な著書〉『よりよい保育の条件』（共著，フレーベル館，1986）／『生きる力を育てる保育』全3巻（共著，世界文化社，1999）／『子ども理解とカウンセリングマインド』（共著，萌文書林，2001）／『子どもに生きる』（単著，萌文書林，2002）／『環境をいかした保育』全4巻（編者，チャイルド本社，2006）／『教育臨床への挑戦』（単著，萌文書林，2007）

〈本巻著者〉　　　**浅井幸子**（あさい　さちこ）
　　　　　　　　　　　　〈執筆分担：第1部　第3章，第3部　全章〉
〈出身〉富山県
〈学歴・職歴〉
　東京大学大学院教育学研究科修士課程修了，同博士課程単位取得退学。日本学術振興会特別研究員，東京大学大学院教育学研究科助手を経て，現在，和光大学現代人間学部心理教育学科講師。博士（教育学）。
〈専門領域等〉日本教育史　教育思想　教師教育
〈所属学会〉日本教育学会　教育思想史学会　日本教育方法学会　日本教師教育学会
〈主な著書・論文〉『新しい時代の教職入門』（共著，有斐閣，2006）／「野村芳兵衛の一人称の語りとその変容」（『教育学研究』66巻2号，1999）／「近代日本における女性教師のジェンダー」（『日米女性ジャーナル』26号，1999）／「池田小菊による教室の「家庭化」の構想」（『教育学年報』9号，世織書房，2002）／「1920年代の新教育における教師の変容」（博士論文，未発表，2004）

〈第2部　実践事例執筆者〉

　　安部富士男　　安部幼稚園

　　宮下友美惠　　静岡豊田幼稚園

　　小林　研介　　呑竜幼稚園

　　鮎澤　伊江　　結城 富士見幼稚園

　　小島　　芳　　仙台 みどりの森幼稚園

　　高江洲　功　　童夢幼児園・保育園

　　井内　　聖　　恵庭幼稚園

　　大伴　栄子　　東洋英和幼稚園

　　赤石　元子　　東京学芸大学附属幼稚園

　　山下　郁子　　国立音楽大学附属幼稚園

　　柴田　炤夫　　健伸幼稚園

　　大澤ちづる　　ドイツ；フランクフルト日本人幼稚園

　　長谷川純子　　東京都立大塚ろう学校幼稚部

　　　　　　　　　　　　　　　　　（執筆順）

〈シリーズ〉
〈編　者〉　青木久子
　　　　　　青山学院大学大学院修士課程修了
　　　　　　幼稚園教諭より，東京都教育庁指導部 都立教育研究所統括指導主事，国立音楽大学教授 兼 同附属幼稚園長職等を歴任。
　　　　　　現在，青木幼児教育研究所主宰。

　　　　　　磯部裕子
　　　　　　聖心女子大学文学部教育学科卒業
　　　　　　8年間幼稚園教諭職を経，青山学院大学大学院後期博士課程満期退学。
　　　　　　現在，宮城学院女子大学児童教育学科 准教授。

〈装幀〉レフ・デザイン工房

幼児教育 知の探究 3
幼年教育者の問い

2007年8月29日　初版発行Ⓒ

著　者	青木久子	
	浅井幸子	
検印省略	発行者	服部雅生
	発行所	株式会社 萌文書林

〒113-0021　東京都文京区本駒込6-15-11
TEL(03)-3943-0576　FAX(03)-3943-0567
URL:http://www.houbun.com
E-mail:info@houbun.com
落丁・乱丁本はお取替えいたします。　振替口座　00130-4-131092

印刷／製本　シナノ

ISBN978-4-89347-103-1　C3037